離別後の親子関係を問い直す

子どもの福祉と家事実務の架け橋をめざして

小川富之・髙橋睦子・立石直子 編
Tomiyuki Ogawa, Mutsuko Takahashi, & Naoko Tateishi

法律文化社

はしがき

　日本では、近年、離婚後の子どもと別居親の交流に関心が高まっている。離婚に際して、父母が子どもの養育について協議する事項として、子どもと同居して養育する親（監護者）に加え、養育費と面会交流が明示され、両親は、子どもの最善の利益を尊重しつつ、これらについて協議することとされている。離婚後も子どもが双方の親と人間関係と交流を維持することで子の適応が高まるという期待のもとに、家族法学の研究においては、離婚後の子どもと別居親の関わりについての議論が盛んである。また、家庭裁判所での司法実務においても、子どもと別居親との面会交流の促進には積極的である。

　面会交流のメリットについての議論では、子どもの養育や親子関係の維持について、両親が離婚後も引き続き共同で取り組むことを基本的な理念として、離婚後の「あるべき家族像」が論じられている。父母のパートナー関係が破綻していても、子どもの最善のために、大人らしく「親として適切」な言動がなされることを前提として、子どもの養育に関する父母間の協議が求められる。別居親には面会が認められ、同居親には子の面会を受忍しその実現に協力する義務が設定される。しかし、「子どもの別居親との関わり」では、別居親の望みは賛同・支持が得られやすい一方、同居親は別居親の望みをかなえることが義務として課されるという、非対称な構造についての問題提起はほとんど聞かれない。

　また現実にも、離婚前後の親たちはどの程度、子どもの養育や面会交流について冷静に話し合えているのだろうか。子どもとの面会を求める別居親は皆、面会の場面や面会をめぐって、「親として適切」な言動、振る舞いをするという推定が所与の前提とされがちである。

　離婚する家族にこの「あるべき家族像」は一律にあてはまるだろうか。結婚の枠組みでの共同生活を続けられなくなった父母が、「あるべき家族像」の理念に添うように、協議によって子の最善に適う解決を常に見いだせるだろうか。父母間では協議できず、紛争の解決を裁判所に持ち込むような状況におい

て、親子関係の交流・維持を推進し「あるべき家族像」に近付けるようにすることで、現実の紛争について適切な解決を導き、肝心の子どもの安全を守れるだろうか。

　日本の制度のもとで、家族による話し合いが順調に進まない、困難をかかえる離婚について調整役を担う主な専門家は（福祉セクターではなく）司法・家庭裁判所（裁判官、調査官、調停委員）や弁護士たちである。したがって、家庭裁判所には、高葛藤事案が高い確率で持ち込まれる。その司法において面会交流の促進が主流化されていることは、高葛藤事案での面会交流をめぐる紛争の解決においても、面会交流の促進へと方向づける。

　さらに、高葛藤事案にせよ、高葛藤が顕在化しない事案にせよ、一体どれほどDV・虐待があるのだろうか。日本の離婚の9割程度を占める協議離婚についても、高葛藤事案についても、DV・虐待の実態は十分に把握されていない。全体像の把握もままならい状況下で、専門家・実務家たちの問題認識、つまり、DV・虐待そのものの問題の理解度にも大きなばらつきがある。DV・虐待の本質ともいえる強制的な「支配とコントロール」が離婚前からパートナー関係・家族関係に影を落としてきた場合には、面会交流の制度は離婚後もそのコントロールを維持する手段になりうるリスクがある。

　DV・虐待についての専門家の感度が低ければ、重篤なDV・虐待が絡む事案であっても被害者側の声は必ずしも傾聴されない。むしろ「子どものため」には、大人の事情やニーズを制限してでも、親子関係の維持が最優先される可能性がある。理念、規範そして現実に向き合う実務の現場は、専門領域のベクトル（方向性）に整合性がなければ、流動的な家族関係の調整や子の最善の達成は実現困難な夢に終わる。少なくとも、子どもの健全な安定的発達にとって破壊的な悪夢は避けなければならない。

　日本では別居親からの面会交流の申立件数が2000年代に入って急増している。しかし面会交流について別居親が強く積極的に要求し裁判も辞さないまでになったという社会現象そのものをどう解釈するか、十分に議論や分析が深まっているとはいえない。ジェンダー平等と子どもの発達の関連についての理解がなければ、面会交流における同居親と別居親の非対称性の問題も看過される。

近年、裁判所の面会交流に対する姿勢は、子どもの安定的な養育環境の維持から、別居親との面会交流を積極的に促進する方向性へ急旋回している。離婚後に、一方の親と同居し養育されている子どもにとって、別居親との関わりを増進することが常に子どもにとっての最善なのかという点も、議論は深められてはいない。それでも、日本の法制度を改正するべきだという議論や家庭裁判所の面会交流の処理実務は、急速に進んでいる。

本書は、「子の最善の利益」の本来の主役である「子ども」の発達の課題やリスクを乳幼児精神保健、心理学、子どもの発達・脳神経研究の知見をもとに精査し、上述のような日本での展開、課題および展望について、法学と司法実務の見地から検証・考察するものである。

謝辞：本書は、JSPS科研費25301044の助成を受けた研究の成果報告の一部である。

編者を代表して

髙橋睦子

目　次

はしがき

第Ⅰ部　離別と親子関係、紛争と葛藤
専門領域の異なるアプローチ

第1章　家族関係の紛争・葛藤への多様なアプローチ …… 髙橋睦子　2
—— 「三つの惑星モデル」からの問題提起

はじめに ……………………………………………………………… 2
1　専門家集団のハビトゥス ……………………………………… 2
2　「三つの惑星モデル」—— イギリスの経験をふまえて ……… 4
3　日本への示唆 …………………………………………………… 10

第2章　子どもの主体的な声を聴くこと ……………… 平井正三　15
—— 臨床心理学の関わり方

はじめに ……………………………………………………………… 15
1　子どもの心の内面に接近する専門性 ………………………… 15
　　—— 子どもの精神分析的心理療法
2　観察とコミュニケーションの専門性を活かした司法領域での実践 …… 19
3　心理学の知見を活かす ………………………………………… 30
おわりに ……………………………………………………………… 34

第3章　家族の葛藤と子どもの心と脳の発達 ………… 友田明美　36

はじめに ……………………………………………………………… 36
1　性的虐待による脳への影響 …………………………………… 38
2　暴言虐待による脳への影響 …………………………………… 39
3　厳格体罰による脳への影響 …………………………………… 41
4　両親間のDV目撃による脳への影響 ………………………… 42
5　被虐待と脳発達の感受性期との関係 ………………………… 43
6　被虐待児の心のケアの重要性 ………………………………… 44
7　「生態的表現型」という疾患概念 …………………………… 46

第4章 両親の「不協和音」が乳幼児の愛着形成に及ぼす影響
……………………………………………… 渡辺久子 48

1 子どもと大人の世界と「間主観性」………………………………… 48
2 子どもが「甘え」られないことの意味……………………………… 50
3 愛着や発達に関する問題——赤ちゃん部屋のおばけ …………… 52
4 言葉を得る前の身体的・感覚的記憶が心の芯を作っていく ……… 53
5 発達性トラウマ障害と世代間伝達 ………………………………… 55
6 父母の紛争への司法のかかわりと子どもへの影響 ……………… 55
おわりに——子どもを守れるのは本物の専門性 …………………… 56

第Ⅱ部 日本の子どもと家族法
子どもの視点からみた法制度の問題点

第5章 離婚後の子の養育 ……………………………… 小川富之 60
——欧米先進工業諸国の対応を手掛かりとして

はじめに——子の最善の利益に沿った離婚後の子の養育の実現 …………… 60
1 諸外国における別居・離婚後の子の養育について ………………… 63
2 日本の制度を考えるうえで必要なことは ………………………… 71
おわりに ……………………………………………………………… 74

第6章 離婚当事者の非対称性と子の処遇 …………… 立石直子 78

はじめに ……………………………………………………………… 78
1 離婚法における白地規定性 ………………………………………… 79
2 離婚当事者とは誰か ………………………………………………… 80
3 DVの子どもへの影響 ……………………………………………… 82
4 離婚後の子の処遇をめぐり留意すべき点——面会の問題を中心に …… 84
おわりに ……………………………………………………………… 85

第7章 離婚後の親子——司法実務の動向 ………………… 吉田容子 87

はじめに ……………………………………………………………… 87
1 親権と監護権 ………………………………………………………… 88
2 子連れ別居 …………………………………………………………… 91
3 監護者指定と子の引き渡し——裁判所の判断基準 ……………… 96
4 子の引き渡しの強制執行 ………………………………………… 103

第8章　司法における面会交流の現実 ……………… 可児康則　106

　はじめに ………………………………………………………… 106

　1　面会交流を巡る司法の現状 …………………………………… 107

　2　司法は、離婚で傷ついた子どもを幸せにしているか ………… 113

　3　子どもを害さない別居親との交流のために必要なこと ……… 120

　おわりに ………………………………………………………… 125

第Ⅲ部　離別後の親子関係の理想と現実
共同養育についての議論とオーストラリアからの示唆

第9章　離別後の共同養育はだれの利益か ………… 鈴木隆文　128

　はじめに ………………………………………………………… 128

　1　法律上の「父」とは誰であるべきか？ ──「父親」概念を疑う ……… 129

　2　離別後の共同養育は誰に望ましいのか？ …………………… 139

　3　ドメスティック・バイオレンスと共同養育 ………………… 146

　4　共同養育の議論において無視される養育の質 ……………… 158

　おわりに ………………………………………………………… 159

第10章　オーストラリアの家族法をめぐる近年の動向
──日本は何を学べるか
　　　　　………………… リサ・ヤング（監訳：髙橋睦子、立石直子）　163

　はじめに ………………………………………………………… 163

　1　オーストラリアの家族法の歴史的経緯および憲法との関係 ……… 164

　2　2006年連邦家族法改正と現在の法制度 …………………… 168

　3　2006年連邦家族法改正の影響 ……………………………… 174

　4　2012年連邦家族法改正 ……………………………………… 186

　5　リロケーションと共同養育に関する法改正 ………………… 189

　6　共同監護が養育費に及ぼす影響 …………………………… 192

　おわりに──オーストラリアからの示唆 …………………… 193

第 I 部

離別と親子関係、紛争と葛藤
専門領域の異なるアプローチ

　第 I 部は 4 つの章からなり、第 1 章は、家族関係の紛争と葛藤
に関与する多様な専門家集団の方向性の矛盾について、「三つ
の惑星モデル」論（M.ヘスター）をもとに考察する。第 2 章は、
「子どもについての理解」を心理学と臨床心理実践の見地から
論考する。　第 3 章は、「子どもの脳」について小児精神医学・
脳神経学の最新の研究知見を提示する。第 4 章は、乳幼児の安
定的発達のために必要なことに注目し、家族関係の葛藤・紛争
への「乳幼児たちからのメッセージ」を乳幼児精神保健の視座
から明らかにする。

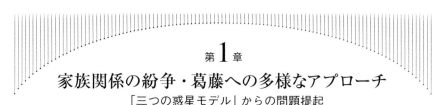

第1章
家族関係の紛争・葛藤への多様なアプローチ
「三つの惑星モデル」からの問題提起

髙橋睦子

はじめに

　家族は生身の人間で構成されるユニットであり、家族関係の振り子は多かれ少なかれ常に揺らいでいる。日々の家庭生活や家族関係は、「幸せな家庭生活」や「子どもの養育のありかた」についての理想や特定の家族規範に合致しているとは限らない。家族関係の紛争や葛藤について、何を問題として認識し、誰をどのように支え、支援・介入の目的が何なのか、専門領域によって課題の捉え方や支援のアプローチや方向性は異なっている。専門家集団がどのような家族観や規範を基調としているかを再認識することは、家族関係の葛藤・紛争への対応を内省するきっかけにもなり得る。

　本章では、家族関係の紛争・葛藤との関連において専門領域の間に矛盾や対立があるという問題点に注目し、専門領域ごとの方向性や目標の対立や矛盾のために、子どもを含め当事者にとって問題がさらに複雑・困難になりかねないリスクについて論考する。

1　専門家集団のハビトゥス

　イギリスの研究者ヘスター（Marianne Hester）[1]は、ドメスティック・バイオレンス（DV）や虐待の被害者（主に女性と子ども）の安全確保との関連で、専門領域によってアプローチや方向性が対立・矛盾していることに着目し、「三つの惑

---

[1]　ヘスターは暴力・DV問題やジェンダー関係について深い洞察を持つ社会科学者であり、現在は、ブリストル大学政策研究科教授で同大学ジェンダー・暴力研究所長として活躍している。

星モデル」を提示している。ここでいう「惑星（planet）」とは専門領域を指し、それぞれに独自の歴史・価値観（文化）のもとに専門職人材の養成や実務での目的・方向性をもって活動している。ヘスターの論考は、概念的には、ブルデュー（Pierre Bourdieu）の「ハビトゥス（habitus）」論を参照しつつ、1990年代後半から2000年代にかけて深化をとげてきたものである。「ハビトゥス」論によれば、「集団は社会的世界をその集団独自の精神構造を通して理解する」[Bourdieu 1989：19] とされる。

　専門家が特定の専門家集団の一員として課題にアプローチする時、その専門家集団に独自の論理や慣行が基本的な枠組みになる。しかし、専門家集団が単独でできることの限界についての自覚は、専門性の一部として確保されているのだろうか。他の専門家集団のハビトゥスへの関心や理解が不十分なまま、家族関係の紛争や葛藤への解決・改善策を専門家として探求し当事者に提示することを当然の役割だと確信して疑わないスタンスにはリスクがつきまとう。異なる専門家集団それぞれのハビトゥスの相違のために方向性や目標に対立・矛盾が生じれば、家族関係の紛争や葛藤の解決・改善は困難になるかもしれない。

　イギリスのソーシャルワーク研究者たちは、家族関係の紛争や葛藤への専門家の支援・介入において、専門領域ごとの方向性や目的が一致せず、「中断・再開のパターン（stop-start pattern）」が見られると指摘している [Stanley et al. 2011]。これは、専門家集団が自明とする着目点、判断基準や方向性が他の専門家集団とくい違うために、支援・介入の実務において「中断と再開の間を迷走する状況が生じ、当事者としてはどの専門家集団も信頼できなくなることを意味している。

　さて、ヘスターが論じている「三つの惑星」とは、具体的には、①DV問題への対応、②子ども保護、③（別離・離婚後の子どもと別居親との）面会交流、という三つの領域であり、これらはいずれも家族関係の紛争と葛藤に深く関わっている。DV問題、子ども保護、面会交流の三つの領域において、主たる支援・介入を担う専門家集団は異なり、支援や介入の専門的な実務に潜在している断片化や対立・矛盾は、制度的な問題でもある。ヘスターは、「三つの惑星モデル」の射程に含められる問題群は、刑事司法制度や社会福祉制度にまたがる制度的な問題の一部にすぎないとも述べている [Hester 2011：840]。それでも、制度的

4　第Ⅰ部　離別と親子関係、紛争と葛藤

な齟齬や矛盾についての認識が重要であることには変わりはない。以下では「三つの惑星モデル」について主にイギリスでの研究知見を手がかりに考察する。

2　「三つの惑星モデル」——イギリスの経験をふまえて

1　DVの惑星

「DVの惑星」での根源的な問題は、ジェンダー不平等である。男女どちらもパートナーに対して暴力をふるうことがある。しかし、現在までに得られている研究知見からは、DV問題をジェンダー中立的に捉え、女性も男性に劣らず暴力的でありうる、あるいは、男性もDVの被害者でありうるという中立的なスタンスを出発点とすることには問題があるとされている。つまり、DVの範囲、深刻度、影響にはジェンダー差がみられ、男性は「意図的な威嚇や（加害者による力の行使を可能とする）暴力に加え、威圧的な支配戦術」を繰り返して相手を怖がらせ、支配しようとする傾向が強い [Miller and Meloy 2006：90]。

親密なパートナー関係での暴力問題について加害者と被害者の男女比に注目する議論では、DVの本質が看過されやすい。社会的・経済的・政治的な側面などに目を向ければ、ジェンダー平等は目標理念であって現実に実現しているとは言い難い。近年、イギリスでは、DVとはジェンダー不平等に起因する「支配とコントロール (coersive control)」[2]だとする理解が主流になってきた [Hester 2011：840]。攻撃的・束縛的な加害者の言動といった表面的な側面にとどまらず、相手を様々な手段で操作し無力化しようとする「支配とコントロール」は、ジェンダー不平等についての認識なしには理解されない。

イギリス、米国、スウェーデンなどではDVそのものが法的に犯罪とされている。DVの犯罪化によって、DV被害について個人の問題あるいは家庭内の私事とする考え方から、DVは私事ではなく社会的に容認されない違法行為・犯罪であり、すべての関係機関が防止に努めるべきという考え方へと転換が図られている [Skinner et al. 2005]。日本ではDVの犯罪化にも至っておらず、被

---

2 ）　Stark 2007.

害者の安全の確保を含め、個人の問題として自己解決が基本とされていることには実質的に大きな変化がない状況が続いている。

イングランド[3]では、2004年の「DV、犯罪および被害者法」は、DVを市民保護命令に違反する刑事犯罪として位置付け、DVの犯罪化をさらに強めている。またDVに特化した法廷が設置されて有罪判決の割合が上昇した [Cook et al. 2004]。それでも、刑事司法手続の対象になるのはDVのごく一部であり、しかも扱われるのは個別の事件（主に身体的暴力）である。DV問題の核心、つまり、加害者が被害者を威圧的に支配・コントロールする状況について適切に対処し、そうした関係性についての理解を裁判に反映させることはまだ定着していない実態がある [Stark 2007]。継続・反復するDVの特徴を看過して、単発の事象としての暴力や加害に関心を限定すると、暴力的なパートナーに耐えかねて被害者（女性）が報復した場合、たとえ被害への報復であったとしてもその場での暴力への咎めとして女性の側が逮捕されることになり得る [Hester 2009]。

単発の暴力ではなく、継続的で執拗な「支配とコントロール」の包囲網によって被害者が絡め取られて孤立させられるという力関係の構図について、専門家たちが理解を共有していなければ、法律の改正でDVが犯罪化されていても、実際に被害者の安全についての保証はない。DV被害に遭った女性たちは、DVの犯罪化が被害者の安全の強化につながるのであれば望ましいが、安全が確保されないままでのDVの犯罪化に対しては批判的である [Hester 2006]。

では、「DVの惑星」の何が一体問題なのだろうか。まず、DV問題に関わる複数の専門家集団が「支配とコントロール」というDVの本質について理解を共有していないという問題がある。そして、さらに「DVの惑星」と「子ども保護の惑星」との間の矛盾という問題が同時に存在している。DV問題には、警察や法律実務（裁判所や弁護士）の専門家集団などが対応し、カップル／パートナー間の関係に関心が向けられるが、子ども保護は主に社会福祉部門が支援・介入を担当し子どもの支援に尽力する。それぞれの専門家が自分の持ち場で最善をつくしても、暴力・虐待の被害者の安全確保は容易ではない。

---

3) 英国での法体系については、スコットランドとの相違を前提に、「イングランドとウェールズ」が一エリアとして一般に扱われる。

6　第Ⅰ部　離別と親子関係、紛争と葛藤

「DVの惑星」と「子ども保護の惑星」のすれちがいは、大人の問題としての DVと子ども虐待との関連性を見逃し、同一の家庭の問題として全体像を把握しないために、支援・介入や保護が不整合になりやすい。「DVの惑星」では、主な関心が（元）パートナー関係における「支配とコントロール」に集中するために、子どもは影の薄い存在にとどまりがちである。調査研究から、子どもへのDVの影響についての理解が深まるにつれて、（母）親がDV被害を逃れ保護されるケースでは子どもへの早期支援についても同時に配慮されるようになった［Hester et al. 2007］。しかし、この二つの惑星はまだ十分につながっていない。

警察は主に大人を保護の対象としているが、DV家庭で子どもが暮らしていることを確認した場合には、子どもに特化した支援（子ども保護部門）に繋ぐことが期待されている。しかし、イギリスにおいても、警察が子ども保護部門に報告するかどうかの基準と、子ども保護部門が対応する際の基準とはしばしば異なる。このような齟齬のために、警察が把握するケースの大半が子ども保護の対象にはならず、結果的にはDV問題が明らかになっても子どもの安全は速やかに確保されない［Stanley et al. 2010; Laming 2009］。「DVの惑星」と「子ども保護の惑星」との間の不整合のために、DV問題への対応・被害者の保護・支援と、子どもの安全の確保・保護との両立が阻まれている。

2　子ども保護の惑星

「子ども保護の惑星」では子どもに焦点が向けられる。例えば、イングランド法制では、1989年と2004年の子ども法や2002年の養子縁組法があり、2004年の「DV、犯罪および被害者法」もある程度関係する。子ども保護は一般的な法律におおむね規定され、国が家庭に介入し子どもに重大な害が及ばないようにしなければならない。一般的なアプローチとしては親を起訴するのではなく、親との協議を経て施設入所によって子どもを保護するか、養子縁組が行われる［Hester et al. 2007］。

「子ども保護の惑星」では子どもを守るために（主たる養育者としての）母親の役割が重視される。しかし、実際には、パートナーから暴力を受けている母親が子どもを守るのは難しい場合が多く、母親自身の安全が確保されない限り、母親が子どもを守れる、あるいは、母親は何があっても子どもを守るべきだと

考えるのは非現実的である [Farmer 2006]。一方、「子ども保護の惑星」で活動する専門家たちは、母親たちがDV加害者のそばからなぜ逃げないのかと苛立つことが多い。母親たちがDV被害に遭いながらも逃げない（逃げられない）理由は、恐怖感、安全性への不安、生活資金の不足にあるかもしれないということが的確に理解されていないためである。子ども虐待と女性虐待の関連性は、女性が母親として直面する矛盾や問題を考える際に重要である [Radford and Hester 2006; Lapierre 2010]。

「子ども保護の惑星」の専門家たちが、DV加害者が威圧的に相手を支配しようとする多様な手段やそうした支配の根底にあるジェンダー不平等を十分に理解し、「DVの惑星」と協調しながら支援・保護を行なわなければ、子どもにとってかえって危険な状況が生じる [Farmer 2006]。「子ども保護の惑星」のアプローチに沿って子どもの安全確保を最優先しようとし、子ども保護部門（子どもソーシャルワーカー）が母親に対して子どもを守るよう要請することについて懲罰的だと感じる女性が多い [Humphreys and Thiara 2002]。「子ども保護の惑星」の専門家たちは、DV問題を「機能不全の家庭」の問題として捉えることが多い。そのために、母親は、DV問題を子ども保護の専門家に打ち明ければ、自分の家庭は機能不全で子どもの安全を確保できないと専門家に判断され、子どもから引き離されてしまいかねないというジレンマに追い込まれる [Farmer 2006]。

DV被害者のためのアウトリーチ・サービス[4]を利用した女性たちについてのイギリスでの調査研究によれば、ソーシャルワーカーが子ども保護に集中したために、相当数の女性が、まだ精神面でも物質面でも準備が整っていない、あるいは困難で危険な別離のプロセスを乗り越えるために必要な支援・保護を受けられないまま、DV加害者であるパートナーと別れるよう強いられていた [Humphreys and Thiara 2002]。あるケースでは、元パートナー（DV加害者）が自宅に来たらいつでもすぐに助けが呼べるよう、子どもと同居している母親は警察に直接つながる警報装置を持たされた。しかし、子ども保護サービスは、母親が警報装置を使ったのは、自分と子どもの安全を確保するための行為という

---

4) アウトリーチとは専門家側からサービス利用者のもとに赴いて支援・保護にあたる援助の手法である。

8　第Ⅰ部　離別と親子関係、紛争と葛藤

よりはむしろ、子どもを「保護していない」証拠だと判断し、子どもは母親から離され地方当局の保護施設に移された [Williamson and Hester 2008]。

　要するに「子ども保護の惑星」では、大人ではなく子どもの保護が最大の関心事である。母親の安全を確保してこそ子どもの安全も確保されるのだが、現実には子ども保護の関心は子どもに限定されがちである。

3　面会交流の惑星

　「面会交流の惑星」では、一般に国家は家庭に介入する必要はないが、離別後の子どもの養育・監護について両親の折り合いがつかなければ、司法の専門家たちの助言や判断のもとで調停か裁判の手続を踏むことが望ましいとする考え方が基本である。「DVの惑星」と「子ども保護の惑星」は過去の虐待や暴力を取り上げるが、「面会交流の惑星」での関心は今後のことにある。DVが離婚後も続くリスクがあるという証拠が十分でも、「面会交流の惑星」で司法の専門家たちが「今後」の親子関係を重視するのであれば、父母の間にDVがあったのは過去のことであり、子どもと別居親との今後の面会交流にはほとんど関係がないとして切り離されてしまう。

　国連子どもの権利条約 (1989年) に基づき、たとえ両親が同居していなくとも、一人ひとりの子どもに両親がそろっていることが重視されている。以前の家族関係がどのようなものであったとしても、訴訟になれば、子どもにとって別居親との面会交流は望ましい、むしろ当然とされる [Radford and Hester 2006; Trinder et al. 2006]。面会交流は、離別・離婚後も「支配とコントロール」の維持にとって好都合な口実・手段にもなり得る。DV加害者 (主に父親) による母親と子どもに対する虐待や嫌がらせが続く状況を助長しかねない [Radford and Hester 2006; Howarth et al. 2009]。

　イギリスの司法は、1990年代末からDV加害者と子どもの面会交流をめぐる問題に注目し始めた。家族法諮問委員会の児童法小委員会が2000年5月に出した答申書は、DVは子どもに悪影響を及ぼすリスクがあり、暴力的な親と子どもの面会交流についてはこの点を考慮する必要があることを認めた。高等法院家事部首席裁判官はその後の4件の上訴審で、DVが子どもに及ぼしうる影響、「目撃者であり被害者でもある (子どもへの) 短期的および長期的」影響と、

様々な調査で確認されている、同居親への影響を一層認識してほしいという訴えを支持した。しかしその後も、家事法廷の実務においてDVと面会交流の関連性に配慮するアプローチが採られることはほとんどなかった [Radford and Hester 2006; Trinder et al. 2006; Ofsted 2008]。

さらに2005年の「子どもとの面会と養子縁組法」は面会交流をあらためて重視し、裁判所による面会命令に強制力をもたせた。また同時に、面会をめぐる案件では調停による解決が推奨され、面会命令が強化されることになった。結局、「面会交流の惑星」で政策や実務を変えていこうとする動きはみられるものの、一般に面会交流を是とする考え方が主流を占め続けている。イングランドの家事法廷に関する監査報告は、家事法廷がDVの子どもへの影響に目を向けず、刑事上の有罪判決に関する情報も収集していないと批判的である [Ofsted 2008：11]。

イングランドの家事法廷のプロセスを調査した研究によると、面会交流を是とする前提が、DVから生じる危害についての申立てをすべて退ける「自己達成的予言」になっているという指摘がある [Trinder et al. 2006]。家事訴訟の様々な側面を詳細に検討した研究によれば、DVが確認される事案が増えているが、依然として途中でDVが「消えてしまう」とされる。トリンダーらは調停の場での家事法廷アドバイザーと両親の会話を調べ、女性がDVを話題に持ち出すと、家事法廷アドバイザーがそれを無視するか、別の話にすり替えたり否定し、DVを表に出させないようにしていると指摘している [Trinder et al. 2010]。

「三つの惑星」の間には様々な不整合・矛盾が未解決の問題として存在している。例えば、刑事司法制度と家事訴訟手続の間で情報や証拠が共有されていない、女性が警察に通報しない、子どもの問題（養育や面会交流など）について当事者で取り決めるよう裁判所から圧力がかかる、法的救済が不十分であれば虐待の全容は明らかにならないか最小化されるといった問題である [Radford and Hester 2006]。

「面会交流の惑星」での裁判所の主たる関心は、元パートナーからさらに虐待を受けるのではないかという女性の恐怖感を抑えることであり、元パートナーの暴力を審理することではない。「面会交流の惑星」では、同じ男性が一

方では暴力的とみなされ、他方では子どもの父親として扱われ、DV加害者に対する見方に明らかに齟齬があり、元パートナーとの関係では暴力的な男性であっても、子どもとの関係においては申し分ない父親と判断されることが多い。[Eriksson and Hester 2001]。裁判所が監視付き面会交流の判断をしたり、父母分離命令に条件をつけることはあるが、子ども自身にとって面会交流の目的や意義がどこにあるのかという点についてはほとんど考慮されていない。同居していない父親との面会はほぼ例外なく子どもにとって最善の利益とみなされている[Radford and Hester 2006]。

「面会交流の惑星」でのアプローチがもたらす状況は母親と子どもにとって矛盾に満ちている。「DVの惑星」では、母親はパートナーの暴力行為を抑えるために警察に通報し、起訴に向けて当局に協力したかもしれない。「子ども保護の惑星」では、子どもを守るために家を出るよう子ども保護部門の専門家から言われて、暴力的なパートナーから逃れたかもしれない。ところが、「面会交流の惑星」でのアプローチはまったく違い、家族は離婚や別居後もとにかく家族であり続けるべきだという前提に立っている。これは、親子関係はとにかく維持すべきだという規範である。「面会交流の惑星」では他の二つの惑星の課題は棚上げにされる。したがって、母親は暴力的な元パートナーと子どもの面会を許すよう命じられ、彼女は非常に困惑させられるだけでなく、元パートナーの暴力に自力で対処することを求められ、またも自分自身と子どもの安全が脅かされるのではないかという不安に曝されることになる。

3　日本への示唆

日本の離婚の特徴の一つとして、協議離婚が全体の9割近くを占めている。[5] 離婚に伴う事項は財産や子どもの養育など多岐にわたるが、第一義的には配偶者間の話合いでの解決が基本とされてきた。近年の民法一部改正によって、離

5）　2012年の離婚の総数は235,406件、内訳は、協議205,074件（87.1%）、調停23,616件（10.0%）、判決2,788件（1.2%）、審判82件、（離婚裁判のうち和解3,831件、認諾15件）。出典：「種類別離婚数と構成比及び普通離婚率の推移」『人口動態』http://winet.nwec.jp/cgi-bin/toukei/load/bin/tk_sql.cgi?bunya=02&rfrom=1&hno=61&fopt=3&rto=20（2014年12月3日アクセス）。

婚届の書面には、離婚後の子どもの養育や面会交流について両親が協議したかどうかをチェックする項目が追加されている。協議の有無の形式的な確認は、その協議内容の具体性や実現可能性を必ずしも保証するとは考えられないが、書類の様式への追記は、協議についての公的な確認の手続を明確にしようとする意図が読み取れる。それでも、家庭の紛争・葛藤の解決は主に当事者たちに委ねられているのが実情で、裁判所に裁定を求めるのは紛争・葛藤が深刻で当事者たちが自力で解決できないケースである。

　日本では協議離婚が不調である場合、第三者の支援として、司法による調停や離婚裁判といった選択肢が一般的である。他国、例えばスウェーデンやフィンランドでは、離婚の協議そのものを当事者任せにせず最初からファミリー・ソーシャルワーカーの同席のもとでの協議が定着し、離婚に至る過程において市町村自治体の法律相談（弁護士による無料相談）サービスを併用することが制度化されている［髙橋 2013］。こうした仕組みがあれば、裁判所の判断が求められるのは、紛争や葛藤が極めて高いケースである。こうした事案について判断を下さなければならない裁判官は、社会福祉部門や医療部門の専門職（子ども・家庭問題担当のソーシャルワーカーや児童精神科医など）の協力を得るようになっている［髙橋 2013］。

　虐待やDVで被害者が重大な危険に曝されているのであれば、児童相談所や女性相談、警察、公営または民間シェルターによる緊急の保護・支援も不可欠である。しかし、日本の司法実務では、特に家族関係の紛争・葛藤との関連でDVそのものが例外的とみなされがちである（第II部参照）。家族関係における紛争や葛藤は身体的な暴力に直結していなくても、強制的な支配・コントロールとして家族関係を侵食し有害な影響を及ぼし、支配される側、特に子どもたちは心理面で深く傷つき脳神経の発達にその痕跡が刻まれるリスクもある（第3章参照）。

　また、日本を含め多くの社会において、子どもが意思・意見のある主体として認識されるようになるにはまだ課題が山積している。国連の「子どもの権利条約」の成立から既に長い年月が経っているが、「子どもにとっての最善」や「子どもの利益」として大人たちが提示する主張は、必ずしも子どもの本音を的確に伝えていないことも珍しくはない。また、子ども自身に関わる決定につ

12 第Ⅰ部 離別と親子関係、紛争と葛藤

いて本人の自己決定も、「子どもの権利条約」には書き込まれているものの、「子どもの自己決定（権）」について大人社会は懐疑的であるといって過言でない。日本の場合、国連の「子どもの権利条約」の批准国でありながら、人権遵守をモニターする「子どもオンブズマン／オンブズパーソン」そのものも公的な政府機関としていまだに設置されていない。

　紛争・葛藤の渦中にある当事者への支援のための社会的資源は、社会によってその質や量において大きなばらつきがある。当事者自身が第三者（専門家）の支援や助言にどの程度積極的に繋がろうとするかも異なる。とりわけ、子どもの声を真摯に傾聴し本音を的確に把握するため、専門職の人材育成・研修の整備を図ることは、特に日本では急務である。本書の第Ⅱ部で詳述されるように、子ども代理人（弁護士）や家庭裁判所の調査官・調停委員らによる対応によって、離別の局面での紛争や葛藤を解決することはしばしば困難である。幼い子どもたちの声なき声を掴める専門家の養成には、乳幼児精神保健の専門的な知見と技能習得が不可欠である（第2章参照）[6]。離婚後に当事者たち（主に両親や子どもたち）の生活が物質・精神面で安定し、子どもが健全に発達・成長していけるようになるには、専門家たちの支援・介入の質と量といった課題だけでなく、「時間」にも意味がある。子どもが成人し自立するまでには長い時間がかかり、子どもの成長は決して直線的ではない。

　ヘスターの「三つの惑星モデル」はイギリス社会についての研究知見をもとに構築されているが、日本にとっても多くの示唆がある。紛争・葛藤の暴風で大きく揺らぎ軋む家族関係について、支配・暴力の有無、子どもと養育者の関係性、大人（養育者）自身の生育歴も含めた家族関係の全体像の把握といった作業には多様な専門家集団の協力体制が不可欠である。日本では連携といえば主に「保健・医療・福祉」における異職種間連携について、10年以上にわたる議論、研究、実践の蓄積がある。しかし、「三つの惑星モデル」が日本社会に提示していることは、「保健・医療・福祉」にとどまらない、さらに多くの専門家集団への連携の要請である。

　ヘスター自身は、「面会交流の惑星」の議論のなかで、過去の経緯を考慮せ

6）　一例として、平井（2015）参照。ロンドンのタビストック・クリニックでの専門的な訓練について詳細に紹介している。

ず、面会交流の実施そのものを是とする前提について、司法の専門家たちが自身の「ハビトゥス」やその限界を自覚することはなさそうだとも述べている[Hester 2011]。日本でも同様のことが懸念される。家族関係の紛争・葛藤の問題に対峙する専門家集団は多様である。専門家であるからこそ、自らの職業的なハビトゥスの特徴と限界を理解した上で、他の専門家集団との建設的な協力関係を早急に構築する必要がある。

文 献

髙橋睦子 (2013)「面会交流と子どもの最善の利益——スウェーデンとフィンランドでの展開を中心に」法律時報85巻4号、63-66

平井正三 (2015)『新訂増補子どもの精神分析的心理療法の経験——タビストック・クリニックの訓練』金剛出版

Bourdieu, P. (1989) 'Social spaces and symbolic power', *Sociological Theory*, 7 (1), 14-25

Cook, D. et al. (2004) *Evaluations of Specialist Domestic Violence Courts/Fast Track Systems*, London, CPS/DCA/Criminal Justice System Race Unit, https://www.cps.gov.uk/publications/docs/specialistdvcourts.pdf (2015年4月25日アクセス)

Eriksson, M. and Hester, M. (2001) 'Violent men as good enough fathers? A look at England and Sweden', *Violence Against Women*, 7 (7), 779-798

Farmer, E. (2006) 'Using research to develop child protection and child care practice', in C. Humphreys and N. Stanley (eds.) *Domestic Violence and Child Protection*, London, Jessica Kingsley Publishers

Hester, M. (2011) 'The three planet model: towards an understanding of contradictions in approaches to women and children's safety in context of domestic violence', *British Journal of Social Work*, 41, 837-853

Hester, M. (2009) *Who Does What to Whom? Gender and Domestic Violence Perpetrators*, Bristol, University of Bristol and northern Rock Foundation, http://www.nr-foundation.org.uk/downloads/Who-Does-What-to-Whom.pdf (2015年4月25日アクセス)

Hester, M. (2006) 'Making it through the criminal justice system: Attrition and domestic violence', *Social Policy and Society*, 5 (1), 79-90

Hester, M. et al. (2007) *Making an Impact: Children and Domestic Violence: A Reader*, 2nd edition, London, Jessica Kingsley Publishers

Howarth, E. et al. (2009) *Safety in Numbers: A Multi-Site Evaluation of Independent Domestic Violence Advisor Services*, London, The Hestia Fund and The Henry Smith Charity, http://www.henrysmithcharity.org.uk/documents/SafetyinNumbersFullReportNov09.pdf (2015年4月10日アクセス)

Humphreys, C. and Thiara, R. (2002) *Route to Safety: Protection Issues Facing Abused Women and Children and the Role of Outreach Services*, Bristol, Women's Aid

Federation of England, http://www.womensaid.org.uk/domestic-violence-articles.asp?section=00010001002200390001&itemid=1578（2015年5月1日アクセス）

Laming, H.（2009）*The Protection of Children in England: A Progress Report*, London, The Stationery Office, http://dera.ioe.ac.uk/8646/1/12_03_09_children.pdf（2015年5月2日アクセス）

Lapierre, S.（2010）'More responsibilities, less control: Understanding the challenges and difficulties involved in mothering in the context of domestic violence', *British Journal of Social Work*, 40, 1434-1451

Miller, S.L. and Meloy, M.L.（2006）'Women's use of force: Voices of women arrested for domestic violence', *Violence Against Women*, 12（1）, 89-115

Ofsted（The Office for Standards in Education, Children's Services and Skills）（2008）*Ofsted's Inspection of CAFCASS South East Region: An Inspection of Service Provision by the Children and Family Court Advisory and Support Service （CAFCASS） to Children and Families in the South East*, London, Ofsted, http://reports.ofsted.gov.uk/sites/default/files/documents/cafcass-reports/south-east/Cafcass%20South-East.pdf（2015年5月2日アクセス）

Radford, L. and Hester, M.（2006）*Mothering through Domestic Violence*, London, Jessica Kingsley

Skinner, T. et al.（2005）'Methodology, feminism and gender violence: The benefits of a coordinated community response in Cardiff, Wales', *Violence Against Women*, 12（8）, 761-788

Stanley, N. et al.（2011）'A stop-start response: Social services, interventions with children and families notified following domestic violence incidents', *British Journal of Social Work*, 41（2）, 296-313

Stark, E.（2007）*Coercive Control: How Men Entrap Women in Personal Life*, Oxford, Oxford University Press

Trinder, L. et al.（2006）*Making Contact Happen or Making Contact Work? The Process and Outcomes of In-Court Conciliation*, DCA Research Series 3/06, London, Department of Constitutional Affairs, http://www.naccc.org.uk/downloads/Making_contact_happen_or_work.pdf（2015年4月18日アクセス）

Williamson, E. and Hester, M.（2008）*Evaluation of the South Tyneside Domestic Abuse Perpetrator Programme 2006-2008: Final Report*, Bristol, University of Bristol, http://www.bristol.ac.uk/media-library/sites/sps/migrated/documents/finalreport1.pdf（2015年4月18日アクセス）

第**2**章
子どもの主体的な声を聴くこと
臨床心理学の関わり方
平井正三

はじめに

　私は、開業臨床を行っている臨床心理士であり、子どもと家族の心理的支援に専門的な関心をもって活動をしてきた。主たるアプローチは、子どもの精神分析的心理療法であるが、最近は、両親が別居や離婚した子どもの心理的ケアの仕事も増えてきている。また、監護権や面会交流をめぐって両親が裁判や調停で紛争しているなかで、一方の親から子どもおよび親子関係の心理的査定と意見書を求められることも増えてきている。子どもの心理状態や、親への思い、そして親子関係の性質などを捉えていくことは、私たち臨床心理士の専門領域であると思われる。本章では、そうした臨床心理学の中でも、私の専門分野である子どもの精神分析的心理療法の視点から、両親の紛争事例において、子どもと親子関係を心理的に査定していくことで何が見えてくるか、そしてどのようなアプローチが適切と思われるか、私自身の実践例を挙げながら、述べていきたい。

1　子どもの心の内面に接近する専門性
——子どもの精神分析的心理療法

1　子どもの精神分析的心理療法とその専門性
　精神分析的心理療法は、フロイトによって創始された精神分析に基づいた心理療法である。精神分析は、人の心は多層的・重層的である、つまり色々な面があるという考えに立脚している。ある人が「自分はこういう気持ちを持っている」と思っていても、実は全く異なった気持ちも持っておりそれに本人が気

16　第Ⅰ部　離別と親子関係、紛争と葛藤

づかなかったり、場合によっては絶対認められなかったりすることもある。

　あるうつ状態に陥った中年の男性Ｘ氏は、心理療法を受け始めた時は、「自分の母親は優しく温かい母親であり、好きな気持ちしかない」と言い張り続けていた。ところが、話を聞いていくと、母親は仕事で忙しく、Ｘ氏は一人で留守番をすることが多かったのだが、その時のさみしい気持ちを誰にも言わずにずっと過ごしてきたことがわかってきた。そして、子ども時代の写真を見ると、どの写真の中の自分もとても不幸そうな顔をしていること、そして母親に抱っこされたり手をつないだりした記憶がないことに気づいていった。Ｘ氏は、ずっと母親のことを悪く思わないようにして、「いい母親」として心の中で維持しようと努力し続けてきたようだった。そうして大人になった彼は、女性との関係も、仕事においても常に人に対してサービスばかりする中で、本人の言葉でいう「ガス欠」状態になってしまったと思われる。

　このＸ氏のように、大人になってうつ状態になったり、不安状態になったり、様々な精神症状に苦しむようになる人の中に、子ども時代の親子関係が大きな要因になっている場合が多いというのが、心理臨床の実感である。おそらく、Ｘ氏の母親は、子どものときの彼の苦しさや不幸せな気持ちを無視しようと思っていたわけではなく、気づかなかっただけなのではないかと推測する。大人はしばしば、子どもの表面的な言動だけをみて、「大丈夫」と思ってしまう。特に、仕事や他の事柄で忙しかったり、心を煩わせられたりしているとそうなりがちである。また、子どもにはまだよくわからないとか、わかっていても忘れていくだろう、と思いがちである。ところが、実際には、子どもは大人が思っている以上に自分の周りで起こっていることによく気づいており、また理解もしている場合が多い。さらに、子どもは子どもなりにそうした家族や自分に起こることによって、大人以上に傷ついたり、悲しんだりする可能性があるうえに、それがその後の性格形成に影響していくかもしれない。子どもはこうした状況の中で、不登校になったり、神経症症状を発症したりすることも頻繁である。そうなれば周りの大人も子どもの異変に気づくが、しばしばＸ氏のように、子どもはそうした「不幸」をなんとか自分なりの努力で抑え込み、場合によっては過剰に適応して「いい子」「できる子」として頑張ってしまう場合が多い。しかし、それは無理のある生き方であり、思春期や青年期、中年期な

どライフサイクルの節目のところでうつ病や神経症を発症してしまうのである。

　私たち臨床心理士が子どもと会うときは、大抵、子どもが何らかの異変を示しているときである。こうした状態の子どもは、大人の場合もそうであるが、自分が何に悩まされているのか明確には把握できていない場合が多い。さらに、子どもは大人のように、自分の考えていることや感じていることを言葉で表現することはできない。しかし、幼い子どもは自分の感じていることを、描画や人形遊びやブロックなどで雄弁に表現する。そこで、子どもの精神分析的心理療法においては、子どもに自由に話せる場だけでなく、子どもが、こうした遊びを通じた表現が自由にできる場を設けるプレイセラピー（遊戯技法）という手法を用いて、子どもの心の内側に接近を試みる。

　こうしたわけで、子どもの精神分析的心理療法士は、子どもの発する言葉だけでなく、遊びなどを通じた子どもの非言語的な表現やコミュニケーションを受け止め、理解していくことがその専門性の根幹をなしているのである。

2　子どもの心の内面に接近するスキル──観察と内省

　こうした「物言わぬ子どもの心を理解する」ための専門的スキルをどのようにして訓練するのか、そしてそれはどのようなものなのかを次に述べていきたい。英国では、子どもの心のケアを専門とする子どもの心理療法士 (child psychotherapist) 資格制度がある。[1] 私も、その訓練を受け、資格を取得したが、子どもの精神分析的心理療法の訓練の基盤になるのは、乳幼児の観察訓練である。つまり、子どもの心の内面に接近する基本的スキルは、子ども、もしくは親子の観察スキルなのである。英国の子どもの心理療法の訓練では、こうした観察スキルを養うために、生まれたばかりの赤ん坊のいる家庭に毎週1時、2年にわたって訪問して、赤ん坊と母親とのやり取りを観察する。これは主に、

①赤ん坊の非言語的表現・コミュニケーションへの感受性を養うこと。物言わぬ赤ん坊は仕草や表情、おもちゃなどとのかかわり方を通じて、内面を表現する。そうした赤ん坊の表現を受け止めることのできる感受性を養う。

---

1)　章末の引用・参考文献リストにある『児童青年心理療法ハンドブック』参照。英国の児童青年心理療法および乳児観察については、同じく文献リストに記載した鵜飼、木部、平井による著作に紹介されている。

②母子のやり取りの性質を見る力を養うこと。赤ん坊は、母親などの養育者とのやり取りや関係性を通じて、そのパーソナリティが形作られると現代精神分析や発達心理学では考えられており、母子関係の性質を見て取る力を養うことは大変重要になってきている。

を目的としている。

こうした赤ん坊や幼い子どもの非言語的な表現やコミュニケーションを受け止めるには、観察者は「客観的な」態度をとっているだけでは難しいと理解されてきている。最近の、脳神経科学の研究が明らかにしているように、幼い子どもは、大人に対して、直接感情を喚起するという仕方でコミュニケーションをしていること、つまり、子どもは大人の脳を刺激し、自分と同様の感情や情動を喚起する力があるのである。それが、母親が、物言わぬ赤ん坊の気持ちを少しずつ読み取ることができていく生物学的基盤と言ってよいだろう。とすると、子どもの心の内面に接近しようとするならば、観察者は、「客観的」な態度だけでは不適切であり、観察者自身の心に掻き立てられる感情を把握することが重要になってくる。つまり、観察者の「主観」や感情が、子どもの抱いている感情を把握する手掛かりになるかもしれないのである。

しかしながら、観察者が自分自身の中に起こってくることが、子どもの心を理解するために重要なことなのか、それとも個人的な歪みなのか区別できていないと、それこそ観察は観察者個人によって歪められてしまい、子どもの本当の気持ちや内面は見えなくなってしまう。そこで、子どもの精神分析的心理療法の訓練では、訓練生は、自身の内面について、個人的偏向や癖などに知悉できるように、自分自身が精神分析を受けることが必須になっている。つまり、訓練生自身が、自分自身について、分析家の手助けでじっくりと内省することのできる機会を持つのである。

こうして子どもの精神分析的心理療法訓練においては、内省によって導かれながら、子どもを詳細に観察するスキルを身に着けていくことになるのである。子どもの心の内面は、自分自身の心の中にある「子ども」の心に触れていくことを通じてでしか、近づいていくことはできない。いわゆる共感的理解を通じてでしか、子どもの心の本質的な理解は難しいであろう。しかし、そのような共感的理解は、詳細な行動の観察によるエビデンスによって確証される必

要があり、観察と内省を有機的に組み合わせていくことが子どもの理解におい
て肝要であろう。

3　専門性の実証的基盤——精神分析理論と実証的研究

　このように子どもの精神分析的心理療法は内省、すなわち主観を専門的スキ
ルの根幹に据えているというと、その実証的基盤が薄いのではないかという恐
れが出ていくる。この点に関して、2点を指摘しておきたい。一つは、こうし
た主観性も含めて観察していく、精神分析的観察の観察データは長年の間蓄積
され、それをもとに形成され、検証されてきた精神分析理論は一定の実証的妥
当性を持っている。子どもの精神分析的心理療法士は、こうした精神分析理論
を参照して観察し、そして観察したことを理解する。もう一つは、こうした精
神分析とは別の、より一般的な科学的研究である、発達研究や発達精神病理学
研究の知見を子どもの精神分析的心理療法士は参照し、自らの観察とその理解
に生かしていく。この点については、のちに述べていく。

2　観察とコミュニケーションの専門性を活かした司法領域での実践

　このような観察とコミュニケーションのスキルを活かして、両親が係争中の
子どもの心や親子関係についてどのように把握していけるか、実践例を挙げな
がら以下に示していきたい。

1　子どもの意思と心情の表現とコミュニケーション

　子どもが、どのようなやり方で自分の意思や心情を表現し、伝えようとする
のだろうか。事例をもとに述べていこう。

【事例1】監護権が問題になっていた事例　小学校3年生女子Ａ子さん
　背景：Ａ子さんの母親は遠方のＹ市出身だが、父親が定期的にその地で仕事をしてい
　た縁で結婚。Ｘ市で祖母と一緒に住むようになったが、母親は子育てには熱心ではな
　く、Ａ子さんは主に祖母に育てられた。Ａ子さんが小学校1年生の時、母親は家を出
　ていく。その後離婚手続もしたが、突然、母親は離婚の無効とＡ子さんの親権と監護

20　第Ⅰ部　離別と親子関係、紛争と葛藤

権を求めて訴えを起こした。家庭裁判所では親権と監護権の訴えは棄却されたが、高等裁判所では、逆転判決。この過程で、A子さんは裁判官宛の手紙を書き、父親のもとにとどまり、祖母や父親と一緒に暮らしたいこと、またX市にとどまり、家業を継ぎたいことを訴えたが、聞き入れられなかったことに大変ショックを受けていた。私は、父親の弁護士よりA子さんを紹介され、心のケアと、母親と一緒に住みたいかどうかについてその意思と心情把握をするように求められた。以下は意見書の抜粋。

心理学的査定　意見書
[1回目の面接]　祖母と一緒に来所。祖母と同室で、まず祖母に状況について話してもらう。祖母は、A子さんの不安が強くなっており、祖母から離れたがらないと話す。そして、母親と月に一度会うが楽しくないと本人は言うのだが、本人の本心を知りたい、と話す。祖母が退席したのち、私が「今おばあちゃんが話していたことどう思う？」と尋ねると、A子さんは、「あの人は子どもっぽい」と母親のことを「あの人」と呼び、面会した時にいかに母親が自分のことを放っておいて携帯メールばかりしていたかということや、イベントに参加すると自分以上にはしゃいでいることなどを話す [1]。私が「おばあちゃんはどう」と尋ねると、祖母にはそういうことはなく、大人として振舞っていると答える。その後私が、用意をした玩具や描画道具などに注意を促すと、絵や字を書き始める。主に学校で最近習ったことを私に伝えているように見えた [2]。そして、私に次第に打ち解けた様子になると、幼稚園の時からミミズが好きになったという話を生き生きとし始める。大抵の子がそのことを聞くとびっくりするので、彼女がみんなにミミズは見た目と違ってずいぶん役に立つ動物だと説明するとみんな納得するという話をする [3]。

考察 [1]　子どもはこうした直接的な問いかけに戸惑い明確な答えを言葉の上でしないことも多いが、このA子さんのように明確に言葉で答えることのできる子どもも少なくない。個人差はあるが、小学3年生から4年生ころに、子どもの自己概念、社会的意識と理解は飛躍的に発達すると考えられており、いわゆる「自我の芽生え」の時期でもある。A子さんは比較的早熟であると言えるが特殊でもないと思われる。A子さんの答えは、明確に母親に対する否定的な気持ちを表現している一方、祖母への肯定的な気持ちを表現している。

考察 [2]　子どもに「自由に遊んでもらう」という態度で接していくと、多くの子どもは自分自身を表現してくる。A子さんは、「自分ができる」ことを私にアピールしてきた。「できる子であること」が、この子どもにとってとて

も大切なことであることがわかる。それは、おそらく「できない、子どもっぽい母親」ではないこと、そうした「子どもっぽさ」を軽蔑することが、この子どもが自分を保つために必要なことであるかもしれないことを示唆している。

　考察 [3]　子どもに自由に遊び話してもらうと、しばしばその子どもが生き生きと話したり遊んだりする主題が現れる。A子さんの場合は、それは「ミミズ」であった。こうした表現は、その子どもの感じ方や関心の方向性を知るうえで役に立つ。このように子どもが好きなもの、生き生きとした関心を向けるものが見て取れるという事実そのものが、その子どもがそのおかれた環境で一定の情緒的成長を遂げつつある証左であると判断できる。それに加えて、このようにして子どもの感性や感じ方を知ることで、その子どもがどの養育者に対してどのような感情を持ち、それがその子の情緒発達にどのような影響を与えているか検討できる手がかりとなりうる。私は、この子どもが「ミミズが役に立っている」という考えに関心を持っていることに注目した。こうした一般には理解されていないが、実は役に立っているという考えは、「年老いた祖母が（A子さんの情緒発達に）役に立つ存在である」という考えを示しているかもしれないと思われた。このように子どもの何気ない言語表現は、しばしば問題となっている家族関係について子どもなりの考えや思いが象徴的に表現されている可能性がある。

　　［2回目の面接（1週間後）］　この日のA子さんは、最初から祖母と離れ一人で面接室に私と入る。最初の方はやや緊張して何も言えずできない時間があったが、折り紙をし始め、私にそれがどういうものか説明してくれる。学校で、彼女がみんなにオリジナルの折り紙を教えたりしていることをそれとなく得意そうに話していく。学校の中で溶け込み、それが楽しい様子が伝わってくる。後半の方に、再び母親の話になり、母親は彼女が幼稚園の時に朝出かけるときにも寝ていたことを話す。

　考察　2回目の面接の初めに見せた「蛇に睨まれた蛙」のようなA子さんの不安と緊張は、祖母や父親が報告しているようにA子さんが最近食欲もなく元気がないという状況とかかわっており、おそらく母親のもとに連れていかれるのではないかという不安とかかわっているのだろうと推測できる。しかし、A子さんは、こうした不安状態から、「折り紙を折る」遊びをすることで自分

を立て直すことができた。こうしたスキルを伴う遊びをすることは学童期の子どもが自分を立て直したり、保ったりするうえで通常重要な働きをすることが知られている。このような意味で、A子さんにとって学校の勉強も「有能な自分」という感覚を育み、無力で何もできない「蛇に睨まれた蛙」のような不安に対処できる力を培っていると言える。実際に、A子さんの話から、現在の小学校の教師や友達関係が彼女にとってとても大切であることがうかがわれる。子どもの情緒発達にとって家庭環境だけでなく、学校や地域の人間関係もしばしば極めて重要であることも忘れてはならない。

[3回目の面接（1週間後）]　面接開始前に、祖母が私に、A子さんが月曜日からとても不安定になっていて、食事もあまり食べていないので心配だと話す。
　　私と二人で面接室に入ると、A子さんは最近のいきさつを話し始める。彼女によると、12月に母親との間で「もめごと」が起こり、母親がA子さんに虫歯があることを問題にしたので、学校での歯科医による検診結果の紙を見せないといけなかった。私が「もめごと」が何かと尋ねると、彼女の学校の同級生の母親のところに彼女の母親が隠れていたことと関係することが分かったが、それ以上のことは私にはわからなかった。その後、A子さんは、虫歯の件を続けて話し、1週間ほど前に、母親と会った時、母親に子どもに虫歯があったらどうすると尋ねたところ、そういう子どもはぶん殴ると母親が答えたので怖くなったことを話す。それから、母親がいつも「彼氏」の話をすることも話す。ここでも、A子さんは、母親とは決して呼ばず、「あの人」という言葉を使い続けた。その後、彼女は、（遠方の）Y市には行きたくないし、X市にいて父親や祖母のもとにいたいこと、将来は布の生地の勉強をしてそうした仕事につきたいと話す。私が、その理由を尋ねると、彼女は、祖母のたるんだ肌の感触が大好きで、そういう布の生地の感触が好きなので生地に関心があると楽しそうに話をする。

考察　これまでの明確な語りが、この母親の話になると崩れていることから、A子さんにとって母親のことは情緒的に動揺させられ、混乱させられることであることが見て取れる。この種の情緒的動揺や混乱はそれが恒常的になるにつれ、その子どもの性格傾向に悪影響を及ぼすことが知られている。

　3回の面接を通じて、A子さんの印象は、大変しっかりしているが、やや背伸びをしようとする面があり、いわゆる子どもらしい面の比較的少ない子どもであるように思われた。それは、両親の係争や現在の状況などを考えると、そ

第2章　子どもの主体的な声を聴くこと　23

のような環境下にある子どもにありがちな点である。すなわち、両親が争っている現在の状況は、子どもが安定して育っていく場が十分に保障されているとは言い難いことが、背伸びをし、大人びていく傾向を助長していると考えられる。しかしながら、学校での様子などを聞いていると、同級生との関係などを十分楽しめている様子がうかがえた。また、ミミズが好きという話や祖母の肌の感触が好きという話をするときはとても生き生きと子どもらしい表情をしていた。以上のことからすると、子どもが必要とする一定の愛着関係（32頁参照）を持っていることが推察され、それは主に祖母との関係であるように思われた。実際に、面接時の祖母とA子さんとの関係をみている限り、A子さんは祖母を（服従ではなく）信頼していることがうかがわれた。また、祖母の方も、適切な懸念と配慮をA子さんに向けていることがうかがわれた。逆に、A子さんにとって、母親との関係は、幼稚園の時のエピソードや面会時のエピソード、そしてとりわけ「あの人」という呼び方に表わされているように愛着関係に問題があることが推察される。仮に、母親と暮らし始めても、この点における困難、すなわち関係がうまくいかないかもしれないことが予想される。

　以上のように、祖母［そして父親］への愛着関係、そして学校生活に適応し友人関係を持っていることを踏まえて、A子さんがX市の父親と祖母のもとに留まりたいということは、十分理解できることであり、Y市の母親のもとに行くことは極めて不安になることも当然のように思われる。また、A子さんと祖母との関係をみている限り、祖母がA子さんを思い通りにさせようとしているとは考えにくく、年齢以上にしっかりとしているように思われるA子さんが自分なりの考えを持っていると想定してよいと考えられる。

2　親子の関係性を査定することと子どもの心の世界を探索すること

　次に、子どもの親との関係性、親への様々な感情を査定し、探索していく実践例をもう一例提示したい。

【事例2】　人身保護請求の事例　5歳女児B子さん
　B子さんは、父親に連れられ父親の実家に一緒に住み始めたが、母親から裁判所に人身保護請求が出された。私は、B子さんの父親との関係性、父親と離れ母親と住むことになることで生じうる情緒発達上のリスクなどを査定するために父子に心理学的

24　第Ⅰ部　離別と親子関係、紛争と葛藤

査定面接を行った。父子同席面接を2回、子ども単独面接を3回行った。

(1)　父子同席での観察――親子の行動観察により愛着関係の性質を見る

後述するように、幼い子どもの情緒発達にとってアタッチメント（愛着）は、決定的に重要であり、親子の愛着関係の性質を見極めるのは、こうした査定において最も重要な視点の一つである。愛着関係の性質を見ていくためには、以下の点に留意することが大切である。

(i)　不安・緊張時に安心させてくれる対象であるかどうか

子どもがストレスに曝される時、親がどのようにふるまうかをみること。愛着対象のもっとも重要な機能は、子どもの不安や緊張をほぐしたり、安心させてくれることにある。面接の中で親が実際にそのような行動をしているか、していないのか、子どもがどのように反応しているか見ていくことが大切である。B子さんと父親の場合、初対面のときB子さんは不安であったとも思うが、父親はB子さんの不安を察知し、B子さんに話しかけたり、手をつないであげたりしており、それでB子さんは安心しているように見えた。逆に、不安や緊張している時にB子さんは父親の方を向いたり、近づいて接触したりしている様子から、B子さんにとって、父親はこうしたストレス時に安心させてくれる人物であることがわかる。親によっては、こうした面接で自分の不安や自分の主張ばかりに没頭し、子どもの不安や緊張に注意を向けられない親もいる。あるいは、親は子どものことをよく見ているように振る舞おうとするが、実際には、子どもは親に安心させてもらおうと近づくことがない場合などもある。こうした点をよく見ていることが大切である。

(ii)　探索のための安全基地の機能を持っているかどうか

愛着対象のもう一つ重要な機能は、「安全基地」として子どもがそこから世界を探索することのできる基盤を提供することである。これによって、子どもは様々なことをもっと知っていき、新しいことに挑戦する自信が生じ、発達が促進されていく。不安やトラブルが生じたり、疲れたときにいつでも戻ることができる「基地」があることが子どもの探索行動を促し、子どもの発達を支えていく。逆にこれがないと、子どもの好奇心や探索心が抑制され、発達が阻害されてしまうのである。

父親が面接の初めに見知らぬ人や見知らぬ部屋でのB子さんの不安や戸惑いを和らげてあげると、B子さんは、すぐに部屋にある玩具に関心を示し、生き生きと遊び始めた。父親も最初の方はB子さんが遊ぶ様子を見守り、B子さんが、玩具の扱いに困っているとどうしたらいいか的確な指示を出し、B子さんはその指示をうまく使っていた。しばらくすると、B子さんは遊びに没頭し、父親が私との話に没頭していても気にしない様子であった。しかし、ときおり、ブロックで作った物や描いた絵などを父親の下に持ってきて父親に見せ、父親の膝にのったりして、甘え、そしてまた遊びに戻っていった。

このようにB子さんの父親は、典型的な「安全基地」として機能しているように見えた。親子によっては、子どもが親から全く離れることができず、遊べない場合もある。逆に、子どもがすぐに親から離れて遊びに没頭し、ほとんど親に近づこうとしない場合もある。これら両極端の例はどちらも、その親は「安全基地」として機能していないことを示している。

(iii) 分離と再会時の様子

幼い子どもの愛着関係を見極める最も重要な指標は、親と離れるときの子どもの様子、そして親と再会した時の子どもの様子の観察である。

B子さんは、父親と離れるときに一定の不安を示したが、すぐに不安は影をひそめた。しかし、父親と再会するときにはとても喜んだ表情をし、抱きついていった。これらも、安定したアタッチメントの特徴である。子どもによっては、親と離れる際に、全く不安を示さなかったり、逆に不安で離れられなかったりする。また親と再会するときに、親に対する怒りや抗議に満ちた反応をしたりする子どももいれば、ほとんど何の感情的反応も見せない子どももいる。これらは不安的な愛着関係の特徴と言われている。また、親と再会するときに、親に近づくかと思えば行動をそこでピタリと止めてしまいあらぬ方に向かっていったりして、その行動の意図や方向性がよくわからない子どもたちもいる。こうした子どもは、その親との愛着行動の組織化がうまくなされておらず、ばらばらであると考えられる。こうした特徴は、虐待を受けている子どもなどにしばしば見られ、のちに何らかの精神病理を発症する可能性があることが判明している。

26　第Ⅰ部　離別と親子関係、紛争と葛藤

⑵　子どもの意思と心情を探っていくこと

⒤　子どもの意思を探る

　A子さんと同じように、5歳のB子さんにも母親についてどう思うか尋ねてみた。A子さんには最初に会ったときに尋ねたが、B子さんには、何度か会い十分にB子さんが私を信頼していると感じている状況でそれを行った。B子さんの答えは、「好きではない」というものであり、それは「泥棒するから」というものであった。つまり、彼女を連れ去ろうとしたことを指している。これに対して、父親に関しては、即答で大好きと答えている。

　5歳の子どもの、こうした言葉による明確な「意思の表明」をどのように捉えられるのだろうか。自分自身の意思を明確に持ち、それを表現できる能力は子どもの発達段階に応じて異なってくる。また、個人差も大変大きく、状況によって意思が左右される部分があることも事実である。しかし、子どもに自由に話し、自由に遊んでもらうという態度で接し、子どものあるがままを中立的に受け止める姿勢で、じっくりと時間をかけてかかわっていけば、多くの場合子どもは心情を伝えてくる。こうした設定を作ってもなかなか心情を表さないとするならば、それ自体その子どもが「本当のことを受け入れてもらえない」ストレスフルな養育状況にいる可能性がある。こうして子どもが話したことは、より幼い子どもの場合、ほかの行動観察などの手掛かりと照らし合わせてどこまで妥当か検証する必要がある。つまり、言葉による答えと、行動観察などから、「子どもの意思」を総合的に判断する必要があるのである。

　B子さんの父子関係は、先に述べた行動観察により、安定した愛着関係にあると考えられ、彼女の「大好き」は裏づけが得られる。母親に対する感情については、それを裏付ける同様のエビデンスは得られていないが、父親による養育環境への適応の努力の程度とその達成具合から、B子さんが父親と一緒に暮らす意思を強く持っていることがうかがわれる。つまりただ受身的に適応を強いられているのではできないことをB子さんがしていることから、父親と暮らすことを本人が強く望んでいることがうかがわれるのである。

⒤　子どもの心情を探る

　大人と同じく、子どもも表明される意思とは別にその心情は複雑である。やむを得ないとはいえ、両親が係争している状況自体、子どもの情緒発達にとっ

図表2-1　お父さんとお母さん

図表2-2　雨と傘とおうち

ては望ましくない状況である。子どもにとって、両親の関係はしばしば大人同士の協働関係の原型であるし、創造的なパートナーシップのモデルとなるとともに、「仲の良い両親に愛されて生まれてきた自分」という感覚はしばしば自信と希望の感覚の基盤となる一方、仲たがいする両親は自信のなさや低い自己評価、さらに自分自身がパートナーシップを誰かと築いていくときに躓く原因にもなる。

　子どもの非言語的表現、象徴的表現を通じて、こうした子どもの心の奥底を探ることが可能になる。

　B子さんは、面接の中で、男の子と女の子の人形を喧嘩させ、二人は父親と母親によって仲裁され、それぞれ別々に住むことになる、という人形遊びをした。それは、兄と母親、自分と父親が別居しているという現在の状況に至る経緯を、この女の子が、自分なりに理解しており受け入れていることを示していた。しかし、彼女の描画は別の気持ちも示していた。**図表2-1**は、両親が仲良くなることを望んでいることを示しているように思われる。**図表2-2**は、最初晴れていた空から雨が降ってくるようになり、左端の女の子は自分のまわりに「傘」と呼ぶ何かで雨から身を守っている。その横にいくつか家を描いていったが、女の子の右隣の家には、「お母さんと赤ちゃん」が描かれている。「雨」がB子さんの母を失う悲しみを表し、家の中の母子は彼女のひそかな願いを表していると考えてもよいように思われた。

3 係争による子どもの情緒発達へのリスクについて

さて、裁判で争うということは、大人にとっても大変ストレスフルであり、その精神状態に多大な負担が強いられる。事例1のA子さんのように、監護権を巡って親同士が争い、場合によっては本人の意思に反して、遠くの、関係のうまくいっていない親と一緒に住まないといけなくなる恐れのある状況が、子どもにどのような影響を及ぼすのだろうか。以下に、査定面接後に行った継続的な心理療法面接でのA子さんの様子を述べていくことで、この点について考えていきたい。

【事例3】A子さんとの心理療法セッション

［X回目のセッション］　A子さんは、いつものような固まった様子を少し見せたのち、粘土を出してきて、小さな固まりで何か丸いものを作り私の前に置く。彼女は、「これは何でしょう？」と言う。A子さんが、クイズを出す人で、私が答える人という設定が始まる。「間違えると大人失格」と彼女は言い、私にプレッシャーをかけてくる。答えは、ミミズの卵と判明。その後に、ミミズを粘土で作り、「ミミズはどこから卵を産むか答えてください」と言い、もっと私に答えるようにプレッシャーをかけてくる。間違えると、5個ある「命」が一つずつ減っていき、なくなると「おしおき」が待っている。「おしおき」は、蛇やクマに噛まれたりする。私は、卵がどこから生まれてくるかということは、人間はどこからどういうふうにして生まれてくるかということと似ていること、A子さんは自分がどういうふうにして生まれてきたか知りたいと思っているかもしれないことを指摘する。それにはA子さんは「ちがいます」とだけ答え、私に答えを迫ってくる。私は、とにかく「正しい答え」を探さないとひどい目にあうことになっているのに、どう考えていいかも分からず怖い目にあうというのはどんな気持ちか考えることになっているようだという話をする。

［X＋1回目のセッション］　（一緒に来た祖母が、先週末に母親に会って以来、様子が変で、母親に連れて行かれることをとても心配しているようだと話す。）私が祖母の話しを話題にするが、A子さんは「全然心配していない」とその話を打ち切る。前回と同じ展開。今度は団子虫の卵はどこから生まれるのかという問い。答えられない私に対して、「おしおき」係の熊はウンコやおならで作った爆弾（粘土のかけら）を私の体の上に落としてくる。もう一匹の「おしおき」係であるライオンは、私に噛みつこうと私の顔の前に来て威嚇する。私が、ウンコ爆弾や噛みつかれそうになるのはどんなに怖いことか考えることになっているように思うという話をする。また、A子さんは、粘土でトンカチのようなものをつくり、裁判官のようにトンカチを打ち鳴らす。

さらにそのトンカチを振り回し、トンカチの先にギザギザをつけて私を威嚇する。時間の終わりに、A子さんは、怪談のアニメが今晩あるから私に見るように、と言う。私は、A子さんがどんな怖い思いをしているか私にちゃんと知ってほしいという気持ちではないかと伝える。

考察　こうした心理療法の面接は、次の2点に関して示唆するところが大きい。

一つは、A子さんが裁判状況をどう捉えているのか、である。彼女は、正しい答えを言わないとひどい目に合うという空想を持っているようであり、それはおそらく裁判の状況と密接に関わっているように思われた。子ども（そして大人においても精神状態の良くないとき）はしばしば悪夢のような空想で現実を冷静に見ることができなくなってしまう。A子さんは、裁判状況の中で、このセッションで見せているようなひどい罰を受けるかもしれないと感じており、それが祖母の報告する不安状態につながっていたと推測できる。ここで、興味深いのは、彼女にとって、裁判官は「巨大なトンカチ」を振り回す権力の乱用者と空想されている点である。こうした権力の乱用は、子どもの遊びの世界ではごく普通であるが、大人の権威の代表である「裁判官」をこのように子どもっぽい人間であるとみていく中で育っていくことは、子どもの情緒発達にとって悪影響を与えると言ってよいだろう。

二つ目に、A子さんが面会交流をどのように捉えているのか、である。このちのセッションの中でA子さんは人形遊びをし始めた。その中で、赤ん坊や子どもは親が見ていないところで誘拐されるというテーマが繰り返される。親が赤ん坊を探して取り戻そうとするが、たいていの場合、誘拐者にやられてしまい、赤ん坊は親のもとには戻れない。これらの遊びの内容は、母親と面会交流をしたのちに、A子さんが不安状態になる理由を示しているように思われた。このように、母親との面会の経験を積み重ねていくことは、やはり情緒的に悪影響を与えると言えよう。

次に子どもが別居親との面会交流をすることが、その子どもの情緒発達にはっきりと悪影響を与えていると思われる例を挙げたい。

30　第Ⅰ部　離別と親子関係、紛争と葛藤

【事例４】　面会交流を拒否する小学校２年生の男児Ｃ君
　　心理的DVと思われる父親の元を離れ、母親とともに別居。父親との面会交流を始めるが、その場で父親が母親を罵倒し続けた。一度父親がＣ君を連れ去ろうとしたことをきっかけに、Ｃ君は父親が迎えに来ても泣き叫び面会交流を拒否するようになった。
　　私との心理学的査定面接時の様子。母親と離れても不安を全く見せない。むしろなれなれしい態度と表層的なかかわり方、一本調子の様子から発達障害が疑われる。遊びの内容は、赤ん坊人形を用いて、「赤ちゃんが誘拐され、ひどい目に合う」というテーマを執拗に繰り返す。赤ん坊人形は投げ飛ばされ、踏みつぶされ、包丁で切り刻まれる。Ｃ君はむしろ赤ん坊をひどい目にあわす側の気持ちになり、赤ん坊をひどい目に合わせて嬉しそうに興奮する。

　考察　Ｃ君は、おそらく発達障害（ごく軽度の自閉症スペクトラム障害）を有しており、気持ちを感じたり表現したりすることに大きな困難を有していると思われる。Ｃ君にとって父親に連れ去られそうになった経験や面会交流の場自体が、心的外傷体験であり、それがどのような気持ちがするのか考えられず、むしろ「ひどい目に合わせている父親」そのものになることで自分を保つことしかできない状態のように思われる。こうした事態は、情緒発達的には大変憂慮すべき事態である。単にひどい目にあっている人の気持ちがわからず、人に対してひどいことをしても何とも思わないというだけでなく、人間関係についての理解や対処力、ひいては情緒発達全般に深刻な悪影響を持ちうると考えられる。

3　心理学の知見を活かす

　子どもの意思や心情を把握するには、子どものことをよく観察し、またしっかりと耳を傾けることが最も大切であるが、そうして得たことを、子どもの心に関する科学的知見に照らして吟味していくことが次に必要になってくる。

1　子どもの主体性と意思表明──発達心理学の知見を活かす

　すべての親は、赤ん坊の時から子どもには意思があり、子どもの意思を尊重しないことには子育てはできないことを知っている。例えば、授乳一つとっても、母親が一方的に赤ちゃんに授乳することはできない。赤ん坊の哺乳したい

という気持ち、すなわち意思に沿わずに、授乳ということ自体成り立たないということは、育児に携わる親が皆、経験的に知っていることであろう。こうした「常識」を現代の発達研究者たちは様々な研究を通じて支持してきている。

(1) 子どもは生まれながらに現実を把握し、意思を表明する

1980年代から乳幼児の発達研究は飛躍的に進展し、現代の見解では、乳児は新生児の段階から、母親や父親を識別し、好みがあるなど多くの認識能力があることがわかっている [スターン 1989]。また、子どもの発達は、こうして子ども自身が人間関係の中から人と自分とを主体的に理解していくことで成長していくと考えられる [スターン 1989]。このように主体的に理解していく営みは、子どもが自分の意思を表明して、それに対して養育者がそれに応えていくというやり取りを通じて補強される。そうして子どもは、世界に対する信頼感と希望の感覚、そして自信を育んでいく。子どもの意思が十分に応えられないと、無力感や絶望、そして世界に対する恨みや憎しみを育んでしまうのである。

(2) 子どもの「意思」の表明は、その発達状況に応じて評価される必要がある

子どもの社会的理解や自己の理解はいまだ限界があることも確かである。個々の子どもの理解能力や表現能力を見極めつつ、その子どもが表明している意思の意味を評価する必要がある。特に、先に述べたように行動観察などほかのエビデンスと突き合わす必要があろう。しかし、しばしば子どもが言葉で明確に述べることは、大人が思っている以上に信頼性が高く、大人が思っている以上に理解力や思考力がある場合がある。もちろん虐待状況や親からの強いプレッシャーが背景にある場合には注意を要する。しかし子どもがこうした状況にいることは、子どもと何度か会って初めてあらわになる場合も多い。このため子どもの真意や真情を知るには時間をかけるのが最も大切なところがある。

(3) 子どもの意思の表明について

子どもの意思表明は、⑦自分と親との間の関係性についての一定の態度を形成できること、そして④その意思を表明することがどのような社会的意味を持つのかという理解と切り離せない。⑦については、愛着（アタッチメント）理論が示すように、早期乳幼児期に形成されるのに対して、④は、徐々に発達していく。一般に、家族外の社会について明確に意識し始めるのが3歳頃であるが、基本的な社会的ルールの存在とその理解が始まるのは5、6歳頃（就学前）

であり、さらに目に見えない社会の存在とそのルールや制度の理解が可能になるのが9、10歳頃と考えられる。裁判制度の中での自分の意思の表明がどのような意味を持つのかということの最も基本的な認知的理解はこの意味で9、10歳頃と考えられる。しかしこうした認知的理解とは別に、直感的理解の水準もあり、そこではおそらくはるかに早期に子どもは自分の意思表明がどのような意味を持ちうるのか把握できると思われる。現代心理学では、概念的明示的理解とは別に、直感的暗黙の理解があることが明らかにされており、後者は前者よりもかなり早くに発達していることが知られている。

2 子どもの心の発達への悪影響——発達精神病理学の知見を活かす

子どもは、大人が考えている以上に適応力や修正能力を持っていることを示す場合もあるが、逆に「何でもないこと」と大人が思っていることが心の発達に重大な悪影響を与え、将来の精神病理につながる可能性がある場合もある。こうした点を科学的に研究してきた発達精神病理学は、子どもの心の発達を阻害し、精神病理を引き起こす可能性のある要因を明らかにしてくれている。

(1) 愛着 (アタッチメント) の重要性

養育者とのアタッチメント (愛着) 関係は、子どもの健全な発達には必須のものであることはWHOのペーパーを含む諸研究で科学的に証明されてきた。子どもは、自分のことを真剣に考え、愛情深く世話してくれる大人の存在を必要としている。子どもは、大人から情緒的・知的・身体的に適切なケアを受けることで、生存することができるし、成長することができる。子どもの情緒発達や知的発達、あるいは社会的発達において、子どものことを真剣に考え、愛情深く世話してくれる大人の存在は必要不可欠であることが分かっている。したがって、こうした大人が存在しないと、すなわち愛着関係をほとんど持たない場合は、深刻な発達の停滞が起こり、極端な場合は、乳児期の死亡に至ることが分かっている。また死亡に至らなくても、犯罪などの反社会性の発達を含む、深刻な情緒発達の障害が起こりうる。現在では、適切な愛着関係を持つことが、子どもが身体的、認知的、情緒的に健全に育つために必須の条件であるという考えは、発達心理学の世界ではほぼ常識になっている。

また子どもが愛着関係を持つのは、母親であるとは限らない。父親や祖母に

対してしっかりとした愛着関係を持ち、母親とはそうした関係を持たないことも十分に考えられる。なぜなら、「愛着関係」や「母性的世話」という場合、生物学的な母親を指すわけではなく、その子どもを実際に愛情深く世話をし、子どもが愛着を持ち、現実的に子どもの心身の発達に大きな影響力を持つ大人との関係を指しているからである。このような愛着関係を持つ対象は、他の大人や養育者によって容易に置き換えられるものではなく、突然そうした愛着関係が断ち切られることは子どもの情緒発達に深刻な打撃を与える可能性が高いことが様々な研究（混乱性愛着障害の研究など）によって証明されている。なぜなら、幼い子どもの情緒的、知的発達は、特定の愛着対象との関係を軸に構築されており、それは上述したように脳神経科学水準での情緒性にも及んでいるからである。いわば学童期以前の子どもの脳は、特定の愛着対象をめぐって構築されつつある段階であり、突如として愛着対象を奪われることは発達の梯子を外されるに等しい打撃を子どもの発達に与える可能性が高い。それゆえに、子どもが現在誰に対してよい愛着関係を持っているかを見極め、それを保護・維持することが、子どもの生存と発達を損ねないために重要である。

(2) 脳の発達的研究——状態から特性へ

子どもの虐待などのストレス（心的外傷）は、特にそれが慢性化すれば、脳に恒久的なダメージを与えることが知られてきている。心的外傷は、過覚醒もしくは解離反応を引き起こすが、こうした生理的反応状態は、発達途上の脳の形成に繰り返し起こると、脳はこうした過覚醒や解離的な状態が恒常的な特性になるように成長していく。すなわち、少しの刺激にも過剰に反応し、攻撃的もしくは不安になる特性を持つか、あるいは解離性の反応が起こりやすい特性を持つようになってしまう［Perry et al. 1995］。

(3) 内省機能（考える機能）の重要性

将来、精神障害につながる要因を探っていく研究の中で、子どもが、愛着関係のなかで自分の心の中に起こる気持ちについて考えられる（内省できる）力が決定的であることがわかってきた。ほとんどの精神障害の根は、こうした情緒的に考えることができないことや混乱に関係づけられる。このときに主体性の感覚が大変重要になってくる。自分が世界や人間関係を主体的に把握し、関わることができるという感覚が適切に育っていないことと、精神病理の発達とが

34　第Ⅰ部　離別と親子関係、紛争と葛藤

密接に関わっていることがわかってきている。

　以上のように、発達精神病理学の研究は、特に愛着関係にある養育者との関係で、子どもの意思や心情、つまり子どもがどんな気持ちでどうしたいのかを尊重しないことが、子どもの情緒発達に悪影響を与えうることを雄弁に語っているのである。

お わ り に

　幼い子どもの気持ちや意思に耳を傾け、的確に応えていくことは、子どもが健全に育っていくためにとても大切なことである。しかし、子どもはすぐに自分の気持ちを整理し、明確に言葉でそれを表現できるとは限らない。子どもの心を知るには、じっくりと時間をかけて、子どもの話や遊び、振る舞いに関心をもっていることを示していき、子どもが心を開いてくれるのを待つことが重要である。私は、子どもの心理学的査定を依頼されると、最低3〜4回は子どもに会う機会を設けることにしている。これは、その子どものことを十分に知るために必要というだけでなく、子どもも、そして親も、自分たちの思っていること、感じていることをじっくりと聞いてくれたという納得が得られるためにも大切なように思われる。子ども自身が意に沿わないかたちで、望まない養育者に育てられるのは、子どもにとってとても不幸なことであることは言うまでもないが、子どもが望まない面会交流を子どもの意思に反して行い続けることも、子どもの情緒発達に重大な悪影響を与えうることに、私たちはもっと注意を払う必要があるかもしれない。

文　献

＊児童青年心理療法と乳児観察関連

鵜飼奈津子（2010）『子どもの精神分析的心理療法の基本』誠信書房

木部則雄（2006）『こどもの精神分析——クライン派・対象論からの関係アプローチ』岩崎学術出版社

クライン, メラニー著、小此木啓吾・岩崎徹也編訳（1985）「精神分析的遊戯技法——その歴史と意義」『メラニー・クライン著作集第4巻』誠信書房

平井正三（2009）『子どもの精神分析的心理療法の経験——タビストック・クリニックの訓

練』金剛出版

平井正三 (2012)「赤ちゃんのこころの発達を考えていくこと——乳幼児観察実践」『こころ
　の科学』2012年11月号

平井正三・武藤誠監訳、NPO法人子どもの心理療法支援会訳 (2013)『タビストック☆心と
　発達シリーズ』岩崎学術出版社

ラニャード, モニカ／ホーン, アン編著、平井正三・脇谷順子・鵜飼奈津子監訳、NPO法人
　子どもの心理療法支援会訳 (2013)『児童青年心理療法ハンドブック』創元社

＊発達研究関連

スターン, D. N. 著、小此木圭吾・丸田俊彦監訳、神庭靖子・神庭重信訳 (1989)『乳児の対
　人世界 (理論編)』岩崎学術出版社

＊愛着 (アタッチメント) 関連

オッペンハイム, ダビッド／ゴールドスミス, ドグラス F. 編、数井みゆき・北川恵・工藤
　晋平・青木豊訳 (2011)『アタッチメントを応用した養育者と子どもの臨床』ミネルヴァ
　書房 (Oppenheim, D. & Goldsmith, D.F. (2008) *Attachment Theory in Clinical Work
　with Children*, New York: Guild Press)

数井みゆき・遠藤利彦編著 (2005)『アタッチメント——生涯にわたる絆』ミネルヴァ書房

数井みゆき・遠藤利彦編著 (2007)『アタッチメントと臨床領域』ミネルヴァ書房

庄司順一・奥山眞紀子・久保田まり編著 (2008)『アタッチメント——子ども虐待・トラウ
　マ・対象喪失・社会的養護をめぐって』明石書店

ブリッシュ, カール ハインツ著、数井みゆき・遠藤利彦・北川恵監訳 (2008)『アタッチメ
　ント障害とその治療——理論から実践へ』誠信書房 (Brisch, K.H. (2006) *Treating
　Attachment Disorders: from theory to treatment*, New York: Guilford Press)

ボウルビィ, J. 著、黒田実郎ほか訳 (1977)『母子関係の理論第 1 巻愛着行動』岩崎学術出版
　社 (Bowlby. J. (1968) *Attachment and Loss. Vol.1. Attachment*, London: Tavistock
　Institute of Human Relations)

＊虐待やトラウマの子ども脳への影響

Perry, B., Pollard, R.A., Blaicley, T., Baker, W. &Vigilante, D. (1995) Childhood trauma, the
　neurobiology of adaptation, and "use-dependent" development of the brain: hoe "states"
　become "traits", *Infant Mental Health Journal*, Vol.16, No.4

＊発達精神病理学関連

フォナギー, ピーター／タルジェ, メアリー著、馬場禮子・青木紀久代監訳 (2013)『発達精
　神病理学からみた精神分析理論』岩崎学術出版社

フォナギー著、馬場禮子・青木紀久代監訳『発達精神病理学からみた精神分析理論』岩崎学
　術出版社

第3章
家族の葛藤と子どもの心と脳の発達

友田明美

はじめに

　家族関係の葛藤や紛争の一つに昨今、急増している児童虐待が挙げられる。児童虐待には①殴る、蹴るといった身体的虐待、②性的な接触をしたり、性行為やポルノ写真・映像に曝す性的虐待、③不適切な養育環境や食事を与えないなどのネグレクト、④暴言による虐待、子どもの目の前で家族に暴力をふるうなど家庭内暴力（ドメスティック・バイオレンス：DV）を目撃させる行為など心理的虐待も含まれる［Teicher et al. 2006a; Tomoda et al. 2012］。

　児童虐待は発見が難しく正確な実態をつかむことは難しいが、乳幼児の被害が圧倒的に多いと推測されている。日本では「児童虐待の防止等に関する法律」が2004年に改正された。この法律の意義は大きく、児童虐待通告義務の対象者が虐待を受けた児童だけでなく、虐待を受けたと思われる児童や、虐待を受けたと認める児童にまで拡大したことにある。厚生労働省の報告による年度別の児童虐待相談件数は、改正以後飛躍的に増加している。厚生労働省の2013年度の調査によると、全国の児童相談所が対応した児童の虐待対応件数は7万3765件となり、児童虐待防止法施行前（1999年度）の約6倍に増えている。死亡事件も相次ぎ、2011年度には58人が死亡し、そのうち0歳児が4割強を占めていることがわかった。一方で、現在も悲惨な児童虐待事件の報道は後を絶たず、見逃されているケースも数多く、依然として社会全体で早急に取り組むべき重要な課題となっている。児童虐待によって生じる社会的な経費や損失が、2012年度で日本国内では少なくとも年間1兆6000億円にのぼるという試算も発表されている［Wada et al. 2014］。

第 3 章　家族の葛藤と子どもの心と脳の発達　　37

　被虐待者たちが受けるトラウマの大きさは計り知れない。こうした児童虐待
によって被虐待者たちは計り知れない大きさのトラウマを受け、そのトラウマ
は子どもたちに重篤な影響を与え、その発達を障害するように働くことがあ
る。そしてそれによって、従来の「発達障害」の基準に類似した症状を呈する
場合がある。

　先行研究では、小児期の虐待で受けた身体的な傷がたとえ治癒したとして
も、発達過程の"心"に負った傷は簡単には癒やされないことがわかってきた
［友田 2012］。すなわち児童虐待と成人になってからの精神的トラブルの間には
強い関連のあることがこれまでの研究で明らかにされたのである。また、小児
期に虐待を受けた影響は、思春期・青年期・壮年期など人生のあらゆる時期に
おいて様々な形になって現れる。抑うつ状態に陥ったり、ささいなことでひど
く不安になったり、自殺をたびたび考えるようになる場合もある。外に向かう
場合には、攻撃的・衝動的になって反社会的行動に出たり、解離症（一時的に
意識や本来の人格が失われる、一種の退行現象、心の不安やストレスに対する原始的な
防衛反応）や、一時もじっとしていられない多動症や薬物乱用となって現れた
りする。

　近年まで心理学者たちは、小児期に虐待を受けた被害者は社会・心理学的発
達を抑制し、精神防御システムを肥大させて、大人になってからも自己敗北感
を感じやすくなると考えていた。つまり精神的・社会的な発達が抑えられて、
大人になっても"傷ついた子ども"のままになってしまうと考えられており、
虐待によるダメージは基本的には"ソフトウエア"の問題とされてきた。治療
すれば再プログラムが可能で、つらい体験に打ち克つよう患者を支えれば治せ
る傷と捉えられてきた。

　近年MRIを用いた脳の画像解析により、小児期に虐待を受けた経験を持つ
心的外傷後ストレス障害（PTSD）患者では、健常者と比較して海馬のサイズが
小さくなっていることが確認された［Bremner et al. 1997］。さらに、情動や刺激
の嫌悪性の評価などに重要な働きを持っている扁桃体や、理性的な判断など高
次の精神機能を担う前頭前野などでも、虐待による変化が指摘されている。

　筆者は米国ハーバード大学と共同で、性的虐待や厳格体罰、暴言虐待、両親間
のDV曝露がヒトの脳に与える影響を調べ、脳の容積や髄鞘化が変容する現象

38　第Ⅰ部　離別と親子関係、紛争と葛藤

を報告してきた［Andersen et al. 2008; Choi et al. 2009; Teicher et al. 2004; Teicher et al. 2006a; Tomoda et al. 2009a; Tomoda et al. 2012; Tomoda et al. 2011］。小児期に激しい虐待を受けると、脳の一部がうまく発達できなくなってしまう。そういった脳に傷を負ってしまった子どもたちは成人になってからも精神的なトラブルで悲惨な人生を背負うことになる。既報告では児童虐待による薬物乱用、うつ病、アルコール依存、自殺企図への進展は50〜78％の人口寄与リスクがあると言われている［Anda et al. 2006; Teicher 2010］。

　本章では、家族関係の葛藤や紛争としての様々なタイプの児童虐待が脳の発達に及ぼす影響について、被虐待と脳発達の感受性期との関係も含めて概説する。

1　性的虐待による脳への影響

　筆者らは、総勢554人からスクリーニングして、小児期に性的虐待を受けた経験がある米国人女子大生23人と、年齢・民族・利き手・被験者の生活環境要因（両親の収入、職業、学歴など被験者の出生後の脳の発達に影響を及ぼすと考えられる様々な要因）をマッチさせた「全く被虐待歴がなく精神的トラブルを抱えていない」健常対照女子大生14人とを被験者とし、脳形態（脳皮質容積）の違いをVoxel Based Morphometry（VBM）とフリーサーファー法（大脳表面図に基づくニューロイメージング解析）という解析手法を用いて比較検討した。

　VBM法で検討を行ったところ、被虐待群では、健常対照群に比べて両側の一次視覚野（17〜18野）の有意な容積減少を認めた（**図表3−1**）。特に際立った容積減少を認めた部位は、左の舌状回（17野）と下後頭回（18野）であった。またフリーサーファー法でさらに詳細に検討したところ、左半球の視覚野全体の容積が8％も減少していた。その詳細は視覚野を構成する左紡錘状回の容積が18％、左中後頭回の容積が9.5％減少していた。また被虐待群では右半球の視覚野全体の容積も5％減少していた。特に、右舌状回の容積が8.9％減少していた。

　これらの結果は、思春期発来前の11歳ごろまでに虐待を受けた被験者で著しく際立っていた。しかも、11歳までに性的虐待を受けた期間と視覚野の容積減

第3章　家族の葛藤と子どもの心と脳の発達　39

図表3-1　VBM法による性的虐待経験者の脳皮質容積減少

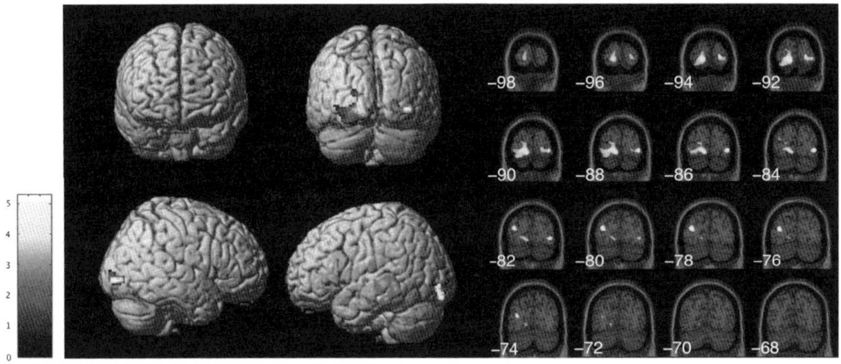

　図は、健常者の脳に被虐待者の脳皮質容積減少があった所を重ね合わせたものである。大脳皮質の後頭葉にある「視角野」の容積が平均18％も減少していた。
注：高解像度MRI画像（Voxel-Based Morphometry: VBM法）による、小児期に性的虐待を受けた若年成人女性群（23人）と健常対照女性群（14人）との脳皮質容積の比較検討。被性的虐待群では両側一次視覚野（17～18野）に有意な容積減少を認めた。（カラーバーはＴ値を示す。）
出典：A. Tomoda et al. 2009

少の間には有意な負の相関を認め、虐待を受けた期間が長ければ長いほど一次視覚野容積が小さいことがわかった。また被虐待者では、視覚性課題に対する記銘力が低下していることは報告されていたが、視覚性記銘力も一次視覚野容積と強い正の関連が認められた。思春期前の脳の発達期に重大なトラウマを受けたことで、被虐待児の一次視覚野に何らかの変化が生じたと考えられる。

2　暴言虐待による脳への影響

　言葉による虐待（暴言虐待）が脳に与えるダメージを見逃してはいけない。母親から「ゴミ」と呼ばれたり、「お前なんか生まれてこなければよかった」というような言葉を浴びせられたりするなど、物心ついたころから暴言による虐待を受けた被虐待者たちを集めて、脳を調べた結果、スピーチや言語、コミュニケーションに重要な役割を果たす脳の聴覚野という部分が変形していることがわかってきた。小児期に親から暴言による虐待を受けてきた1,500人の調査では、聴覚野の一部である左上側頭回（22野）灰白質の容積が増加していた（**図表3-2**）。また暴言の程度をスコア化した評価法（Parental Verbal Aggression

図表3-2　VBM法による暴言虐待経験者の脳皮質容積増加

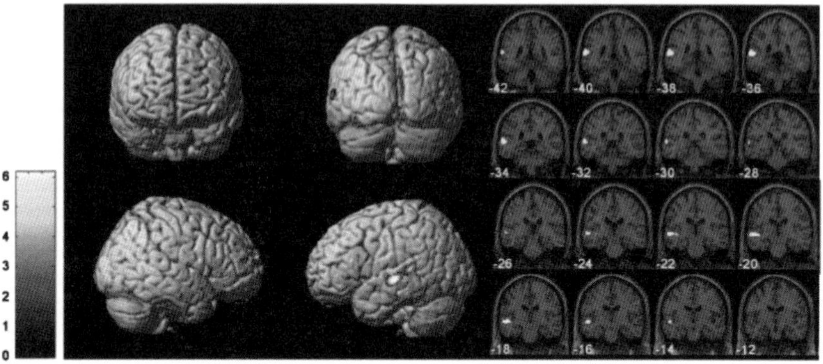

図は、健常者の脳に被虐待者の脳皮質容積増加があった所を重ね合わせたものである。大脳皮質の側頭葉にある「聴覚野」の容積が平均14.1％も増加していた。
注：VBM法による小児期に暴言虐待を受けた若年成人群（21人）と健常対照者群（19人）との脳皮質容積の比較検討。被暴言虐待群では左聴覚野（22野）に有意な容積増加を認めた。（カラーバーはT値を示す。）
出典：A. Tomoda et al. 2011

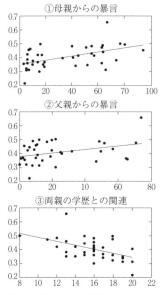

図表3-3　左上側頭回灰白質容積と暴言との関係

①母親からの暴言
②父親からの暴言
③両親の学歴との関連

出典：A. Tomoda et al. 2011

Scale）による検討では、同定された左上側頭回灰白質容積は母親（$\beta=.54$, p<.0001）、父親（$\beta=.30$, p<.02）の双方からの暴言の程度と正の関連を認めた（図表3-3）。すなわち、殴る、蹴るといった身体的虐待や性的虐待のみならず、暴言による精神的虐待も発達過程の脳に影響を及ぼす可能性が示唆された。一方で、両親の学歴が高いほど同部の容積はむしろ小さいことがわかった（$\beta=-.577$, p<.0001）（図表3-3）。

聴覚野は会話、言語、スピーチなどの言語機能に関して鍵となる場所でもある。被暴言虐待者脳の拡散テンソル画像（Diffusion Tensor Image: DTI）解析でも、失語症と関係している弓状束、島部、上側頭回を含めた聴覚野の拡散異方性の低下が示されている

[Choi et al. 2009]。以上の結果から、親から日常的に暴言や悪態を受けてきた被虐待児においては、聴覚野の発達に影響が及んでいることが推察された。

「生まれてこなければよかった」「死んだほうがましだ」などの暴言を受け続けると、聴覚に障害が生じるだけでなく、知能や理解力の発達にも悪影響が生じることも報告されている。言葉の暴力は、身体には傷をつけないが脳に傷をつける。驚くべき発見であった。

3　厳格体罰による脳への影響

　小児期に過度の体罰を受けると行為障害や抑うつといった精神症状を引き起こすことは知られている。しかしながら、過度の体罰の脳への影響はこれまで解明されておらず、また、体罰を受けたヒトの脳の形態画像解析もこれまで報告されていない。一般に体罰はしつけの一環と考えられているが、驚くべきことに「体罰」でも脳が打撃を受けることがわかった [Tomoda et al. 2009b]。

　厳格な体罰を受けてきた1,500人の調査では、心を司っている脳の前頭前野が影響を受けることがわかった [Tomoda et al. 2009b]。小児期に長期間かつ継続的に過度な体罰（頬への平手打ちやベルト、杖などで尻をたたくなどの行為）を年12回以上かつ3年以上、4〜15歳の間に受けた18〜25歳の米国人男女23人と、利き手・両親の学歴・生活環境要因をマッチさせた「体罰を受けずに育った同年代の健常な」男女22人を調査し、VBMを用いて脳皮質容積の比較検討を行った。

　厳格体罰経験群では前頭前野の一部で、感情や思考、犯罪抑制力に関わっている内側前頭皮質のサイズが小さくなっていた（**図表3-4**）。この部分が障害されると、うつ病の一つである感情障害や、非行を繰り返す行為障害などにつながると言われる。体罰としつけの境界は明確ではない。親はしつけのつもりでも、自分たちのストレスが高じて過剰な体罰になってしまう、これが最近の虐待数の増加につながっているのではないかと思われる。

　過度の体罰という小児期の情動ストレスが前頭前野の発達に影響を及ぼしていることが示唆され、"心"に負った傷は容易には癒やされないことが予想された。　このことから、過度の体罰と虐待との境界は、非常に不明瞭であることも示唆される。その影響を看過すべきではない。

42　第Ⅰ部　離別と親子関係、紛争と葛藤

図表3-4　VBM法による厳格体罰経験者の脳皮質容積減少

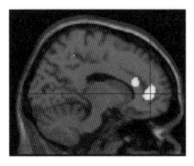
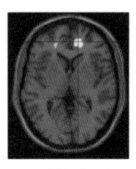

　図は、健常者の脳に厳格体罰経験者の脳皮質容積減少があった所を重ね合わせたものである。大脳皮質の前頭葉にある「前頭前野」の容積が平均19.1％減少していた。
注：VBM法による小児期に厳格体罰を受けた若年成人群（23人）と健常対照群（22人）との脳皮質容積の比較検討。被厳格体罰群では右前頭前野内側部（10野）、右前帯状回（24野）、左前頭前野背外側部（9野）に有意な容積減少を認めた。（画像横のバーはT値を示す。）
出典：A. Tomoda et al. 2009

4　両親間のDV目撃による脳への影響

　夫婦間の暴力（DV）を目撃させる行為が心理的虐待の一つにあたることが、児童虐待防止法でも定義されている。DV曝露を受けた子どもには様々なトラウマ反応が生じやすく、知能や語彙理解力にも影響があることが知られていた。筆者らもハーバード大学の女子大生を対象に同じような研究を行い、小さいときに両親の夫婦喧嘩を見て育った人たちのグループは、IQと記憶力の平均点が低いことを確かめている。しかしながら、DVに曝されて育った子どもたちの脳への影響に関する報告はまだほとんどなされていない［Choi et al.］。

　筆者らは、小児期にDVを目撃して育った経験が発達脳にどのような影響を及ぼすのかを検討した［Tomoda et al. 2012］。小児期に、継続的に両親間のDV目撃を長期間（平均4.1年間）、経験した18～25歳の米国人男女22人と健常対照者男女30人を対象に脳皮質容積の比較検討をしたところ、DV目撃群では健常対照群に比べて右の視覚野（18野：舌状回）の容積や皮質の厚さが顕著に減少していた（図表3-5）。2004年に国内でも児童虐待防止法が改正され「DVを目撃させることも心理的虐待にあたる」と認識された。今回の検討で、DVに曝さ

第3章　家族の葛藤と子どもの心と脳の発達　43

図表3-5　VBM法によるDV目撃経験者の脳皮質容積減少

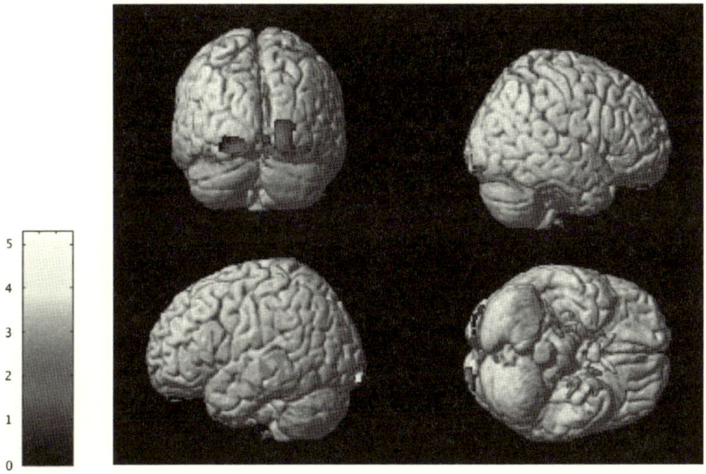

注：VBM法による小児期に両親間の家庭内暴力（DV）を目撃した若年成人群（22人）と健常対照群（30人）との脳皮質容積の比較検討。DV目撃群では右舌状回の容積が6.1%も有意に減少していた。（カラーバーはT値を示す。）
出典：A. Tomoda et al. 2012

れて育った小児期のトラウマが視覚野の発達に影響を及ぼしていることが示唆された。特に11〜13歳の時期のDV目撃体験が視覚野に最も影響を及ぼしていることも明らかになった。さらに、暴力を目にした時よりも、言葉の暴力に接した時の方が脳へのダメージは約6倍になるという意外な結果も得られた。さらに複数のタイプの虐待を受けた場合、脳へのダメージはより複雑になり、深刻化する。

5　被虐待と脳発達の感受性期との関係

　以上、1〜4で述べた被虐待者たちは、虐待の中でも単一なものを選んで集めたものである。このような、虐待を受けた子どもたちの脳は年を経るごとにどう変化していくのか？　また、虐待を受けた年齢によって脳が受ける影響はどのように違うのか？　性的虐待を受けた時期の違いによる被虐待者の局所脳灰白質容積を重回帰分析で検討したところ、被虐待ストレスによって様々

な脳部位の発達がダメージを受けるには、それぞれに特異な時期（感受性期）のあることが示唆された。具体的には、海馬は幼児期（3～5歳ごろ）、脳梁は思春期前（9～10歳）、さらに前頭葉は思春期以降（14～16歳ごろ）と最も遅い時期のトラウマで、重篤な影響を受けることがわかってきた［Andersen et al. 2008］。

　このように、被虐待児が“心”に負った傷は容易には癒やされないことが予想される。しかしながら成人を対象とした先行研究では、認知行動療法によって脳の異常が改善されると報告されており［de Lange et al. 2008］、この点を踏まえて、被虐待児たちの脳の異常も多様な治療で改善される可能性があると考えられる。子どもを虐待する親のおよそ3分の1が、自身も小児期に虐待を受けた経験があるといわれる。現在、小さな子どもを持つ母親の6割が子育てのストレスにより、何かしらの虐待をしてしまっているという報告もある。児童虐待は家庭内の問題でなく、社会が早期に介入する必要に迫られている。

6　被虐待児の心のケアの重要性

　被虐待児たちが「脳」と「心」に受けた傷は、決して見過ごしてよいものではないし、現代においては、成人になってからの「不適応」や様々な人格障害の原因となりうることを忘れてはならない。彼らへの愛着の形成とその援助やフラッシュバックへの対応とコントロール、解離に対する心理的治療などが必要となってくる。タイチャーらは、そういった子どもたちに適切な世話をし、激しいストレスを与えないことがいちばん大切なことだという［Teicher et al. 2006b］。もちろん、治療をしたからと言って外科手術のように全てがきれいさっぱりなくなる訳ではない。被虐待者たちは、時の経過と共に、自分にとってその出来事がどのようなことだったのかと何度も考え直すだろう。しかし、一度専門家と一緒に適切な関わりを経験し、トラウマに関する心理教育が入っていれば、過去のトラウマティックな出来事を思い出しても、PTG（ポストトラウマティック　グロウス）視点で自分の経験を見られるようになる。

　筆者らは、このような「脳の傷」が決して「治らない傷」ではなく癒やされうることを強調したい。例えば、母子分離によってストレス耐性が低くなった仔ラットでも、その後に十分な養育環境に変えてやることでストレス耐性は回復

する。人間においても、可能な限り早期に虐待状況から救出し、手厚い養育環境を整えてやることが、子どもの「心」の発達には重要であろう。

　これまでの先行研究では、単独の虐待よりも複数の虐待を受けた被虐待者のほうが精神病性の症状への進展リスクがより大きいとされている［Anda et al. 2006］。筆者ら［Tomoda et al. 2012］の検討からも言えることは、単独の被虐待経験は一次的に感覚野（視覚野や聴覚野など）の障害を引き起こすが、より多くのタイプの虐待を一度に受けるともっと古い皮質である大脳辺縁系（海馬や扁桃体など）に障害を引き起こす。

　ヒトの脳は、経験によって再構築されるように進化してきた。虐待によって生じる脳の変化はいかなるものなのか、という問いの解明に近年の脳画像診断法の進歩が貢献している。それにより、児童虐待は発達するヒトの脳機能や神経構造にダメージを与えることがわかってきた。しかしこれは、幼いころに激しい情動ストレスを経験したがために、脳に分子的・神経生物学的な変化を生じ、「非適応的な」ダメージが与えられてしまったと考えるべきではない。むしろ、虐待状況という特殊な環境に対して、神経の発達をより「適応的な」方向に導いたためとは考えられないだろうか？　危険に満ちた過酷な世界の中で生き残り、かつ、子孫をたくさん残せるように、脳を適応させていったのではないだろうか？

　しかしながら、小児期に受ける虐待は脳の正常な発達を遅らせ、取り返しのつかない傷を残しかねない。簡単に確かめられる傷跡ではないだけに見逃されがちであるが、身体の表面についた傷よりも根は深く、子どもたちの将来に大きな影響を与えてしまう可能性がある。少子化が叫ばれる現代社会で、大切な未来への芽を間違った方法で育めば、社会は自分たちの育てた子どもによって報いを受けなくてはならないだろう。極端で長期的な被虐待ストレスは、子どもの脳をつくり替え、様々な反社会的な行動を起こすように導いていく。この一連の出来事を通して、暴力や虐待は世代を超え、社会を超えて受け継がれていく。虐待は連鎖する。すなわち虐待を受けた子どもは成長して、自らの子どもを虐待し、世代や社会を超えて悲惨な病が受け継がれていく。数え切れないほどの幼い犠牲者たちが癒やされない傷を負う前に、何としてもこの流れを断ち切らねばならない。そのための一歩としてわれわれ医療者は、臨床現場で得

46　第Ⅰ部　離別と親子関係、紛争と葛藤

られたデータのつぶさな集積と、脳科学的研究のさらなる推進により、発達障害に関する明確な医学的な根拠を打ち出さなければならない。

7　「生態的表現型」という疾患概念

　以上、児童虐待への曝露が脳に及ぼす影響を概説した。子どもの安全が保障されないと発達も害されるし、それは子どもにとって重大な害となる。また、加害親とのコンタクトを強いることは基本的には子どもの回復に有害だ、ということが言えるであろう。

　最近では、被虐待経験者にみられる疾患は「生態的表現型（ecophenotype）」と呼ばれている［Teicher et al. 2013］。被虐待歴がなく同じ診断名を持つ患者と比較し、発症年齢の低さ、経過の悪さ、多重診断数の多さ、そして、初期治療への反応の鈍さが見られる。当然ながら虐待を減少させていくためには多職種と連携し、また、子どもと信頼関係を築き、根気強く対応していくことから始めなければいけない。

文　献

友田明美（2012）『新版いやされない傷――児童虐待と傷ついていく脳』診断と治療社、p1-151

Anda, R. F., Felitti, V. J., Bremner, J. D., Walker, J. D., Whitfield, C., Perry, B. D., Dube, S. R., & Giles, W. H., (2006) "The enduring effects of abuse and related adverse experiences in childhood. A convergence of evidence from neurobiology and epidemiology". *Eur Arch Psychiatry Clin Neurosci, 256* (3), 174-186.

Andersen, S. L., Tomoda, A., Vincow, E. S., Valente, E., Polcari, A., & Teicher, M. H., (2008) "Preliminary evidence for sensitive periods in the effect of childhood sexual abuse on regional brain development". *J Neuropsychiatry Clin Neurosci, 20* (3), 292-301.

Bremner, J. D., Randall, P., Vermetten, E., Staib, L., Bronen, R. A., Mazure, C., Capelli, S., McCarthy, G., Innis, R. B., & Charney, D. S., (1997) "Magnetic resonance imaging-based measurement of hippocampal volume in posttraumatic stress disorder related to childhood physical and sexual abuse-a preliminary report". *Biol Psychiatry, 41* (1), 23-32.

Choi, J., Jeong, B., Rohan, M. L., Polcari, A. M., & Teicher, M. H., (2009) "Preliminary evidence for white matter tract abnormalities in young adults exposed to parental verbal abuse". *Biol Psychiatry, 65* (3), 227-234.

第 3 章　家族の葛藤と子どもの心と脳の発達　47

de Lange, F. P., Koers, A., Kalkman, J. S., Bleijenberg, G., Hagoort, P., van der Meer, J. W., & Toni, I., (2008) "Increase in prefrontal cortical volume following cognitive behavioural therapy in patients with chronic fatigue syndrome". *Brain, 131* (Pt 8), 2172-2180.

Teicher, M. H., (2010) "Commentary: Childhood abuse: new insights into its association with posttraumatic stress, suicidal ideation, and aggression". *J Pediatr Psychol, 35* (5), 578-580.

Teicher, M. H., Dumont, N. L., Ito, Y., Vaituzis, C., Giedd, J. N., & Andersen, S. L., (2004) "Childhood neglect is associated with reduced corpus callosum area". *Biol Psychiatry, 56* (2), 80-85.

Teicher, M. H., & Samson, J. A., (2013) "Childhood Maltreatment and Psychopathology: A Case for Ecophenotypic Variants as Clinically and Neurobiologically Distinct Subtypes". *Am J Psychiatry.*

Teicher, M. H., Samson, J. A., Polcari, A., & McGreenery, C. E., (2006a) "Sticks, stones, and hurtful words: relative effects of various forms of childhood maltreatment". *Am J Psychiatry, 163* (6), 993-1000.

Teicher, M. H., Tomoda, A., & Andersen, S. L., (2006b) "Neurobiological consequences of early stress and childhood maltreatment: are results from human and animal studies comparable？". *Ann N Y Acad Sci, 1071,* 313-323.

Tomoda, A., Navalta, C. P., Polcari, A., Sadato, N., & Teicher, M. H., (2009a) "Childhood sexual abuse is associated with reduced gray matter volume in visual cortex of young women". *Biol Psychiatry, 66* (7), 642-648.

Tomoda, A., Suzuki, H., Rabi, K., Sheu, Y. S., Polcari, A., & Teicher, M. H., (2009b) "Reduced prefrontal cortical gray matter volume in young adults exposed to harsh corporal punishment". *Neuroimage, 47 Suppl 2,* T66-71.

Tomoda, A., Sheu, Y. S., Rabi, K., Suzuki, H., Navalta, C. P., Polcari, A., & Teicher, M. H., (2011) "Exposure to parental verbal abuse is associated with increased gray matter volume in superior temporal gyrus". *Neuroimage, 54 Suppl 1,* S280-286.

Tomoda, A., Polcari, A., Anderson, C. M., & Teicher, M. H., (2012) "Reduced visual cortex gray matter volume and thickness in young adults who witnessed domestic violence during childhood". *PLoS One, 7* (12), e52528.

Wada, I., Igarashi, A., (2014) The social costs of child abuse in Japan. *Children and Youth Services Review,* 46, 72-77.

第4章
両親の「不協和音」が乳幼児の愛着形成に及ぼす影響

渡辺久子

　筆者は児童精神科医として40年以上にわたり、心の問題で苦しむ親子から、子どもの世界のリアリティを学ぶ機会を得てきた。子どもたちは幼くても大人の言動をしっかりと捉え、大人のなれ合いや、いい加減さをも鋭く見抜いている。離別に関する紛争や葛藤の中で、子どもたちは「大人」――父母だけでなく、医師、心理カウンセラー、家庭裁判所の調査官や裁判官、弁護士など――の生きざまから、敏感に多くのことを察知し吸収している。

1　子どもと大人の世界と「間主観性」

　まず、子どもの心の発達の要点を簡潔に述べておきたい。心は主観的な体験からできている、というのが精神医学の一つの定説である。近年の乳幼児精神保健学や精神分析学では、人々の行動の奥には、無意識の動機や深層心理が存在することがニューロサイエンスの研究により裏付けられている。心の無意識の世界の解明は、精神分析的精神医学や精神療法学でも共有されつつある。より主観的な世界をどのように可視化し解明していくかが課題である。

　子ども――特に乳幼児――と大人では生きる世界がやや異なる。子どもはカイロスの世界、大人はクロノスの世界に生きるともいえる。カイロス（καιρὸς）とクロノス（χρόνος）は古代ギリシア語の2種類の時間を指す。カイロスは「今（一瞬）、ここで」その人のみぞ知る主観的時間である。これに対し、クロノスは客観的時間、つまり大人のビジネスの論理による暦や時計に仕切られる時間である。主観的世界では、例えば、子どもの心が深く傷ついた時、「傷の深さはどうやって測るのか」、また、自分が相手を信頼して心を開く時、「開いた」

という心の広がりはどうやって測るのか、といった問いがある。その人にしか
わからない主観の世界は捉えにくい。しかし、わくわくしたり、集中力が上
がったり、落ち込んだりしていると、脳の活動は変わり、行動的にも観察でき
る。前章の「傷ついた脳」で論じられているように、最先端のニューロサイエ
ンスは主観的な世界に迫っている。

　乳幼児精神保健のパイオニアであるダニエル・スターン（Daniel Stern）は、
赤ちゃんは誕生直後から主体的に人間関係にアンテナを張ると論破した。今こ
れは乳幼児精神保健の定説である。赤ちゃんは瞬時に相手を見抜く。赤ちゃん
の0.1秒は、大人の1秒に匹敵する濃密なものである。赤ちゃんは、刻一刻、
相手に対して心を開いたり閉ざしたり、近寄ったり回避したりする。

　乳幼児の最早期の脳と心の発達に関する研究で有名な脳科学者コルウィン・
トレバーセン（Colwyn Trevarthen）は英国エジンバラ大学名誉教授であり、ス
ターンと並び、赤ちゃんには生まれてまもなく「間主観性（intersubjectivity）」
が認められることを実証した。間主観性とは、相手の心の奥の意図や情動を見
抜く力、善意や悪意から出た行動かどうかという人間の動機を見抜く力で、誕
生直後に認められる精巧な人間特有の脳機能である。[1] イタリア・パルマ大学
のジャコモ・リゾラッティ（Giacomo Rizzolatti）は世界的な研究者であり、彼の
研究チームは1990年代はじめに「鏡細胞（ミラーニューロン）」を発見し、間主観
性には鏡細胞が関与していると考えられている［Rizzolatti et al. 1996；Rizzolatti
& Sinigalia 2008]。「鏡細胞」とは、相手の動きを見るだけで脳が刺激され、自
身の身体はじっと静止していても、鏡のように相手の動きとそっくりな放電を
脳内におこす細胞である。

　赤ちゃんはいかに幼くとも既に関係性の中で生きている。小児科医ドナル
ド・ウィニコット（Donald W. Winnicott）は、「赤ちゃんは、母親を見る時、二
つのものを見ている。自分を見つめる母と、その母の瞳に映る自分とを」と述
べている［Winnicott 1992 [1964], 1996 [1987]]。赤ちゃんは、母親と自分とを見
ながら、関係性の中にいる自分を確認している。原初的な人生の第一歩で、母

---

　1)　間主観性についての詳細な解説については、Malloch & Trevarthen (eds.) (2009) を参照の
　　こと。また、丸田 (2002) はアメリカの精神分析臨床の変遷と間主観性理論について解説して
　　いる。

子関係は繭のように赤ちゃんの人格の芯を幸せな安定感で包み込む。

　赤ちゃんは、胎内で既に間主観性の萌芽を示し、胎内の赤ちゃんの動きは、母親のお腹を蹴飛ばすと、羊水が蹴飛ばされた分の波動が子宮壁に反射し、胎児を包み返している。ぽーんと蹴ったらぽーんと返すという羊水内の繰り返しを通じて、胎児は周囲の世界とのやりとりを始めている。

　赤ちゃんは鋭く人間関係を感知し、父母の葛藤も嫁姑の確執も黙って見抜いている。赤ちゃんにそんなことはわかるはずはないと言う時、それは大人の願望かもしれないという内省が必要である。大人の心の奥には、赤ちゃんはわからないはずだと思いたい気持ちがあるかもしれない。大人自身が自分の生育史をふりかえる機会になるとよい。乳幼児精神保健の見地からは、大人自身の幼児性、自分自身の傷つきやすさ、不安定になりやすさを、自覚し調整し内省する力を養うことが、子どもを守る大人としての成熟につながる。

　産後まもない母子のやりとりをつぶさに観察する臨床の場面で、筆者は、次のような光景をよく目にしてきた。赤ちゃんを抱っこしている母親が安心してゆったりした声で「ふん」と呼びかけると、赤ちゃんは「ふん」と応え、これに母親が「ふふ、ふ～ん」と応じると、赤ちゃんが「ふふふ～ん」と応える。この母子のやりとりは二重奏のように調和的である。しかし母親に不安があり、「この子は未熟児でちゃんと生きて生けるのだろう」など心配する時、赤ちゃんは沈黙したり、泣き続けたりする。生まれたばかりの赤ちゃんが、最も身近な存在である母親の不安をしっかり察知するのである。そこで母親の安心感を周囲がしっかり支えることが、子育て支援の原点であり何よりもまず第一に大切なことである。

2　子どもが「甘え」られないことの意味

　子どもは日々刻々と発達していくが、その過程で、その時々の本音を安心して心を開いて表現できなければいけない。子どもには脳の発達につれて、正常なキレやすさを持つ時期が3回ある。それらは胎児期・乳幼児期と思春期である。脳が急激に、サイズも神経細胞の連絡も、飛躍的な発達を遂げる時期である。胎児期・乳幼児期・思春期には、子どもの探索行動が活発になる。

第 4 章　両親の「不協和音」が乳幼児の愛着形成に及ぼす影響　51

　一方、仮に出生直後から愛着形成が順調に進んでいても、子どもは生後約18か月、1歳半前後には、「再接近期」という複雑で危機的な発達期に入る。子どもは自分の主体性を発揮し激しく自己主張をする。自他の境界線をはっきりさせながら、自分のテリトリーを確認しようとする。子どもがかなり腕白やわがままになる反面、不安にかられて親にしがみつくといった矛盾した時期でもある。この自立と依存の相反する感情の高まる「再接近期」には、母親が不安定であると、子どもはこの発達段階を卒業して次に進めなくなる。その結果、心の奥の人格の芯に、キレやすさや感情をうまく制御できない不安定さを持つことになる。そのような人格の芯が形成されると、優秀でエネルギーのある人でも本来の実力を発揮できない人生を送るリスクがある。

　子どもの頭囲曲線に示されるように、頭が大きくなる乳幼児期と思春期に、行動はキレやすくなる。胎児期も頭囲が急激に大きくなり、胎動が活発になる。しかし、胎児が母親をお腹の中から蹴っても、「私（母親）を蹴ってはダメ、やめなさい」と胎児に向かって言う母親はいない。胎動こそ順調な発達の証であるからである。それと同様、乳幼児期と思春期には、脳の発達が順調であれば、子どもはキレやすくなる。旺盛な好奇心や意欲から、むこうみずなチャレンジや冒険も活発にする。この時期には、はた目には「危ない・汚い・うるさい」行動が目立って見える。このような行動について、「危ない」を頭文字「あ」のローマ字のＡ、「汚い」はＫ、「うるさい」はＵと表すならば「AKU」、つまり「悪」と読み解くことができる。天野秀昭は、子どもの脳の急激な発達期の特徴は「悪」であると的確に指摘している［天野 2011：30］。

　子どもの時に十分な探索行動、つまり自発的な遊びを保証しないと、その子は成熟していくことができない。このことを、大人は肝に銘じる必要がある。今日の日本では、大人に都合のよい、おとなしすぎる子どもが多いが、彼・彼女らは必ずしも幸せではない。そしてその中から、いつまでたっても大人になれず、幼児性をかかえたまま結婚し、子どもを持ちながら、子どもに幸せな家族を築いてやれない親も増えている。

---

　2)　天野秀昭は全国プレイパークの創始者でもある。

3 愛着や発達に関する問題——赤ちゃん部屋のおばけ

　子どもの安心と愛着の基盤は、あるがままの喜怒哀楽を出して受けとめてもらうことである。特に負の本音を受けとめてもらえることで、子どもはすっきりする。両親が不仲であると安心感や愛着は得られない。子どものよりどころである両親の関係が、地震のように揺らぎ不安定である場合、子どもは本来の自分を封じて良い子を演じ、両親関係の悪化を防ごうとする。虐待の被害に遭ったり、父母の争いに巻き込まれたり、家庭での暴力・暴言や抑圧に曝されたりした子どもは、本音を出すことができずその心は歪んでいく。子どもがほぼ無意識のうちに封印してしまった辛い気持ちを、安全に適切に解放していく治療は時間がかかり容易ではない。専門的な治療能力と技量が不可欠である。押し殺された辛い体験への思いは、無視して無かったことにはできない。やがてその後、その子の心身に様々な症状として現れ、幼年期だけでなく思春期や成人期にわたり人格形成に有害な影響を及ぼしていく。

　このような愛着の歪みや不安定な発達の深刻な点は、外からは見えなくても、その子の心の土台に恐怖や怒りの情動が地雷のように埋め込まれていくことである。その地雷はその子の将来のどこかで、いつか何かのきっかけで、本人も制御できない形で暴発するリスクがある。自分の子どもが生まれて親になった時に、無意識にその地雷を踏んでしまうことは珍しくはない。この恐ろしい事実は臨床場面ではよく見られることである。赤ちゃんの誕生によって、長らく忘れていた過去のトラウマ、子どもの頃の虐待などの辛い体験が蘇り、抑圧されていた情動が地雷のように暴発してしまうのである。

　アメリカの乳幼児精神保健の育ての親ともいえるセルマ・フライバーグ（Selma H. Fraiberg）は、シカゴのスラム街で虐待予防活動にいち早く取り組んだ。[3] フライバーグは、早期の母子関係の問題にはしばしば「赤ちゃん部屋のおばけ」と呼ばれる現象が関与していることを指摘した。スラム街で母親が子どもに手を挙げる瞬間をとらえ、家庭訪問中のフライバーグは声をかけた。

---

3) この意味で、アメリカの乳幼児精神保健運動はシカゴから発祥したと言っても過言でない。

「たった今、ここで、あなたの心には何が浮かんだのですか」と。すると親はへなへなと崩れ落ち、「母を父が殴っていた。母が傷つくのを私は見ていたのに救えなかった」と言って泣き出した [Fraiberg 1987]。母親自身が幼児期のトラウマを心に封印したまま親になっていたのである。子どもの頃の心の傷が誘発されて表面化し、混沌とした黒い情動のかたまりが殻を破って溢れ出た。これが「赤ちゃん部屋のおばけ」である。

フライバーグの後継者であるアリシア・リバーマン (Alicia F. Lieberman) は、「赤ちゃん部屋のおばけ」をさらに展開させて肯定的な視点も加えている。「けれども、お母さんがそのように覚えていて、身体の記憶をもっていたこと。そして、ほんのちょっとした声かけに対しこれだけ答える力がある。そこに、『赤ちゃん部屋の天使』もいる」と [Lieberman & Van Horn 2005]。

4 言葉を得る前の身体的・感覚的記憶が心の芯を作っていく

赤ちゃんを、父母の争いやドメスティック・バイオレンス (DV) の関係に曝すこと自体が、その子の脳と心の発達にとって有害である。身近な関係性の体験から、早期の自己感が生まれ、早期の身体感覚記憶の累積が、その子の心の芯を作っていくからである。生後2〜3か月は、赤ちゃんは、新生自己感と呼ばれる自己感で生きる。むきだしの感性のまま、感覚刺激をそのままの冷たさやまぶしさで浴びてしまう。3か月頃に首がすわると、手も動かせるようになる。すると、不快になると自分で体を動かし、指をすったりして解消していく。この時期には新たに中核自己感が発達する。自分で不快を取り除こうとして、体を使い調節し、二重構造の自己感で生きていく。7〜9か月頃には、指さしが始まり、一人の人としてのプライドが芽ばえ、主観的自己感が発達する。見知らぬ人を見ると緊張し、その時の中核自己感により体ごと母親を振り返る。母親がにっこりしていれば大丈夫、こわくないと判断し自分もほっとする。主観的自己感が加わることで、新生自己感、中核自己感とあわせて三つの自己感により三層構造で自己調節をしていく自分に発達していく。

今ここでの瞬間、瞬間の身体感覚記憶の累積が、その子の人生にわたる心の芯を作っていく。恐怖感や不安に満ちた乳幼児期を生きる子は、表面的にうま

く振る舞い、外面が温厚でも心の芯は冷たいままかもしれない。それはあまり
人に好かれたり信頼されたりすることがない人格になるだろう。その人の本当
の内面は、職場などの表面的な関係ではなかなか分からない。むしろ、親密な
家族関係に出てくる。外からは見えにくいDVに子どもが直接・間接に被害を
受ける場合には、専門的な訓練と研鑽を積んだエキスパートによる対応と治療
が必要である。

　赤ちゃんは胎児の時から対人関係のオーケストラの中に生き、父母と家族の
関係性を体験している。両親がいがみあう時、乳幼児精神保健の専門職は、父
母のどちらが正しいということではなく、2人の関係性が既に赤ちゃんにとっ
て耐え難い雑音であることを問題とする。そこからすみやかに赤ちゃんをどう
守るかを考えなければならないのである。

　例えば、筆者の臨床において、母親がDVの被害を受けていて、胎内の胎児
の体重が増えないケースがあった。母親だけでなく、胎児も胎内でストレスを
受けていたのである。胎児の体重は300g、400gと増加が止まってしまったが、
母親は自分の苦しみを誰にも打ち明けなかったので、最初は産科医には原因が
分からなかった。原因不明の胎児の体重増加不良を主訴に入院したところ、す
ぐに体重は増え始めた。「なにかの間違いだろうか」と言いながら主治医は退
院させたが、2週間後の診察で、また胎児の体重が増えていない。そこで再度
入院させたところすぐに体重が増えた。

　この謎を解くために児童精神科医の筆者が呼ばれた。母親は面談で、夫の暴
力をすぐには打ち明けなかった。父親の悪口を言うこと自体が、お腹のわが子
に申し訳なく不吉なことと思う健気な母親であった。そこで筆者は、慎重に時
間をかけつつ、まるで羊水のように、優しく温かく母親を包み慎重にアプロー
チした。やがて母は夫の残酷な仕打ちを打ち明け、話せたことでほっとした様
子であった。その後、周囲の応援を得て、この母親は早産で生まれたわが子を
連れて実家に逃れた。

　実はこの子は胎内で聞いた両親のやり取り、つまり父親が家で母親に対して
怒鳴る声や荒々しい足音を記憶していた。ある日父親が子どもを尾行するとい
うストーカー行為をして病院にきた時、その足音でその子は激しく泣き出し
た。筆者も含め病院スタッフも母親も驚いた。これは臨床現場の一つのリアリ

ティである。生まれる時からその子を迎える家庭環境が既に大嵐である時、その子どもの心や脳の発達は大きな困難にぶつかる。

5 発達性トラウマ障害と世代間伝達

幼くても子どもには鋭敏なアンテナや外部刺激を吸収する力があり、心は多層的に発達する。目に見える行動の背後では、生まれつきの資質と後天的な体験記憶の融合がある。近年日本では、発達障害の過剰診断が問題になっている。生まれつきの特質や胎生期から生後1年目にかけての脳の形成異常による障害を発達障害と診断する。その一方、ごく普通に生まれたが、成育体験、生育環境がその子に不適切あるいは、適応しにくい辛いものである時──具体的には夫婦仲の悪さ、家族の機能不全や虐待などのストレスが加重して子どもを苦しめる時──、「発達性トラウマ障害」と呼ばれる後天的な愛着障害が起き、これは発達障害に酷似している。育ちにくい辛い環境に置かれ、苦痛を我慢しながら生きる子の脳の発達の歪みが、現在では画像研究によっても解明されている。

こうした研究知見を踏まえアメリカでは、DSM（アメリカ精神医学会による診断基準）の改訂において、「発達性トラウマ障害」を新しい分類に入れるべきだという議論が継続的にかわされてきた [Ford et al. 2013]。2013年の『DSM-V』では子どもの虐待に対応した分類が新たに設定されている [宮川 2014：67]。裁判所の判断の結果、母子にとって有害な切り離しが行われ、母親から子どもが引き離されると、人間関係の根幹についてのその子どもの基本的な信頼は潰される。既に体験してきた父母葛藤に加えて、新たな分離のトラウマを負わされ、子どもの脳の発達は歪み、愛着障害を抱えた人格の芯が形成される。乳幼児期の有害体験は、その子自身の生涯にとどまらず、次世代にも連鎖し、執拗な悪影響を刻み込んでしまう。

6 父母の紛争への司法のかかわりと子どもへの影響

離別・離婚をめぐる紛争に父母が多大な労力と時間を割く時、子どもとしっ

かり向きあい、その思いや希望に耳を傾ける本来の親役割は果たし難くなる。親子関係がうまく機能しない状況下では、誰かが親に代わってその子を情緒面で支える社会的仕組みが必要である。また裁判所は、機械的に親子の面会交流を命じ、裁判後の父母の紛争をさらにこじらせる種をまいてはならない。父母が離別しても、子どもの成長や発達が損なわれないように、子どもの心に致命傷を与えぬような、法制度を含めた社会の仕組み作りを再考する必要がある。

　離婚裁判など司法との関わりで子どもたちが傷ついて病院に大勢やってくる現実に直面し、率直なところ、臨床医として、筆者は、「子どもの言い分、不安や痛みを、大人や司法はどうして聴こうとしないのだろうか」と疑問に思う。両親の仲が良いということは、子どもが成長し発達する前提である。離別に至っていなくとも、両親の仲が悪いということだけでも、子どもは動揺し、辛く不安な気持ちになり、自分のせいではないかと悩み、何とかしようと思い、普段は学校で良い成績など取らない子が、一生懸命テストで100点を取り両親の笑顔を作ろうとするのである。父母の不和・争いに苦しむ子は、そのような死にものぐるいの努力をする。ありのままの自分の本音で子どもらしく生きる幸せは奪われている。このような不安や痛みが、瞬間、瞬間にその子をどれほど苦しめ、心の芯を硬直させるかを、私たち大人はあらためて考えなければならない。

　今ここで起きることが、子どもの身体に消すことができない記憶を残し、その度合いが子どもの許容量を超えるとトラウマにもなる。その子が成人して、相対的に高い社会的地位を獲得できたとしても、果たして幸せにはなりにくいリスクを抱える。自分が親にされた苦しみを抑圧する分、他人に対しては、同じような目にあわせることが平気になる感覚が無意識に生まれる。心の芯に幼児性の高い破壊衝動を抱えた大人になっていく。このように、子どもの頃の数々の経験が数珠のようにつながってその人を作っていくということを、子どもと関わる大人たちは十分理解しておかなければならない。

おわりに──子どもを守れるのは本物の専門性

　父母の紛争に巻き込まれた子どもに対して、「あなたは悪くないんだ」とい

うことをしっかり伝えなければならない。とりわけ、専門職の立場にある大人たちには大きな責任がある。父母の間にもうひびが入っていることを子どもは幼くても見抜いている。そうした状況で子どもに応対する大人はその子の苦しみをねぎらい、最大限の敬意を伝えていただきたい。両親の紛争に巻き込まれる子どもの心の奥の願いと痛みへの「共感」が、その子の心の悪化を予防する。「こんな状況に巻き込まれてしまったけれども、あなたは懸命に生きているね」というリスペクトをこめて温かいあいさつをしていただきたい。それだけでも、子どもは、この世にはまともな大人もいるのだと感じて希望を取り戻すかもしれない。

　子どもの心は、関係性のオーケストラの音色を聞きながら育つ。司法実務において紛争事件として扱われるケースでは、父母ともに傷つきもう必死で自分のことで手いっぱいで子どもの気持ちどころではないことが多い。そこで奏でられる関係性の音色は、子どもには耐え難い不協和音の連続であろう。それでも両親のうち一方の親が「自分はいいから、まず子どもを守ろう」という覚悟をもてていれば、その子は救われる。それを見抜く専門性が担当者には求められる。また親のかわりに一人の大人として、子どもに向かって「今はこんなに大変でも、大人も捨てたものじゃない」と伝えることのできる、本物の専門性を持つ大人集団こそが子どもを守ることができる。

文　献

天野秀昭（2011）『よみがえる子どもの輝く笑顔——遊びには自分を育て、癒やす力がある』すばる舎

丸田俊彦（2002）『間主観的感性——現代精神分析の最先端』岩崎学術出版社

宮川充司（2014）「アメリカ精神医学会の改訂診断基準 DSM-5 ——神経発達障害と知的障害，自閉症スペクトラム障害」『椙山女学園大学教育学部紀要 7 』，65-78.（http://ir.lib. sugiyama-u.ac.jp/dspace/bitstream/123456789/828/1/%E5%AE%AE%E5%B7%9D%E5 %85%85%E5%8F%B8.pdf, 2015年 9 月10日アクセス）

Ford, J.D. et al. (2013) "Clinical Significance of a Proposed Developmental Trauma Disorder Diagnosis: Results of an International Survey of Clinicians", *Journal of Clinical Psychiatry 74: 8*, August 2013, 841-849（http://www.traumacenter.org/ products/pdf_files/Developmental_Trauma_Disorder_DTD_Field_Trial_Survey_ Ford_Spinazzola_van%20der%20Kolk.pdf, 2015年 9 月 9 日アクセス）

Fraiberg, S. (1987) *Selected Writings of Selma Fraiberg*, Columbus: Ohio State University

Press

Malloch, S. & Trevarthen, C. (eds.) (2009) *Communicative Musicality: Exploring the Basis of Human Companionship*, Oxford: Oxford University Press

Lieberman, A.F. & Van Horn, P. (2005) *Don't Hit My Mommy: A Manual for Child-Parent Psychotherapy with Young Witnesses of Family Violence*, Washington DC: Zero to Three

Rizzolatti, G. et al. (1996) "Premotor cortex and the recognition of motor actions", *Cognitive Brain Research* 1996: 3, 131-141

Rizzolatti, G. & Sinigaglia, C. (2008) *Mirrors in the Brain: How Our Minds Share Actions, Emotions, and Experience*, Oxford: Oxford University Press (茂木健一郎監訳、柴田裕之訳『ミラーニューロン』紀伊國屋書店、2009年)

Winnicott, D.W. (1992 [1964]) *The Child, the Family and the Outside World*, Harmondsorth: Penguin; reprinted by Da Capo Press in 1992 (猪俣丈二訳『子どもと家族とまわりの世界——ウィニコット博士の育児講義』上巻(赤ちゃんはなぜなくの)・1985年、下巻(子どもはなぜあそぶの)・1986年、星和書店)

Winnicott, D.W. (1996 [1987]) *Babies and their Mothers*, reprinted by Free Assn Books (成田善弘、根本真弓訳『ウィニコット著作集　第1巻　赤ん坊と母親』1993年、岩崎学術出版社)

第 II 部

日本の子どもと家族法
子どもの視点からみた法制度の問題点

　第 II 部は 4 つの章からなり、「子の養育に関する法制度は誰のためにあるのか」という根源的な問いを中心に、法学（家族法）研究・法律実務の領域における論考を展開する。家族法は、より多くのリソースやコントロールの力をもつ強者の要求のためではなく、むしろ、傷つきやすく弱い立場にある者の生活の安定と安心・安全を擁護するためにこそあるのではないかという問題意識を共有しつつ、各章の論考が展開される。「子の利益」の内実は、子の立場から検討しなければならない。　子の生活のリアリティに背を向けるのならば、それは観念論でしかない。　この第 II 部では、離婚後の子の養育への非監護親の関わりを推進する主張、面会交流の推進論の前提（ドグマ）と現実との乖離について、議論を掘りさげる。第 5 章で「離別後の子の養育」を論じ、第 6 章は「離婚当事者の非対称性と子の処遇」、第 7 章は「離婚後の親子」、さらに第 8 章は「司法における面会交流の現実」について考察する。

第5章
離婚後の子の養育
欧米先進工業諸国の対応を手掛かりとして

小川富之

はじめに──子の最善の利益に沿った離婚後の子の養育の実現

親子関係に関する法律問題に一般の関心が高まっている。離婚後の子の養育に関しては、いわゆる「ハーグ条約」が日本でも批准され[1]、2014年から発効しており、これに関連する事件の扱いにも、注目が集まっている[2]。このハーグ条約の影響もあって、日本では離婚後の子の養育に関する法制度見直しの議論が高まり、「欧米の多くで採用されているような共同親権制度を日本に導入する必要がある」という考え方が強くなってきているように思われる[3]。家族法研究者の間でも、共同親権制度の導入に肯定的な意見が多数派を形成しつつあ

---

1) ハーグ条約、正確には「国際的な子の奪取の民事上の側面に関する条約」は、国境を越えた子の連れ去りや監護をめぐる国際裁判管轄の問題を解決する国際制度構築の必要性から、1980年にハーグ国際私法会議が作成した条約で、2015年8月現在で93か国が加盟しており、日本は、2013年の第183回通常国会において5月22日にハーグ条約の締結が承認され、6月12日に「国際的な子の奪取の民事上の側面に関する条約の実施に関する法律」(いわゆるハーグ条約実施法)が成立した。
2) 条約が発効してから、東京家庭裁判所と大阪家庭裁判所で、かなりの事件が審理されており、2014年11月19日には大阪家庭裁判所でハーグ条約の適用に関して初めての判断が示された。スリランカ在住の日本人夫婦とその間の子の問題で、日本に一時帰国し、母親が日本で子を留置している事件で、子をスリランカに返還させる決定が下された。これに関しては、伊藤弘子【外国(身分関係)法制研究会・小川富之監修】「(外国法制事例研究3)日本における初めてのハーグ条約に基づく国外への子の返還決定について」戸籍時報722号32頁で速報として取り上げている。
3) 例えば、国会議員の中で議連を組織して、共同親権制度導入を目指した活動をするものもある。2014年3月18日に衆議院第2会議室で親子断絶防止議連の設立総会が開催され、自民党、公明党、民主党およびみんなの党等の超党派の議員43名が議連に名前を連ねている(朝日新聞2014年4月3日朝刊)。

るように思われる。[4]

　離婚は父母間の問題であり、子との関係では父母が継続して、子の養育にかかわることが望ましいと主張される。その場合、父母ができるだけ均等なかかわり方をすることが有益であるといわれる。また、そのような状況を実現するうえで、日本の現行法で採用されている、離婚後の単独親権制を見直し、共同親権制を導入することが必要であると指摘されている。一般論として、また理想論としては、特に異論はないが、現実問題として、それが可能な場合とそうでない場合があることは周知のとおりである。[5]

　日本では、父母の婚姻中で、共同生活が存在している場合であっても、父（夫）の家事や育児への関与は欧米先進工業諸国と比べて極めて少ないのが現状である。[6]　もちろん、婚姻中は父母の共同親権が原則で、法律的には父母が共同して子の養育にかかわっていることになっている（民818条）。離婚をすると、当然のことであるが父母の共同生活は解消され、子は父母のいずれか一方の下で養育されることになる。そこで、子と同居していない他方の父母は、子と定期的に面会交流を行うことになる。日本の現行法である離婚後の単独親権制の下でも、面会交流は実施されている。[7]　従来は、子との面会交流については、

4）　「私法学会」の家族法改正をテーマにしたシンポジウムでも、共同親権の導入の可能性を示す立場の意見が公表されている。水野紀子「親権法」ジュリスト1384号68頁。また、「日本家族〈社会と法〉学会」でも「家族法改正—子の利益を中心に」というテーマでシンポジウムが開催され、離婚後の共同親権制度導入が提案されている。犬伏（2010）。さらに「家族法改正研究会」でも、同様の傾向にある（山口 2011：21）。

5）　最近、子の養育の現実を踏まえた検討がなされ、貴重な研究成果が公表されている。例えば、梶村・長谷川編著（2015）や判例時報2260号の特集記事「子ども中心の面会交流論（原則的実施論批判）」は、従来の共同親権制度導入の問題点を的確に指摘するものとして注目する必要がある。

6）　これについては、様々な調査結果が公表されているが、例えば、子の年齢が高くなるにつれて、父（夫）の関与が減少し、中学以上だと全く関与しない割合が3割を超えるという結果が示されている。公益財団法人・家計経済研究所「『消費生活に関するパネル調査』について（第21回調査結果）」http:www.kakeikenn.or.jp/jp/jpsc/pressrelease/。

7）　厚生労働省の報告書によると、離婚の際に子との面会交流の取り決めをしているのは、母子世帯で25％程度、父子世帯で15％程度と母子世帯の方が取り決めに応じる割合が高い（厚生労働省「平成23年度全国母子世帯調査報告・18面会交流の実施状況」）。また日弁連の調査によると調停で面会交流に合意した人の44％が全く面会できていないと回答しており、その理由としては「子どもが拒否する等」の理由が最多とのことである（毎日新聞2014年11月3日朝刊）。非同居親側の都合で、あまり実施されていないという状況もあるようである。

法律に明文の根拠がないことが問題として指摘されていたが、2011（平成23）年に民法766条が改正され、子との面会交流について協議をすることが明記された。[8] ただ、離婚の要件は、子の親権者を定めることだけで、離婚後の子との面会交流についての協議がなされなくても、また、協議をして合意が形成されなくても、離婚の成立自体は認められることになる。この改正では、子との面会交流とともに、子の養育費についても明記され、協議離婚届に確認欄も設けられた。

　この改正後に、話し合いが行われる事例が増えたことと、面会交流の実施が促進されたという成果についての報告がなされ、おおむね肯定的に受け止められているようである。しかしながら、このことによって、ドメスティック・バイオレンス（DV）や児童虐待が存在する場合に、子の安全が脅かされるような問題が深刻化していないかどうかについての調査研究も必要であり、この点からの研究成果の公表が求められている。[9] 離婚後の子の養育について規定する、民法766条の立法に至る歴史的経緯を含めて検討し、現行法のもとでの、子の最善の利益に沿った養育環境の実現を探る努力が求められる。[10]

　本章では、離婚後の子の最善の利益を実現するうえで、親子の継続した交流を実現するには、日本ではどのような法制度で対応することが望ましいのかについて検討する。離婚後の子の監護・養育の問題について、まず比較法の観点から検討する。離婚後の子の親権者の問題については、様々な視点から多様な意見が提示されているが、子の最善の利益の実現が最終的なゴールであるということでは意見が一致している。その過程について、意見が対立しているわけである。つまり、子の最善の利益に沿う形での親子の交流を実現する方法について、片親疎外症候群（PAS）を懸念する立場から、また、DVや児童虐待を懸念する立場から、それぞれ異なる意見が主張されているわけである。この問題

8）　この改正については、おおむね賛成意見が多いが、有力な反対論も提示されている。例えば、棚村（2014：49）、梶村（2013：18）などを参照のこと。

9）　この問題について、DVや虐待のある場合に面会交流の原則実施という考え方が子やその同居親にどのような被害を与え、子の福祉を害しているかを具体的に示しながら紹介する、長谷川京子「面会交流原則実施により、DV虐待の被害親子に起こること」戸籍時報733号16頁を参照のこと。

10）　この問題については、許末恵（2013：29）、同（2013-14：1, 125, 1）が公表されており、詳細な分析が行われている。

に関しては、子の最善の利益を実現するという目的達成の過程で、子を含めた家族構成員にとって、どのような方法がより好ましいかという視点ももちろん重要であるが、視点を変えて、どのような方法が子の安全にとって、より危険度が高いか、また、より深刻な状態を引き起こす可能性が高いかという点から問題を検討する必要もある。本章では、この観点から問題を考えたい。[11]

1 諸外国における別居・離婚後の子の養育について

1 親権・監護（権）・親責任

子の最善の利益を実現できるような、安定した家族関係の構築が、日本も含めた世界の国と地域共通の目標であることについて、異論はないであろう。本節では、父母の離婚後も、子が適切な養育を受け、子の最善の利益を実現することができる環境をどのようにして実現していくかということを検討したい。[12]

この問題について、欧米先進工業諸国の動向を参考にしながら、検討を進めるが、多くの国が注目しているオーストラリアの最近の動向を中心に紹介し[13]ながら、日本の参考になるような視点を追究したい。[14]

日本では、離婚後の子の親権について、単独親権制か共同親権制かという形で議論されているが、オーストラリアでは、離婚後の子の養育に関して使用されていた法律の文言が、当初の「Parental Authority（親権）」から、「（Joint）Custody（〔共同〕監護）」へ変更され、さらに現在では「（Shared）Parental Responsibility（〔分担〕親責任）」という表現に再度変更されてきた点について注意する必要がある。このような文言の変遷が意味するのは、父母による子の養育への関与に関しての考え方が、「権利」から、「監護（保護）」へ、さらに「責

---

11) この視点からの検討として、小川（2011：206）を参照のこと。

12) この問題について、民主主義科学者連盟法律部会の合宿でシンポジウムを開催した。その概要については、「小特集・離婚後の面会交流—問題の多様性と望まれる法システム」法律時報85巻4号55-69頁を参照。

13) オーストラリアの最近の動向を紹介しながら、離婚後の子の監護の問題についての在り方を示す貴重な論稿として、例えば、Belinda Fehlberg, Bruce Smith, Mavis Maclean and Ceridwen Roberts（2011）"Caring for children after parental separation" Family Policy Briefing 7, Dept of Social Policy and Intervention, University of Oxfordを参照のこと。

14) オーストラリアの親権についての最近の動向は、小川（2014：55）を参照のこと。

64　第Ⅱ部　日本の子どもと家族法

任」へと、大きく変更されてきたということである。「Parental Authority（親権）」という枠組みでは、子は親の権利の対象という考え方がその根底にある。「Custody（監護）」という枠組みでは、子の身柄の安全をいかにして確保するかという考え方がその根底にある。これらの考え方に対して、「Parental Responsibility（親責任）」という枠組みでは、子の健全な成長に対して親がどのような責任を負っているのかという考え方がその根底にあるわけである。「Parental Authority（親権）」、という権利構成で考えると、誰が権利者かという結論になり、同居親だけでなく、非同居親も親であるから権利を有するという理論展開となる。「Custody（監護）」は、放置しておくと危険が生じる子の身柄の確保をどのようにするかが、まさに「Joint」、父母が一緒になって「共同」で子どもの身柄を確保するという理論展開になる。これが、「Parental Responsibility（親責任）」ということになれば、父親としての責任、母親としての責任を、それぞれがいかにして適切に果たすかということになり、その責任を「Shared」する、つまり父母それぞれの役割を「分担」するという発想に転換することになる。欧米先進工業諸国の多くでも、近年このような流れに沿う改正がすすめられているようである。[15]

2　オーストラリアの家族法改革

　オーストラリアは、1975年に当時の世界では最も徹底した破綻主義を採用する離婚法を成立させた。これが、「1975年家族法（The Family Law Act 1975・現行法）」である。[16] 回復の見込みのない婚姻破綻を唯一の離婚原因とし、12か月間の別居継続で破綻推定をするという考え方の導入により、離婚手続から有責性を完全に払拭し、裁判官が婚姻破綻について実質的審査をする必要がなくなった。この時に、新たに「連邦家庭裁判所（Family Court of Australia）」が創設され、夫婦関係解消の可否という過去の清算の問題ではなく、解消後の家族の未来の問題、特に子の養育に焦点をあてて審理をする役割を担うこととなっ

15）　前掲注13）では、イギリス等でも、オーストラリアの動向に注目が集まっていることが指摘されている。

16）　オーストラリアの現行法制定の経緯およびその後の推移については、小川（1996）でその概要をまとめている。

た。このような離婚制度の導入が家族に与える影響や家族の安定と子の最善の利益の実現に必要な対応を検討するといったことを含めた広範な家族問題について調査・研究を行い、必要な提言を行うために「家族問題研究所（Institute of Family Studies）」が設けられた。この当時、日本ではオーストラリアの動向に対してはあまり注目がされていなかったようであるが、欧米先進工業諸国の多くは、このオーストラリアの家族法改革ともいえる対応に対して強い関心を示し、多くの国が何らかの形でそれぞれの国の家族法改正に影響を受けてきている。

　1975年オーストラリア連邦家族法の制定以降も、オーストラリアでは新たに生じる複雑で解決困難な家族問題に対して先進的な取り組みを続けている。1984年には、事実婚に対して必要な保護を図るために、州レベルではあるが、立法による対応を試みた。これが、ニュー・サウス・ウェールズ州の「事実婚保護法（The De Fact Relationships Act 1984, NSW）」で、その後オーストラリアの他の州でも同様の立法がなされ、近年の連邦としての統一的対応の方向へとつながっている。1988年と1989年には、「離婚後の子の養育費の算定とその履行確保のための法整備（Child Support（Registration and Collection）Act1988；養育費の登録と徴収）と Child Support（Assessment）Act1989；養育費の査定）」がなされ、離婚後の子の養育環境が大いに向上し、その後も必要に応じてより適切な制度にすべく改正が重ねられている。離婚の際に子の意見を聞き、それを適切に反映する必要性があることは言うまでもないが、これを実現するのは必ずしも容易ではない。オーストラリアでは、「子どもの独立代理人（Independent Children's Lawyers = ICL）の制度」を整備し、この問題にも挑戦をしている。夫婦や家族の問題は、できるだけ当事者の話し合いを通じた合意に基づく解決が図られることが望ましい。この問題に関しても、裁判官によるトライアル開始前の対応として、夫婦間に財産分与等で対立がある場合にはレジストラー（Registrar）が、また未成年の子がいる場合には家庭裁判所カウンセラー（Counselor）が、それぞれ必要的関与をするという方法で、連邦家庭裁判所創設当初から当事者の合意形成支援の試みが続けられている。これは、その後、家庭裁判所外にも拡大され、メディエーション活用の推奨がなされ、現在では、これらの民間メディエーション機関等に対して国が財政支援をするという形で「ファミリー・リレーション・センター（Family Relationship Center（FRC・家族関係支援センター））

に引き継がれている。このFRCは、可能な限り夫婦間の対立を緩和し、別居や離婚が避けられない場合でも、できるだけ葛藤を高めないよう努め、当事者を話し合いの席につかせ、合意形成の支援をするという重要な役割をはたしている。FRCは、また、家族内の暴力、児童虐待といった問題に対しても適切かつ迅速に対応することが期待されている。別居や離婚後も父母が子の養育にかかわれるようにすることが望ましいとの視点から、共同監護の下での様々な取り組みがなされ、必要に応じた子の面会交流支援体制も整えられている。

　このような、オーストラリアの対応は、近年の欧米先進工業諸国の先駆けともいえるものである。オーストラリアの事実婚保護法は、多くの国で同様の法整備がなされる契機となり、国によっては同性婚を認めるところまで進んでいる。離婚後の子の養育費の履行確保についても、多くの国で履行確保制度の創設が続き、最近では日本のお隣の韓国もこの制度を創設した。父母の別居や離婚は子にとっても重要な問題であり、子の意見を聞きそれを裁判所の手続の中でどのように反映させるかについても、多くの国で法整備が進められた。家族問題の解決にとって、当事者の話し合いを通じた合意形成をいかに図るかは世界共通の関心事で、裁判所による判決によらない代替的紛争解決手段を活用することは現在ではむしろ家族紛争解決の原則となってきているようである。別居や離婚後も父母が子の養育にかかわることが望ましいことは言うまでもないが、具体的にそれをどのようにして支援するかが重要で、オーストラリアの「コンタクト・センター（Contact Service Centre・面会交流センター）」は多くの国に対して一つのモデルを提供している。

3　オーストラリアの離婚後の子の養育制度の変遷

　オーストラリア連邦家族法は、2006年と2011年に改正され、子の養育に関する考え方が大きく変更された。[17] 2006年の改正では、片親疎外症候群（PAS）の観点から別居や離婚後も父母が子の養育に均等にかかわることを重視するものであった。この改正では「Shared Parenting Time（養育時間分担）」という表現

---

17)　2006年改正法の影響についての詳細な調査結果に基づいて、2011年に再度改正がなれた。2006年改正法のオーストラリアにおける調査報告書については、駒村訳（2011：55）を参照のこと。

が使われ、これは、別居や離婚後も父母による子の均等な時間配分での養育分担が望ましいと、一般の人々には受け止められた。この2006年改正は、片親疎外症候群（PAS）という考え方を背景にした、（別居や離婚後に）子と会う機会が制限されている親（多くは父親）の側から問題点を主張する「父親の権利擁護団体」の積極的なロビーイングにより実現されたといわれている。別居や離婚後も、父母が子の養育責任を分担し、養育に均等にかかわることが、子の最善の利益であるという理念での法改正であった。改正法の内容を詳細に分析すれば、必ずしも、「養育時間配分の均等」を原則として採用したわけではなかったが、多くの人たち、特に別居親側（多くの場合は父親）は、そのように考えて行動した。法律の内容として、別居親の権利性を強める内容も確かに含まれてはいたが、それよりも、実態として、別居親側からの権利主張が非常に強くなされたということのほうが重要で、子の利益の観点から深刻な問題を生じさせることとなった。この2006年改正は、世界的に大きな注目を集め、その影響を受けて法改正をする国や地域も生じたようである。[18]

　しかしながら、オーストラリアでは、改正の直後から多くの問題点が指摘され、僅か5年後の2011年に再度の法改正が行われた。2011年改正は、2006年改正により問題が顕在化し、深刻の度合いを増したDVや児童虐待を防止するという、前回とは全く逆の観点が背景にあった。この改正のなかでは、DVや児童虐待を含めた、より広い概念で「ファミリー・バイオレンス（Family Violence）」という表現が採用された。この2006年改正の理念である別居や離婚後の父母による子の養育責任の分担と、それに基づく法改正の状況については、これまでに日本でも紹介されている。夫婦関係が解消されたとしても、できるだけ円満な家族生活が継続しているときと同じように父母が養育責任を分担していくという考え方自体を否定するのは難しい。日本にこのような紹介が為されたとすれば、オーストラリアのようなすばらしい制度をぜひ日本でも実現していこうということになるのも当然だと思われる。オーストラリアの2006年改正法の目指す理想的な状態が実現できれば良いが、現実は必ずしもそのよ

---

18)　オーストラリアの法改正の影響を受けて改正された国には、イギリスをはじめとして多くの欧米先進工業諸国が含まれている。イギリスでは、「2014年子ども及び家族法（Children and Families Act 2014）」で父母による子育てへの関与が子の福祉にかなうことが強調された（11条）。

68　第Ⅱ部　日本の子どもと家族法

うな理想通りにはいかず、僅か5年で、全く逆な観点からの再改正が2011年に行われたわけである。

4　欧米先進工業諸国の離婚後の子の共同養育の法制度

　欧米先進工業諸国では、「共同監護」が採用されており、別居や離婚後も父母が継続して子の養育にかかわっているということが日本で多く紹介されてきた。これに対して、日本では、離婚後は「単独親権」で、父母の一方が親権者として子を養育している。夫婦という関係は離婚により解消されたとしても、親子という関係は継続すべきであり、離婚後も父母が（婚姻中と同じように）共同で子の養育をすべきであると主張される。つまり、欧米先進工業諸国のような制度を日本にも導入し、離婚後も「共同親権」にすべきであるということが主張されているわけである。

　この問題については、カリフォルニアの「ウォラースタイン家族問題研究センター」の創設者である、ジュディス・ウォラースタイン（Judith S. Wallerstein）による研究結果が公表されている。周知のとおり、ウォラースタインはアメリカの心理学者で、離婚経験者を対象として、長期的に追跡調査を行い、離婚が子に及ぼす影響について貴重な研究成果を公表している。[19]　研究成果として、親が離婚した場合に、その子は精神的に強い衝撃を受け、親から見捨てられているのではないかという不安を持ち、学業成績が低下し、人間関係の形成にも影響が生じ、成人して社会に出てからもその影響が否定的に継続し、自分の婚姻および家族生活もうまくいかないことが多いといったことが指摘されている。このような研究成果は大きな論争を呼び、多くの国や地域で関連する調査が実施され、ウォラースタインの研究成果が正しいことが確認されている。ウォラースタインから指摘された問題をどのように解決するかが次の課題で、これに関して、ウォラースタインは、離婚後も父母が継続して子とのかかわりを持つことができれば、離婚後の子に否定的な影響を与えることを軽減できると指摘している。この指摘が、アメリカやヨーロッパでの別居や離婚後の「共

---

19)　研究成果については、日本でも公表されている。15年間の経緯については、ウォラースタイン／ブレイクスリー（1997）、25年の経緯については、ウォラースタイン／ルイス／ブレイクスリー（2001）にまとめられている。

同監護」制の導入に大きな影響を与えたわけである。離婚が家族に及ぼす影響について、多くのサンプルを対象に、5年、10年、15年、20年、25年にもわたって追跡調査し、その成果についてまとまった研究成果を公表するということでは、ウォラースタインがその草分けで、別居や離婚後の子の養育に関しては、今日まで大きな影響を与えてきている。

　1980年代にアメリカの一部の州で「共同監護」制度が法制度として採用され、その後ヨーロッパに拡がった。これら欧米先進工業諸国の「共同監護」制度の導入については、多くの先行研究が公表されている。その傾向としては、「共同監護」制度の導入に関しては、肯定的なものが大多数のように思わる。

　しかしながら、21世紀に入るころから、「共同監護」の抱える問題が指摘されるようになり、いかにして「共同監護」の抱える問題点を克服していくか、というのが大きな課題となってきたようである。もちろん、離婚後も父母が「協調・協力して」子の養育に「適切に」かかわれる場合には問題はない。しかしながら、そうでない場合には「共同監護」制のもとでは解決困難な状況が生じてしまうということが指摘されるようになった。多くの国際会議でもこのような問題が取り上げられ、「共同監護」制を採用した多くの国々で生じている「共同監護の問題点」について研究している先生方から、研究成果の報告が行われ、激しい議論が交わされるようになった。諸外国の研究者の中には、「日本の単独親権制」について肯定的な見解を示すものも登場してきた。「共同監護」という考え方から親の権利性が強まり、それにより、子の最善の利益を損なうような状況が生じていると指摘される。DVや児童虐待が存在する場合に深刻な問題となってきたようである。

　「共同監護」を採用してきた欧米諸国では、離婚後に父母が子の養育に均等に関わっていると理解されているが、このような例は少数派で、例えばイギリスでは僅か3％程度と推計されており、多くの場合「同居親（Resident Parent）」の下でほとんどの時間を過ごしているのが現状である。[20]

　このような状況の中で、近年、子と会う機会の無い、または少ない「別居親（Non-resident Parent）」側の強い主張から、子の「養育分担（Shared Parenting）」

---

20)　イギリスの全国的なサンプル調査結果によると、非同居親の半数は年に数回程度しか子と面会交流をしていないということも報告されている［Fehlberg et. al. 2011：2-3］。

70 第Ⅱ部 日本の子どもと家族法

についての議論が高まり、均等な養育時間の配分が強く求められるようになってきた。これを受けて、多くの国々で、子の養育分担を促進する法改正が実施されてきた。[21] この傾向を強く推進し、父母間に対立があり裁判で争われている場合であっても子の養育分担を原則として採用し、世界的に注目を集めたのが前述のオーストラリアの「2006年の家族法改正（共同監護者の責任）法（The Family Law Amendment（Shared Parental Responsibility）Act 2006）」である。[22] この改正に対しては、様々な問題点が指摘されていたが、特に、DV（オーストラリアでは「ファミリー・バイオレンス」という表現に変わっている）や児童虐待が存在する場合の危険性が強調されていた［McIntosh et al. 2010］。そこで、家族関係センター（Family Relation Centres）」が創設され、当事者が別居した状況を固定化してしまう前に、話し合いの席に着かせ、子の養育についての合意形成を促進するとともに、DV等の問題を抱える高葛藤事案で、子の安全を優先して対応する試みが続けられている。[23] また、改正法の影響について「オーストラリア家族問題研究所（Australian Institute of Family Studies・AIFS）」等よる調査（AIFS調査）が実施された。[24]

　離婚の際に父母間に対立がなく、法的介入なしに当事者の協議で子の養育分担を取り決めた場合には、父母が協調・協力して、柔軟に養育を継続できる傾向が強い。しかし、「AIFS評価」では、法改正以降に全体では子の養育分担はそれほど増加していないが、裁判で争われる事例で顕著な増加がみられることなど、多くの問題点が指摘された。裁判で子の養育を争う父母間には、様々な対立があり、DVや児童虐待といった問題のある事例が多いと指摘されてい

21）　アメリカではカリフォルニア州が先端を切り2009年のペンシルベニア州まで順次改正が続いている。ヨーロッパではスウェーデン、フランス、ベルギーで1990年代末から2000年初頭にかけて導入され、ニュージーランドで2000年に、オーストラリアでは2003年から2005年にかけて導入され、2006年法でさらに強化された。詳しくは前掲注13）p.5参照。

22）　オーストラリアにおける別居および離婚後の子の養育問題については、改正法の内容も含めて、小川（2013：32以下）参照。

23）　詳しくは、Families Relationship Centres – Information Paper at http://www.ag.gov.au/family を参照のこと。

24）　Caspiew, R., Gray, M., Weston, R., Moloney, L., Hand, K., Qu, L., & the Family Law Evaluation Team（2009）Evaluation of the 2006 family law reforms, Melbourne: Australian Institute of Family Studies.

る。改正法の影響で、同居親である母親が、このような問題を開示することに抑制的になったこと、また、養育分担の問題と、養育費や財産分与といった金銭問題が交渉や取引材料とされる傾向が強まったことも指摘されている。養育分担を明記する法律を制定することにより、父母側の権利意識を高める結果となり、裁判で争っている事例でより対立を深めるだけでなく、従来であれば当事者間の協議で養育分担を合意し、協調・協力して、柔軟な養育ができていた紛争性の低い事例にまで父母間の対立を生じさせ、子の生育にとって好ましくない結果を生じさせることになった。

オーストラリアでは、このような研究成果を受けて、2011年に再度法改正がなされ、DVの定義を身体的、精神的および性的暴力から経済的統制および社会的行動の制限にまで拡大し、虐待に深刻なネグレクトや子をDVの存在する環境に置くこと等で深刻な精神的影響を生じさせることも含めることとなった。また、子の安全を最優先させること、父母にDVや児童虐待に関する告知義務を課したこと、子の養育オーダーの際に過去におけるDVや児童虐待の経緯、将来のリスクについて検討することが要求されることとなった。

2 日本の制度を考えるうえで必要なことは

1 父母の権利構成から責任構成へ

一般に、「親権」は「親が子に対して有する権利義務の総称で、権利というより義務の色彩が強い、または、権利ではなく義務が中心である」といったような説明がなされる。しかしながら、「親権」と表記された場合には「親の権利」という意味で捉えられる。この親権は英語では「Parental Authority」ということになる。注意が必要なのは、日本では「共同親権」の枠組みの中で議論をしているということである。法務省が公開している英語の表記でも明確に「Parental Authority」と表記されている。このように権利性が非常に強い表現のままだということを認識する必要がある。[25] 欧米諸国でも、英語表記でいうと、かつて「Parental Authority」とされていたが、「Joint Custody」にかわり、

---

25) 法務省の公式英文法令 http://www.japaneselawtranslation.go.jp/ を参照。

最近は「Shared Parental Responsibility」が使われることが多い。[26]「親権」から「共同監護」へ、さらに「親責任の分担」へということになる。このような変遷は、別居や離婚後に父母間の対立がある場合に、それぞれが権利主張したときに様々な弊害が生じたことから、親の権利性を軽減、払拭する必要性の認識が反映された結果である。日本では今でも「（共同）親権」の問題として議論されており、この「親権」という表記や概念自体についての検討がまず必要である。

2 子の養育の現状の理解と生じうる問題把握の必要性

欧米先進工業諸国における別居や離婚後の子の共同養育の理解についても見直す必要がある。「共同監護」制を採用している国々では、別居や離婚後も父母が均等に子の養育にかかわっている、または、均等に近い形でかかわっていると認識されることが多いのではないであろうか。「共同監護」を採用してきた欧米諸国では、離婚後に父母が子の養育に均等に関わっていると理解されているが、このような例は少数派で、多くの場合「同居親（Resident Parent）」の下でほとんどの時間を過ごしているのが現状である。[27]もちろん別居親と面会交流している比率は日本よりは高く、頻度も多いかもしれないが、「単独親権」制を採用している日本の状況とそれほど大きくは変わらないというのが現状である。

オーストラリアでの法改正には、子と会う機会の無い、または、少ない別居親側、多くの場合は父親からの要望が大きく影響を与えてきたと指摘される。父親の権利擁護団体からの「Shared Parenting Time」、つまり養育時間の均等な分担を原則とする法改正が強く求められ、その影響を受けて2006年の法改正が行われた。この法改正の結果を整理して紹介すると次のとおりである。

- 別居や離婚をする人たちが子の養育に関する問題を裁判所で争う事例が増加した。
- 父母間に葛藤のある人たちに関しては、（それぞれ）養育分担の要求が非常に強くなり、結果として養育分担の比率や時間配分が高まった。

---

26) この傾向は、他も同様で、例えば、ドイツでは、「親の権力（Elterliche Gewelt）」から「親の配慮（lterliche Sorge）」に変更されている。ドイツについて詳しくは、床谷（2013）参照。

27) イギリスの全国的なサンプル調査結果によると、非同居親の半数は年に数回程度しか子と面会交流をしていないということも報告されている［Fehlberg et al. 2011: 2-3］。

第5章　離婚後の子の養育　73

- 別居や離婚した人たち全体としては、子の養育分担の状況には大きな変化は生じなかった。

　この結果が何を意味しているかについて、オーストラリアの調査報告書では、次のようにまとめられている。

- 別居や離婚後の子の養育に関しては、2006年改正前は、多くの場合、父母間の（円満な）話し合いで解決がなされ、子の養育の必要に応じた養育の形態が実現されていた。
- 法改正は、子の養育に関して対立のある父母で、子との交流を制限される側に、「子の養育時間の均等な配分」を原則とするという認識を持たせ、父母間の紛争性をさらに高めた。
- 本来であれば、当事者の（円満な）話し合いで解決していた子の養育問題まで裁判所で争われるようになった。
- 結果として、父母間の葛藤をより高めることになり、高葛藤事例での共同養育の比率と、時間配分の割合を高める事態が生じた。

　これは、親の権利性を高める方向での改正がなされた場合に、どのような親がその権利を主張することになるかを考えてみれば、当然予想される結果である。少なくとも、従来から、協調・協力して、適切に子の養育をすることができる父母にとっては、この法改正は全く必要のないものであるが、逆に、そのような対応ができない父母にとっては、自分の権利主張をする上で非常に有効な武器を与えることになったわけである。
　2006年の法改正の背景には片親疎外症候群（PAS）の考え方があったことについては既に説明したが、これに付随して、いわゆる「フレンドリー・ペアレント（友好的な親）」条項が規定に盛り込まれていた。また、養育時間の均等な配分を求める主張が背景にあるということについても前述したが、これに付随して「子の養育費の履行確保」にも影響が生じた。
　「フレンドリー・ペアレント」条項の影響で、DVや児童虐待が潜在化する結果が生じることとなった。裁判所で子の養育について争われた際に、同居親側がDVや児童虐待を主張した場合に、その証明が十分にできないときには、相手方と子との交流を不当に疎外しようとする「フレンドリーでない」親とみな

され、子の養育には不適切であると認定されることとなった。最悪の場合には、相手方に同居する監護親としての子の養育責任を渡さなければならない事態が生じることとなる。そこで、実際には、DVや児童虐待が存在したとしても、あえてこれを主張せず、自分が同居親として子の養育を継続できることを確保するということが多く生じた。

　子の養育費に関しては、別居親側の父親のもとで子が過ごす時間が多くなったことから、それに応じて父親が母親側に支払う養育費の支払額の減額が求められることになった。養育費の支払額が少なくなっても、同居親である母親が子の養育に要する費用の主要な部分、例えば、衣食住、教育、医療といったような基本的に必要とされる費用はそれほど変化がない。したがって、別居親が子と面会する比率が高まり、時間配分が高まれば高まるほど、母親からすると子の養育に必要な費用という点ではより厳しい状況になるという皮肉な結果が生じたわけである。

　他にも、「リロケーション（転居制限）」の問題、つまり、別居親の同意がなければ同居親が子を伴って転居することができないという問題、財産分与にも影響が生じる等、多くの問題が顕在化し、更なる法改正の必要性が認識されることになったわけである。

　このような理由から、2006年法は僅か5年で見直され、DVや児童虐待からの保護といった方向性で、親の権利性を軽減、払拭するための規定を盛り込む形で再度改正がなされた。歴史的背景も、宗教的な影響も含めて、国が違えば家族の在り方や、紛争の現象に違いがあることは言うまでもないことである。しかしながら、そこにはおのずから共通するものも含まれており、欧米先進工業諸国で参考にされたオーストラリアの取り組みの中には、日本にも参考になるものが少なからず存在すると思われる。

　　おわりに

　日本では「共同親権」制の導入が議論されており、法律関係の研究者および実務家のなかでは、これを肯定する見解が多数を占めているようである。もちろん、最終的なゴールは、離婚後の子の養育に関して、子の最善の利益を実現

するということで、そのために、父母がどのようにして協調し協力して適切に子の養育にかかわれる環境を作り出すかということを検討しなければならないわけである。「共同親権」制を導入すれば問題なくそれが実現できるというのであれば、全く異存はないが、諸外国の動向、特に、父母の権利の共同性を強める、または、少なくともそのように一般に理解されるような法改正がどのような結果を生じさせたかについては、例えばオーストラリアの最近の動きを見ても容易に予測することができる。私たちは、諸外国の「共同性」の問題点について十分研究したうえで、その対策を議論する必要性がある。

　日本では、親権者として子と同居している母親が父親の面会交流の要望を不法・不当に拒絶しているといった主張がなされる。父母間の葛藤を高め、離婚問題の紛争性が長期化し困難度を増す要因の一つとして、単独親権制のもとでの父母の親権争いが指摘されている。また、これらと関連して、離婚後に親権者にならなかった父母の一方（多くの場合は父親）が子の養育費の支払いを怠るという事態が生じていると主張される。少なくとも、オーストラリアの最近の動向を見る限り、「共同性」を強めることによってこれらの問題が解決するとは考えられない。

　子を含めた家族構成員にとって、より危険度の低い、悪影響の少ない方法を選択すべきであると指摘したが、DVや児童虐待から子を守るという点から考えた場合には、別居親の権利性をより軽減する方向での対応が望ましいと思われる。父母が離婚後も強調・協力して適切に子の養育ができる場合には、現在の「単独親権」制でも大きな問題は生じない。しかし、父母間に葛藤があり、協調が望めない、また、協力が難しい場合に、「共同親権」制を導入すれば適切に子の養育ができるかどうかについては疑問が残る。そこに何らかの暴力の危険性がある場合には「共同親権」制がどのように影響することになるか。もちろん、子の生命身体に危険が生じるような場合には「共同親権」制での例外措置を講じることになるであろうが、逆に、現在の「単独親権」制を原則として、子の最善の利益の実現に向けた法改正でも対応は可能と思われる。

　離婚後の子の養育問題を考える場合には、これら以外にも多くの検討課題が存在する。例えば、欧米先進工業諸国の多くでは、離婚原因としての婚姻破綻を一定期間の別居の継続で認定するという法定別居制度を導入し、離婚手続か

ら有責性の概念が払拭されている。つまり、離婚の際に夫婦間で相手の有責性を攻撃して争うことは無く、離婚慰謝料という概念も存在しない。離婚するためには、まず父母として離婚後にどのように子の養育をするかについて協議しなければならないわけである。離婚の際の財産分与や、子の養育費に関しては、当事者が対立することなく客観的に決定され、履行確保の制度も整備されている。夫婦間、父母間に対立がある場合には、別居や離婚の前段階から家族問題にかかわる多様な専門家の協力体制が整えられており、離婚後も継続的に経過を観察し必要に応じた専門家による関与が制度化されている。また、政府が十分な予算を配分して、家族問題について研究するための機関が設立され、必要に応じた調査が実施されている。オーストラリアの「ファミリー・リレーション・センター」や「家族問題研究所（Australian Institute of Family Studies）」などは、日本にも大いに参考になるであろう。

　「共同監護」を採用している国々では、このような法整備や環境整備が既に整えられているわけであるが、それでも、子の養育について多くの問題が生じており、いかにして父母の権利性を軽減、払拭するかということが、今日では議論されている。これに対して、日本では、「共同親権」制の導入という形で議論されている。もちろん、親の権利としてではなく親の義務として議論を進めているようであるが、まず表現の変更から検討すべきであろう。父母の離婚後も、子が適切な養育を受け、子の最善の利益を実現するという目標やゴールについては、意見は一致しているといえる。ただ、これをどのようにして実現するかという、その方法について、「共同親権」と「単独親権」の立場からそれぞれ異なる意見が主張されている。「共同親権」の考え方を全面的に否定するわけではないが、まず、欧米先進工業諸国のように、子の養育費の履行確保制度を確立する等の離婚後の子の生活に必要な法整備が不可欠である。そのうえで「共同監護」制を導入している国々の抱える問題を詳細に調査検討し、解決の目処をつけたうえで、「共同親権」を日本に導入する可能性についての検討をすべきではないであろうか。少なくとも、現時点では、日本で長期にわたり採用されてきた「単独親権」制を原則とする法改正を検討し、このような対応では、子の最善の利益の実現が不可能な場合に、初めて次の対応を検討すべきであろう。

文　献

犬伏由子（2010）「親権・面会交流権の立法課題」家族〈社会と法〉26号

ウォラースタイン, ジュディス／ブレイクスリー, サンドラ著、高橋早苗訳（1997）『セカンドチャンス離婚後の人生』草思社

ウォラースタイン, ジュディス／ルイス, ジュリア／ブレイクスリー, サンドラ著、早野依子訳（2001）『それでも僕らは生きていく——離婚・親の愛を失った25年間の軌跡』PHP研究所

小川富之（1996）「オーストラリアにおける離婚法の改革」『21世紀の民法（小野幸二教授還暦記念論集）』法学書院

小川富之（2011）「婚姻解消と子どもの問題について——単独親権・共同親権の問題を中心に」日本弁護士連合会両性の平等に関する委員会編『離婚と子どもの幸せ——面会交流・養育費を男女共同参画社会の視点から考える』明石書店

小川富之（2013）「親権——各国法の概観(2)オーストラリアの親権法」戸籍時報692号

小川富之（2014）「オーストラリア」床谷文雄・本山敦編『親権法の比較研究』日本評論社

梶村太市（2013）「民法766条改正の今日的意義と面会交流原則的実施論の問題点」戸籍時報692号

梶村太市・長谷川京子編著（2015）『子ども中心の面会交流——こころの発達臨床・裁判実務・法学研究・面会支援の領域から考える』日本加除出版

梶村太市・長谷川京子・渡辺義弘（2015）「子ども中心の面会交流論（原則的実施論批判）」判例時報2260号

許末恵（2013）「民法第766条の位置」戸籍時報705号

許末恵（2013-14）「民法第766条の成立に関する一試論（上）（中）（下）」青法55巻3号、同4号、56巻3号

駒村絢子訳（2011）「オーストラリア2006年家族法制改革評価報告書（要約版）（オーストラリア連邦政府・オーストラリア家族問題研究所、2009年12月）（翻訳）」法学研究84巻3号

水野紀子（2009）「親権法」ジュリスト1384号

棚村政行（2014）「民法766条の改正と意義：民法の視点から」法律時報86巻8号

床谷文雄（2013）「連載・親権——ドイツの親権法」戸籍時報693号

山口亮子（2011）「共同親権・面会交流」戸籍時報673号21頁

Caspiew, R., Gray, M., Weston, R., Moloney, L., Hand, K., Qu, L., & the Family Law Evaluation Team (2009) Evaluation of the 2006 family law reforms, Melbourne: Australian Institute of Family Studies

Fehlberg, B., Smith, B., Maclean, M. & Roberts, C. (2011) "Caring for children after parental separation", Family Policy Briefing 7, Dept of Social Policy and Intervention, University of Oxford

McIntosh, J., Smith, B., Kelaher, M., Wells, Y. & Long, C. (2010) Post-separation Parenting arrangements and developmental outcomes for infants and children. Attorney-General's Department: Canberra

第6章
離婚当事者の非対称性と子の処遇

立石直子

は じ め に

　離婚は人生における大きなライフイベントである。厚生労働省が2015年9月に発表した人口動態統計によると、2014年の離婚率は1.77（人口千対）で離婚件数は22万件を超えている。すなわち、1年に44万人以上の人が離婚を経験するのである。

　現行の民法に定める離婚手続は、夫婦の協議に任せられる領域が大きい。わが国においては協議離婚が採用されているため、離婚の出発点として当事者の協議が先行する。そして後述のように、協議離婚は長きにわたり日本の離婚の約9割を占めている。当事者間で協議が調わない場合に、裁判所における手続の最初のステップとなる離婚調停についても、基本的には「話し合い」である。この調停によって成立する調停離婚は、裁判所の関与する離婚のうち約9割を占めている。すなわち、戦後の法改正から現在に至るまで、協議や調停という形で当事者の自主性を尊重する形の離婚が、日本の離婚の大半を占めてきたのである。このように、当事者の自主的な解決を重視する離婚法制は、離婚当事者である二人が対等に協議できることを前提としている。戦後の民法改正や家事審判法の制定においては、憲法24条に定める夫婦の対等性が確保されるだろうことを前提として、離婚に関する立法が進められた。しかしながら、一方が弱い立場で、つまり非対称な関係の中で手続が進められる離婚事案は現在においても少なくない。

　本書では他の章、節において、離婚後の親権や面会をめぐる紛争に対し、広く学際的な視点から「子ども中心」「子ども視点」に立つ必要性について検討さ

れている。加えて本章では、子どもの両親の非対称性、すなわち、離婚の協議を行ったり、家庭裁判所で離婚後の子の処遇について争う離婚当事者の非対称性の問題に着目したい。当事者の非対称性は、弱い立場にある者の離婚手続における不利益へとつながり、離婚後の状況を苛酷にする。さらに、離婚後の子どもが暮らす家庭の安心や安全は、ともに暮らす親の経済状況や心身の状態に大きく影響を受けると考えるからである。ここでは、特に非対称性が顕著な例として、夫婦間の暴力（DV）の事案を取り上げる。

　非対称な離婚当事者のうち「弱者」性を帯びるのは、女性であることが多い。男女の経済力の格差は、弱者である側の離婚に関する選択を狭め、交渉力にも影響する。とくにDV事案では、暴力による恐怖が離婚協議における被害者の交渉力を弱める。そして、DV被害もまた女性の側に多い。現在のところ、離婚後母が中心となって子を養育することが多いため、離婚後の女性の経済状況や心身の状態は、子どもが育つ環境に直接大きな影響を与えることになる。子どもの生育環境を健全なものにしていくためには、妻であり母である女性の経済的および精神的な安定を確保する必要性が高い。そのためには、労働における女性の地位の向上はもちろんの課題であるが、現実的な問題として、夫婦の経済力に格差のある場合、別居親からの養育費の確実な履行が重要となる。さらに、非対称性が暴力によりもたらされているDV事案では、離婚後の処遇の決定は暴力の子どもへの影響を考慮したものになるよう、特別な配慮を必要とするのである。以下、さらに詳しく述べていく。

1　離婚法における白地規定性

　日本民法では、763条において協議離婚を定めている。2014年次の人口動態統計によると、日本の離婚のうち協議離婚の占める割合は約87.4％である。このように協議離婚による離婚が日本の離婚全体の約9割を占める状況は、1960年頃から変わっていない。

　日本の民法下では、協議離婚が離婚手続のスタートラインにある。協議離婚は、司法機関が関与しないため夫婦のプライバシーが守れるうえに、安価で簡便な手続で済むという利点がある。その一方で、夫婦が自由に話し合いを行え

80　第Ⅱ部　日本の子どもと家族法

る対等な関係であることを前提とするため、離婚に伴う夫婦財産の清算、子の処遇についての取決めなど、離婚に関わる全ての決定が当事者二人の協議に任される。その結果、法的な知識や情報力の格差から一方に不利な財産分与が行われたり、面会や養育費などの離婚後の子どもをめぐる合意事項について、その交渉が対等に行われず、取決め自体がなされないことも少なくない。厚生労働省が発表した平成23年度全国母子世帯等調査をみても、母子世帯の養育費の取決め状況は、協議離婚では30.1％（裁判所が関わる離婚では74.8％）となっている。面会の取決め状況についても、協議離婚では18.4％（同48.2％）にすぎない。父子世帯では、それぞれ14.9％、14.1％とさらに低い。

　このように現行民法では、夫婦の権利義務が実効性の伴わない形で定められている状況があり、その傾向は離婚法において特に顕著である。例えば、そもそも、当事者の離婚意思を確認することは予定されていない。実際、行政機関への離婚届等不受理申出は年間２万件を超えて提出されており、離婚に関するものが多い。つまり、合意のないままに離婚届が提出されることを危惧する人の存在を示している。離婚法におけるこのような特徴については、家族法の白地規定性と言われ、とりわけ当事者のうち経済的弱者の側に苛酷な結果をもたらすことが指摘されている［水野 1998、水野 2008ほか］。たとえ離婚手続が対等な協議のもとで進められたとしても、離婚後にもたらされる経済的な問題は、妻側、すなわち母親の側に重くのし掛かることが多いのである。

2　離婚当事者とは誰か

　ここでDV事案について考えたい。DV事案では、離婚当事者が「被害者と加害者」の関係にある。被害者は度重なる暴力被害により、物事を決断する力や交渉力を削がれている場合が少なくない。そこに「協議」や「交渉」という要素が持ち込まれるとき、離婚を求める立場にあることが多い被害配偶者は「離婚に漕ぎつけること」自体が目標となり、離婚に関する様々な条件について譲

1）　戸籍統計によると、平成26年度28,426件、平成25年度25,447件、平成24年度24,187年となっている。平成19年度までは４万件を超えていたが、平成20年５月１日の改正戸籍法施行により「最長６ヶ月」という期間が撤廃されたため、件数自体は減少している。

歩したり、夫婦財産の清算や離婚後の子に関する取決め、とりわけ親権や養育費、面会交流といった子の生活に影響を与える事柄についての協議が対等に行われにくい。しかしながら、協議離婚についての実態が統計的に把握されていない以上、日本の離婚の大部分を占める協議離婚については、実証的な研究が行えない。したがって、DVのある夫婦の離婚では、暴力の問題がない夫婦よりも、対等な協議による離婚が成立しにくい構造にあることを指摘するに留めざるをえない。

一方、家庭裁判所が関与する離婚事件の約4分の1にDVがあることは統計上明らかである。DVは、家庭裁判所の関与する離婚の原因として大きな位置を占めるのである。平成26年度の司法統計によると、妻側の離婚調停の申立動機は「暴力を振るう」が2番目に多く、この傾向は長く変化がない。[2] 婚姻関係事件数の申立ての動機を確認すると、申立人が妻である事案の総数47,529件のうち「暴力を振るう」を動機とする申立ては11,032件である。つまり、家庭裁判所に離婚調停を申し立てる妻の23.2%が、DVを申立ての動機の一つとして選択している。厳密には、選択肢にある「精神的に虐待する」「生活費を渡さない」などについてもDVの一種であると考えられる。これらを含めると、DVを動機とする申立ての割合はさらに高くなる。夫婦の対等性が担保された離婚手続の在り方や支援を考えるとき、DV事案の存在は無視できないのである。以上の数字は家庭裁判所を通じた離婚についてであるが、協議離婚を含んだ離婚経験者への調査として、2010年にNPOが行った調査がある。200を超えるアンケートへの回答のなかで、離婚・別居の理由としてDVを挙げる人は多かった［NPO法人しんぐるまざあず・ふぉーらむ他 2010］。

筆者は、離婚手続におけるDV被害者の「弱者」性を捉え、研究を重ねてきた。DV被害者は離婚手続における弱者であるといえる。なぜなら、DV被害者は、身体的・精神的な被害の延長線上で離婚手続をしなければならないことが多く、さらに、その被害は長期間に及ぶ。また、DVによる精神的な被害は、災害や犯罪による一過性の被害に比べ、長期化する傾向があると認識されてい

---

2)　この申立動機は複数回答できるが、「性格が合わない」は、「異性関係」「暴力」など他の具体的な離婚原因と併せて選択することが多いと想定される。したがって「暴力を振るう」は離婚調停の申立動機としてかなりの割合を占めると言えそうである。

82　第Ⅱ部　日本の子どもと家族法

る［吉浜・釜野 2007、澤田 2006］。離婚を決断したDV被害者は、経済的な問題
を抱えながら、加害者と対峙して離婚手続を進めなければならない。精神的に
不安定な状態の母にとって、養育費の交渉、加害者である子の父親との面会の
調整や子の受け渡しには、多くの苦痛が伴うのである。このような状況がもた
らす子どもの養育環境への影響は甚大である。

3　DVの子どもへの影響

　内閣府の行った平成17年度「男女間における暴力に関する調査」では、パー
トナーから暴力を受けた際、その暴力を「子どもは目撃していた」、「子どもは
目撃していないが、音や声、様子から知っていた」と答えた人は、被害者のお
よそ３人に１人にのぼる。また、平成26年度調査では、配偶者から被害を受け
たことがあり、子どもがいる人（472人）に、子どもが配偶者から被害を受けた
ことがあるかを聞いた項目では、27.3％が被害が「あった」と答えている。

　これらの数字は他国でも共通であり、アメリカにおける調査でも、女性が
夫・パートナーからの暴力を受けている場合、その子どもも暴力を受けている
割合は30〜70％とされている［吉浜・釜野 2007, Edleson 1999］。近年のBrinigら
の報告でも、パートナー間の暴力が子どもの虐待との関連があることを示す研
究を多く紹介している［Brinig & Frederick 2014］。さらに、親の暴力を目撃する
ことが、子どもの情緒面や行動面の困難と関連していることが、様々な実証研
究を通じて確認されている。日本のDVと女性の健康について調査したWHO
国際調査・日本調査結果報告書でも、心理的暴力に加え、身体的・性的暴力を
受けた女性とともに暮らす子どもの行動・情緒・学習面での困難について、暴
力の被害のない環境で育つ子どもとの比較において、統計的に有意差が確認さ
れている［吉浜・釜野 2007］。その傾向は「夢でうなされる」、「指をしゃぶる」、
「おねしょをする」、「母親や他の子どもに対して攻撃的」、「病気がち」といっ
た項目において顕著である。このように、配偶者による暴力は、子どもの養育
環境に大きな影響を与えている。なお、厚生労働省雇用均等・児童家庭局によ

る「子ども虐待対応の手引き」(平成25年8月改訂版)[3]では、13章「特別な視点が必要な事例への対応」の一つとして、「DVが子どもに与える心理的影響」が示されている。そこでは、配偶者間に暴力のある家庭で育つ子どもの問題を以下のように捉えている。[4]

① 生活の中で繰り返されるトラウマの影響　子どもにとってDVは、本来は安全・安心に過ごせて発達を保証されるべき家庭で、一方的な暴力が繰り返される状況である。生活の中で繰り返されるトラウマは、一回の大きなトラウマと比べて、発達への影響も強いものになると考えられている。空想の世界への心理的逃避、何ごともなかったようなふるまい、激しい怒りの噴出、などの反応が多く、これらがその後の発達・生活に大きく影響する。
② 安全感の喪失　DV家庭では、つねに緊張を強いられ、身構えた中で生きることを要求されるため、子どもに安全感・安心感が育たない。また、子どもは安全な中で育つことで、周囲の他者を信頼するようになるが、それが得られない。
③ いつ崩れるか分からない不安　DV家庭では、穏やかな時間の中で突然、父の暴力が始まることが少なくない。このため、子どもは、楽しいときがいつ崩れるかわからない不安を持ち、楽しいことも楽しめない。
④ 罪悪感・無力感　子ども時代は自分を中心に周囲を認識するため、自分がDVの原因だと思ったり、母を守れない自分を責め、無力感を感じる。このような罪悪感・無力感が自己評価の低下につながり、自信がもてなくなりがちである。
⑤ 暴力での解決モデル　家庭内で、最終的な決着が強者から弱者への暴力でもたらされることをつねに目撃している子どもが、問題解決は暴力でなされると認識するのは不思議でない。
⑥ 権力支配のモデルと保身　DV家庭では強者が弱者を支配する構図が続くため、それが自然なことだと子どもは認識する。子どもは自分の身を守るために父の側に立つこともある。「弱いこと」を「悪いこと」と同一視し、弱い存在である母に怒りを向けることもある。

　このように、子どもが暮らす家庭における暴力は、子どもに様々な影響を与える。家裁が扱う離婚事件のなかでDV事案が大きな位置を占める以上、離婚

---

3) 厚生労働省雇用均等・児童家庭局 http://www.mhlw.go.jp/seisakunitsuite/bunya/kodomo/kodomo_kosodate/dv/130823-01.html参照。平成17年改訂で、配偶者間に暴力のある家庭への支援について追加された。
4) この内容は、石井朝子「DV被害者の支援に関するガイドライン作成に関する研究」平成19年度厚生労働科学研究費補助金採択課題研究報告書による。

後の子の処遇を決定する過程において、DVがもたらした子どもへの影響を無視することはできない。

4　離婚後の子の処遇をめぐり留意すべき点
——面会の問題を中心に

　2011年の民法766条の改正を機に、近時、別居中あるいは離婚後の別居親と子どもの面会に注目が集まっている。裁判所においても面会交流の事件が急増し、「原則認容説への変化」がみられる［若林 2012］。家庭裁判所の婚姻関係事件の申立ては、7割以上が妻からの申立てである。上述のように配偶者が「暴力を振るう」を動機とする事案が妻側の申立ての4分の1を占める状況などを考えると、加害者である父と子の面会について裁判所で争われる事案は少なくないと想像される。諸外国においても、DV事案における面会の問題については多くの議論がある。

　面会交流が認められる判断要素として、親としての適格性、子ども自身の意向や心身の状況、父母の意向や葛藤の程度、新しい家庭環境への適応などが挙げられる［二宮・榊原 2015］。これに加えて配偶者への暴力の主張があるなかで面会が検討されるDV事案では、上述した家庭における暴力が子どもに与える悪影響が何より留意されるべきである。これについては既に多くの研究があり、子どもへの直接的な暴力が認められない場合でも、DVの目撃による悪影響が明らかにされている。公表事例では、DV防止法上の保護命令が発令されているケースで、面会が認められたり、加害者を親権者とした事例は見られないが、実際には、暴力の主張があるケースでも面会は認められているようである［長谷川 2015］。そもそも、保護命令の発令をもって「DV事案である」というスクリーニングを働かせることには無理がある。DV被害者のすべてが保護命令の手続を行うわけではなく、生命の危険があるようなケースでは、保護命令の申立てを行うこと自体、抑制的にならざるを得ないからである。

　それでは、家庭における暴力がもたらす子どもへの悪影響の事実を、離婚後の子の処遇を争う場面で、どのように反映することができるのだろうか。確かに、暴力の子どもへの悪影響を示す研究は、暴力のある環境から子を救出する理論にはなり得るだろう。しかし、加害者である親により子どもとのこれから

の関わりが求められている場面において、これまでの暴力の悪影響を主張しても、説得力は限定的となろう。配偶者間にDVの事実があっても、子どもに直接的な暴力が振るわれていないケースでは尚更である。つまり、これまで子が暮らす家庭において暴力があった場合、それが将来にわたって悪影響を及ぼすことを証明する必要があるのである。この問題を考える際、第3章の友田明美氏による研究が大いに参考になる。友田氏の研究では、DVに曝された子どもの神経認知機能への悪影響が、長期に及ぶことを示している（第3章参照）。

お わ り に

　以上を踏まえ、次のような点を確認しておきたい。①家裁に持ち込まれる離婚事案のうち、DVケースは例外的ではないということ。②暴力があったのは夫婦間のみであっても、家庭におけるDVがもたらした子どもへの影響は大きく、それは父母の離婚後も継続するものであること。③家裁では、配偶者からの暴力の主張があるケースでも、面会は認められているということ。DVは家庭という密室で起こっているため、暴力を立証するハードルが高い。まして、加害者は暴力を過小評価する特性があり「暴力を振るった」という認識が乏しいため、被害者の主張はいっそう通りにくいのである［長谷川 2015、梶村・長谷川2015（とくに可児康則、秀嶋ゆかり論稿参照）］。

　さらに、日本は協議離婚が圧倒的な割合を占めるという独特の法文化を持つ。したがって、家庭裁判所にかかる事案は、当事者の紛争性が高いケースや、夫婦間の非対称性ゆえに弱者の側から協議を切り出せない、あるいは公正な離婚協議ができないために、家庭裁判所に救済を求める事案であるといえる。それを前提として、離婚後の子の処遇にかかる紛争が検討されなくてはならない。非対称性をかかえる離婚当事者に対し、離婚手続における弱者の側を支える社会的基盤は、現在のところ不十分である。

　以上のような点から、昨今の家裁実務において離婚後面会の「原則認容」の方向性があるとすれば、疑問を持たざるを得ない。とりわけ暴力の主張がある事案では、それは「例外」を立証する立場にある被害者の負担を大きくし、その間の子どもの養育環境にも影響を与える。また、DV事案に限らず、子ども

の育みは、婚姻中から夫婦のもとで行われてきた継続的なものである。別居の段階あるいは離婚時がスタートではない。婚姻中の子どもとの関わりの度合いや質についても、面会や親権の問題を検討する際の判断要素として優先順位の高い事項であるべきだと考える。

参考文献

NPO法人しんぐるまざあず・ふぉーらむ／NPO全国女性シェルターネット（2010）「離婚後の子どもの『共同親権』を考える——面会交流・養育費・共同親権制度についてのアンケート報告」

梶村太市・長谷川京子編（2015）『子ども中心の面会交流——こころの発達臨床・裁判実務・法学研究・面会支援の領域から考える』日本加除出版

澤田いずみ研究代表（2006）「夫婦間暴力における夫と離別した女性の健康状態と暴力の長期的影響に関する研究」（科研費研究課題番号15592321成果報告書）

立石直子（2013）「ドメスティック・バイオレンス事例への対応」法律時報85巻4号、59頁以下

立石直子（2014）「DVを原因とする離婚の問題に関する一考察」法律時報86巻9号、78頁以下

棚村政行（2011）「葛藤の高い面会交流事件の調整技法」棚村政行・小川富之編集代表『家族法の理論と実務』（中川淳先生傘寿記念論集）日本加除出版、367頁以下

二宮周平・渡辺惺之編著（2014）『離婚紛争の合意による解決と子の意思の尊重』日本加除出版

二宮周平・榊原富士子（2015）『離婚判例ガイド〔第3版〕』有斐閣

長谷川京子（2015）「面会交流原則実施により、DV虐待の被害親子に起こること」戸籍時報733号、16頁以下

水野紀子（1998）「比較法的にみた現在の日本民法 ——家族法」広中俊雄・星野英一編『民法典の百年Ⅰ』有斐閣、651頁以下

水野紀子（2008）「家族法の弱者保護機能について」太田知行ほか編『民事法学への挑戦と新たな構築』（鈴木禄弥先生追悼論集）創文社、651頁以下

吉浜美恵子・釜野さおり編著（2007）『女性の健康とドメスティック・バイオレンス——WHO国際調査／日本調査結果報告書』新水社

若林昌子（2012）「面会交流事件裁判例の動向と課題——父母の共同養育責任と面会交流の権利性の視座から」法律論叢85巻2＝3号、387頁以下

Brinig, M., Drozd, L., & Frederick, L. (2014) Perspectives on joint custody presumptions as applied to domestic violence cases. *Family Court Review*, 52, 271-281.

Edleson, J. L. (1999) The overlap between child maltreatment and woman battering. *Violence Against Women*, 5, 134-154.

第7章
離婚後の親子
司法実務の動向

吉田容子

はじめに

　家庭裁判所に係属する事件は年々増加し、なかでも「子の監護に関する処分事件」と「婚姻費用分担事件」の増加が著しい。特に、子の監護をめぐる紛争は、ここ数年、離婚紛争の中心となっている。子の監護者指定、子の引き渡し、面会交流などについて、審判例や家裁調査官・裁判官などの論考が次々と公刊され、新しいルールが出来つつあるように見える。強制執行についても判決例が公刊され、審判の実効性が強められようとしている [小島 2013：16]。

　しかし、これらの動きの中で、「子の利益」が本当に守られているのであろうか。裁判所は「子の利益」をどのように扱っているのだろうか。

　司法＝裁判所が「子の利益」についての見解を示すのは、具体的な紛争が生じ、かつ、その紛争を当事者間では解決できない場合に限られる。具体的な紛争が生じたときも、当事者間で解決できる場合には、その紛争がわざわざ裁判所に持ち込まれることはない。したがって、裁判所に持ち込まれる紛争の多くは、もともと深刻で難しい要素をはらんでいる。子をめぐる紛争は、とりわけ深刻で、難しい。「理想的なあるべき親子関係」というものが仮にあるとしても、そのような理想的関係にある事案が裁判所に持ち込まれることはなく、実際に裁判所に持ち込まれるのは、「理想的なあるべき親子関係」とは大きく異なる事案が大半である。そのような事案に対し、理想像を前提にする解決を押し付けるとすれば、弱者をますます追い詰め、子の利益に反する事態を招来しかねない。

　一方、子に対する親の責任として第一に位置づけられるべき婚姻費用や養育

88　第Ⅱ部　日本の子どもと家族法

費の支払いについては、それが子の生存を保障すべき生活保持義務であるにも
かかわらず、金額・履行率ともに非常に低く、しかもそのことが大きな問題と
されることはない（第9章では養育費についても刺激的な指摘がなされている）。

　いずれも、「子の利益」を最優先の基準とすべき課題であるのに、何故、こ
のような差が生じているのか。

　以上の問題意識を前提に、本章では、子の監護に関する紛争のうち「監護者
指定」と「子連れ別居」の問題をとりあげ、実務上、子の利益が如何に守られ
ているのか、あるいは守られていないのかについて検討する（面会交流について
は第8章参照）。

1　親権と監護権

1　「親権」とは何か

　民法上、子に対する親の地位は、いまだ「親権」という用語で表現されている。
　もっとも、学説上、親は子の養育および発達を支援する責任と義務を負って
おり、親の権利性は親が子に対し負担するこの責任と義務を遂行するのに必要
な限りで認められるのであって、他人から不必要に干渉されない法的地位であ
るとの考え方［二宮 2013：208ほか］が主流となっている。端的に、親権は義務
であり、民法820条の「権利」は権限の意味に解すべきだ、とする有力説もある
［米倉 1992：361以下］。また、「親権は権利でもあるし義務でもある」との説明に
対しては、「義務といっても財産法的な意味で不履行に対して履行の強制が可
能な義務ではないし、権利という概念はなじみにくい面がある。むしろ社会的
責務とでもいうべきものである」との指摘もある［内田 2004：211］。

　家庭裁判所が「親権」概念をどのように捉えているのかは、必ずしも明らか
ではない。子への虐待、両親の離婚時における子をめぐる紛争など、具体的事
件が裁判所に提起され、当該事件に対する判断が示される際に、審理中の発言
や審判書の記載の中に、担当裁判官の「親権」概念が垣間見られる程度である。
秋武元判事は、親権とは親が未成年の子どもを一人前の社会人に育成する職務
上の役目であり、子どもに対する監護教育の権利義務と子どもの財産上の管理
処分の権利義務の二つに分けられ、権利というより義務という面が強いとして

いるが［秋武 2011：109］、このような理解が家裁では一般的なものと思われる。

いずれにしても、学説上および実務上、親権が親の子に対する支配権ではないこと、仮に権利としての側面があるとしても義務の側面を強調すべきことは、争いがない。

もっとも、誰の誰に対するどのような内容の権利であり義務であるのか、その権利義務の根拠は何か、などは必ずしも明らかでない。とりわけ親の「権利」とされるものについては、仮にこれが「民法上の親は子に対する権利を持つ」という意味であるとすると、何故そのような権利があるのか、謎というほかない。

2　親権者・監護者指定の際の考慮要素

父母の離婚後、または非婚の場合、父母の一方が単独親権者となる（民819条1項・2項・4項）。単独親権制が採用された理由は、離婚したカップル又は非婚のカップルが、子の監護教育等について義務と責任を自覚し共同で対処決定していくことは、一般に不可能ないし困難である、と考えられたからである［田中（注釈民法）2004：36］。

それでは、実務では、離婚の際などに、どのような事情を考慮して、親権者あるいは監護者を決定しているのであろうか。子の養育および発達の観点からは、「親権」の内容とされるもののうち、「監護」部分が特に重要である。そして、親権者と監護者の分属は例外であるというのが実務の立場であり（後述）、監護者指定の際の考慮要素は、原則としてそのまま親権者指定の際の考慮要素となる。実際には、まず、いずれが監護者として適格であるかを判断し、その者に親権を帰属させるのが普通である。

その際、「子の利益」が最優先の考慮要素であることは争いがないが、より具体的には以下の各事項を総合考慮して決定されている［松本 2011：36、小島 2013：198、二宮 2013：111、榊原・打越 2014：400など参照］。

①出生から別居時までの主たる監護者・監護の実績、監護の継続性

②子の年齢、子の意思、父母との情緒的な結びつき

③監護能力、監護態勢（経済力、居住条件・居住環境、心身の健康・性格、監護補助者の有無・態勢など）

④監護開始における違法性の有無

⑤面会交流の許容性、兄弟姉妹不分離、異性との交際・DVなど（監護態勢・監護能力に影響を与える場合は③の要素となる）

　家庭裁判所がどの項目に重点を置いているとみるかは、論者により若干異なる。しかし、子が概ね10歳以上の場合は②「子の意思」が重視され、子が就学前の場合は①「主たる監護者・監護の実績、監護の継続性」が重視され、子が6歳〜10歳の間はケースバイケースであり、いずれについても④と⑤はあまり考慮されない、と言ってよいと思われる［小島2013：198参照］。

　日本では、離婚後に母が全児の親権者となる割合が8割を超えており（厚生労働省人口動態統計）、離婚後の共同親権を認める国でも、実際の監護者は母である割合が8割を超えている［進藤ほか2012：5］。これは、決して「母親優先」のためではなく（そのような原則は存在しない）、「子の意思」や「主たる監護親、監護の実績、監護の継続性」が重視された結果である。

3　親権と監護権の分属

　「親権者と非親権者の協力が可能であり、それが望ましい場合」には親権と監護権を両親に分属させるのが適切な場合もあるとの見解もあるが［二宮2013：115］、実務では、親権と監護権を分属させることはほとんどない。子の養育および発達を支援する責任と義務の履行においては、現実の監護教育（養育）こそが重要であり、親権の残りの部分（子の財産管理、子の代理）も、子の養育者（監護者）にその行使の責任と権限を認めることが「子の利益」に合致すると考えられるからである。分属させた場合には、日常的に子の養育に関与しない親（親権者）が財産管理・代理について権限を有することになるが、このような事態はときに「子の利益」に反することがあり、子の利益の視点に立てば、このような問題を含んだまま分属させるメリットはない。

　もっとも、例外的に、親権者とは別に監護者を定めて調停を成立させることはある（例えば、母が今後も子と同居して養育することを前提に、母を監護者、父を親権者と定める）。これは、多くの場合、父が「親権」というタイトルにこだわって離婚に応じないため、早期に離婚を成立させて母子に安定した生活を確保させるために、やむなく分属させるものであって、後日、母が親権者変更を申し立てれば、特別の事情がない限り、申立てが認められる可能性が高い。

2 子連れ別居

1 子連れ別居

　婚姻関係が破綻し離婚をする場合には、妻又は夫が従来の婚姻住居を出て別居するのが普通である。稀に同居のまま協議離婚を成立させることはあるが、これは例外であり、大多数は離婚の前に別居する。同居したまま、円満ではない離婚協議を続けたり、離婚調停や離婚訴訟を遂行することは、心理的にも身体的にも双方（特に弱者）に困難を強いることになるし、紛争を泥沼化させ、DVがあればこれを一層激化させる危険が大きい。これらを避けるため、離婚前の別居はむしろ当然のことと言ってよい。

　未成年の子がいる場合でも、別居が普通である。妻が子を連れて実家等に転居する場合が多いが、妻が単身転居し、夫が子の監護を両親等に委ねる場合もある。その後、夫が妻の実家等から子を連れ出す、妻が夫の両親等の下から子を連れ出すなどの事態が生じる場合もある。そのため、子連れ別居はそれ自体が問題であり、抑制すべきであるとの主張もある。

　しかし、両親が離婚を巡って争っている環境に子を置き続けることは、子の心身に相当の負担を強いることになるので、なるべく早期に安全かつ安定した環境を子に提供する必要がある。そして、両親が同居を解消する以上、いずれかの親との別居はやむを得ない。その際、主たる監護親が別居に際し子と同行できないとなれば、子の監護に重大な問題が生じるおそれがあり、主たる監護親と同行し引き続きその監護を受けることは子の利益である。また、子への虐待（DVへの曝露も含む）がある場合には、虐待親の下から早期に子を引き離し保護するのは他方親の責任であり、虐待の環境から逃れることは子の大きな利益である。したがって主たる監護親による子連れ別居は、その経緯が監護者指定や子の引き渡し事件の審理における考慮事由の一つとなることはあるとしても、子連れ別居だけをとりたてて問題とするのは相当でない。（なお、従前、子の養育は母の責任であって母が子を置いて単身別居することは責任放棄であるとする考え方のもとに、母による子連れ別居はたとえ父の同意がなくても違法ではないとされてきた、との指摘がある。この考え方が性別役割分業（強制）を肯定するものであれば賛

92　第Ⅱ部　日本の子どもと家族法

成できないが、従前より主として母が監護責任を担ってきた（主たる監護者であった）という事実を指摘するものとしては正しい。）

2　子連れ別居違法論への疑問

ところが、近時、子連れ別居は「違法な連れ去り」であるとの主張が一部にみられる。しかし、この主張には、以下のとおり、疑問がある。

(1)　「違法」と主張する以上はその根拠と判断基準が示される必要があるが、これが明確ではない。

自己が「親権者」であることを理由に他方親による子連れ別居を「違法」と断ずる主張については、「親権」の実質が子の養育・発達を支援する親の責任と義務である以上、「親権者」であることを理由に自らの利益を追求することは許されない。親の権利性を認める立場に立っても、それは親の責任と義務を果たす限りで認められる。他人から不必要に干渉されない法的地位にすぎないのであるから（前述）、同様の批判があてはまる。また、仮に、別居親（残された側の親）が子との同居を望む場合に、そのことが別居親の（「親権」とは別の）何らかの法的利益と構成され得る場合があるとしても、そのような利益を「子の利益」に優先させるべき理由もない。

仮に子連れ別居が「違法」と判断される場合があるとしたら、その判断基準は「子の利益」に反するか否かであり、この点をまず明確にしておく必要がある。

(2)　そして、重要なことは、「子の利益」に反するかどうかの判断は、移動（別居）の一事を切り取ってなされるべきではない、ということである。子の利益は、過去の監護状況や親子の関係、現在並びに将来の監護状況や親子の関係など、様々な事情を具体的総合的に考慮しなければ判断できないものだからである。そこでの判断基準は、結局、前述の監護者指定・親権者指定の基準と一致することになる。

そもそも「子連れ別居」は、それ以前の夫婦の関係・親子の関係の、一つの結果である。何もないところから別居は生じない。「別居」という一事を、それ以前・それ以後の生活実態（監護実態）から切り離して問題とすることは、判断の枠組みとして間違いである。そして、子連れ別居に至る事情や態様は様々であり、別居後の生活状況も様々である。個別具体的な「一人ひとりの子の利益」は、個別具体的な様々な事情を総合考慮した後に初めて判断できるもので

あり、「子連れ別居」の場合も同様である。

　これまで、実務は、「子連れ別居」それ自体を問題にするのではなく、別居に至るまでの監護状況、別居の理由、別居後の監護状況などを個別具体的に検討し、子の利益の立場から適切な監護の在り方を検討し、決定してきた。適切な判断枠組みである。

　(3)　「子の利益」が基準であるとしても、なお様々な主張がある。

　例えば、子連れ別居の結果、子の住居や通園先・通学先等が変わることを強調し、それ故に子の利益が害されるのだ、という主張がある。しかし、年齢にもよるが、子の最も重要な生活環境は、住居や通園・通学先ではなく、誰のいかなる監護を受けるかである場合が多い。また、子の生活環境の変化は、出生以来の成育歴全体の中で考慮されるべきものであって、子の年齢や子が置かれている環境、その変化による子への影響の度合い等が具体的総合的に検討される必要があり、特に子が幼少の場合は主たる監護者との精神的つながりを継続することが重視される［中山 2002：182］。このような具体的総合的な検討をすることなく、生活環境の一部だけを切り取って強調する主張には、疑問がある。親の転勤に伴って子が自らの意思に関わりなく転居・転園・転学等を余儀なくされることは少なくないが、これが特段問題にされていないのは、このような物的環境の変化が子に何らかの影響を与えることがあるとしても、それを十分にカバーできる人的環境（主たる監護者による監護の継続）があるからである。物的環境の変化をことさらに強調する主張は説得力を欠く。

　また、一方親による子連れ別居により他方親と「引き離される」こと自体が子の利益に反するのだ、という主張もある。しかし、親子の関係は様々であり、子の意思も様々である（他方親との別居を希望し喜ぶ子もいる）。他方親との別居が「その子」の利益に反するかどうかは、出生時から現在までの監護の具体的状況、実績、継続性、子の年齢、意思、父母との情緒的な結びつき等を具体的総合的に検討し判断されるべきものであって、他方親との別居が「その子」の利益に反すると一概に言うことはできない。しかも、子連れ別居違法論を唱える論者の多くは、親の一方が子を置いて単身出ていくことを取り立てて問題としていないようであるが、これは専ら親の立場（子の立場ではなく）から論じているためと考えられ、仮に子の立場から論じているとしたらその論理の整合性

に疑問がある。（なお、「引き離される」という言葉は強い非難を含意するが、子の立場から非難すべき事態であったか否かは、個別具体的総合的な検討の後に判明することであって、初めからこのような語を用いるのは適切ではない。）

　そもそも子の監護は、本来、権利義務や違法適法などの概念で論ずべきものではなく、子の利益の実現のためには何が必要か適切かという実質的判断であることを、再度、確認する必要がある（前掲内田の指摘参照）。

　(4)　いわゆるハーグ条約（国際的な子の奪取の民事上の側面に関する条約）の締結を理由に、子連れ別居の違法性が明確になったとの主張がある。しかし、同条約は国境を越える子の移動だけを対象とし、その場合の国際裁判管轄を決定することが目的であるから、同条約と国内事案とを結びつけることには無理がある。同条約の締結に際し民法等の国内法の改正は不要である、というのが政府見解である。

3　家庭裁判所は子連れ別居をどのように扱っているか

　(1)　まず、親のいずれもが何らの法的手続もとらなければ、裁判所は何もしない。申立てがないのだから当然とも言えるが、大多数の子連れ別居は主たる監護親が行っているのであるから、そもそも子の利益が害されるおそれのある事案は少ないともいえる。

　(2)　とはいえ、親の一方又は双方が法的手続をとることはある。その方法として、かつては、別居中の夫婦間での子の奪い合い紛争についても、地方裁判所における人身保護請求手続が利用されていた。しかし、最高裁は、共同親権者の一方による監護は、親権に基づくものとして、特段の事情のない限り適法であり、請求が認められるためには、拘束者による監護が「子の幸福に反することが明白であることを要する」として、拘束の違法性を認めた原判決を破棄し、原審に差し戻した（最判平成5・10・19判時1447号21頁）。さらに最高裁は、拘束者による監護が「子の幸福に反することが明白である場合」について、「拘束者に対し、家事審判規則52条の2または53条に基づく幼児引渡しを命ずる仮処分または審判が出され、その親権行使が実質上制限されているのに従わない場合」または「幼児にとって請求者の監護のもとでは安定した生活を送ることができるのに、拘束者の監護のもとでは著しく健康が損なわれたり、満足な義

務教育が受けられないなど、幼児に対する処遇が親権行使という観点からみても容認することができないような例外的な場合」などに限られるとして、9歳と7歳の女児につき母からの人身保護請求を認容した原判決を破棄し、原審に差し戻した（最判平成6・4・26民集48巻3号992頁）。

　したがって、現在、別居中の父母間では、いずれか一方が監護者に指定されている場合や子の引き渡しの仮処分が発令されている場合などを除いて、人身保護請求は利用されていない。

　現在利用されている手続は、①監護者指定の請求およびその仮処分、②子の引渡し請求およびその仮処分である（民法766条1項・2項、家事事件手続法別表第2第3項の類推適用）。子連れ別居をした親からは①が申し立てられ、残された親からは①および②が申し立てられることが多い。いずれの事件も家庭裁判所に係属する。

　父母が紛争状態にあるときは、子の利益に適う安心で安定した監護状況を整えることが緊急の課題であるから、申立てが必要な場合には迅速にこれを行うことが望ましく、家庭裁判所も、調査官の関与を得て、迅速な審理・判断を行っている。その判断基準は、監護者指定の基準と同様であると思われるが、ここ数年、変化がみられるとの指摘もあり［小島 2013：25］、次節で検討する。

　(3)　なお、監護者指定・子の引き渡し事件につき言及した家裁調査官の論文がいくつかある。例えば中澤は、子の監護者の指定・子の引き渡し事件と並行して夫婦関係調整（離婚）調停事件が係属していた3事件を素材として、調査官の事件関与と事実の調査の在り方について論文を書いている。その中で、「事実の調査の在り方」について、別居前の父母による監護実績やその内容は、父母双方の監護能力や子に対する養育姿勢を裏付ける有力な事実の一つとなるため、父母のどちらが子の監護者としてふさわしいかを判断するにあたって、別居前の父母による監護実績を把握しておくことが極めて重要であることを指摘し、検討事例の中には調査官が子の監護の現状の問題点の把握に重点を置きすぎて別居前の父母の監護の実績の調査が手薄になっているものが認められたとしている。また、子の別居親に対する感情や態度、別居親との関係を的確に評価する方法の一つとして、裁判所において親子の交流場面を設定し、調査官がこれを観察することが有効であるとしつつ、観察には主観が混じりやすいことから、共同調査を行うなどして、複数の調査官の目でできる限り客観的な観

察を心がける必要があること、親子関係の評価・解釈にあたっては、その妥当性や信頼性を担保するため、交流場面の観察から得られた事実だけでなく、それ以外の調査から得られた事実を総合して評価・解釈を行う必要があるとしている［中澤ほか 2009：35］。

3 監護者指定と子の引き渡し——裁判所の判断基準

　松本元裁判官は、別居中の夫婦の間で子の監護者指定・子の引き渡しが争われた事件について、多数の審判例（未公刊例を含む）をあげて分析をしている［松本 2011：2］。小島も、松本論文に依拠しつつ、近時の裁判例の動向を概観している［小島 2013：202］。また、両論文の公表例以降にも注目すべき裁判例がある。これらをもとに裁判所の動向を概観してみる。

1 主たる監護者

　(1)　主たる監護者とは「子の精神的かつ身体的なニーズを満たす存在としての適格性を備えたもの」を指す。特に、乳児期の哺乳や幼児期のこまごまとした身上監護を基盤とした子と養育者との愛着関係や心理的絆が、子の健全な成長・発達のために必要不可欠であることは疑いがなく、このニーズを満たす者が「主たる監護者」である（母や女性に限られない）。一般には、より長時間、子と接触してきた者が主たる監護者と考えられるが、「要は、子の健全な成長・発達のために、その情緒的な交流や精神的なつながり等をどのように評価するかということであるから、どちらが主たる監護者かというall or nothingの判断ではなく、子の福祉の観点から監護実績を実質的に検討したうえで、考慮の対象とすべきであろう。監護実績の評価については、子との接触時間の長短や、家事の分担の多寡等の量的側面だけでなく、監護の内容や子との関わり方等の質的側面についても考慮しなければならない。」［松本 2011：6］。

　そのうえで、「子の監護者を決定するについては、双方の親の過去の監護状況、監護態勢・監護環境、子の親和性・子の意向等の個別事情を総合的に比較検討して、どちらの親が監護するのが子の福祉に適するかという観点から判断するのが実務の大勢」であり［松本 2011：3］、より具体的には「主たる監護者で

あった者による従来の監護に問題がなく、その監護能力や監護態勢等に問題がなければ、今後の監護は主たる監護者であった者に委ねるのを基本的な姿勢とし、主たる監護者であった者以外の者を監護者とした事例では、その他に重視すべき事情が存在するものであったといえる。」[松本 2011：52]。

監護環境の継続性を考慮要素とすることについては、子の奪い合いを助長したり、その結果を追認しかねない等と批判されることがある。しかし、これは現在の監護者による監護開始時点を起点として論ずる批判であり、誤解である。監護環境の変化について、実務では、「出生以来の成育歴全体の中で考慮すべきで、特に子が幼少の場合は、主たる監護者に戻すための環境変化を避けることより、主たる監護者との精神的つながりを継続することが重視され」[中山 2002：182]、同時に、生活環境の変化が子の生活や精神の安定に影響を与えることは否定できないから、子の年齢や子が置かれている環境、その変化による子への影響の度合い等も、具体的に検討されている（例えば、子の年齢が高くなるにつれて、子自身の交友関係の継続などの重要性が増してくる）。

(2) もっとも、「その他に重視すべき事情が存在するため」主たる監護者であった者以外の者が監護者とされた事例については、これを是認できる事例もあるが、疑問のある事例もある。

ア．監　護　態　勢

監護者指定の判断に際して、監護態勢の優劣も考慮される。具体的には、経済力、居住条件・居住環境、心身の健康・性格、子に対する愛情・監護に対する熱意、面会交流に対する姿勢、養育能力、監護補助者の有無・態勢等、経済的・物的な側面および精神的環境などについて、現在だけでなく将来を見通した態勢が検討される。

もっとも、松本は、監護態勢の優劣が「主たる監護者」要素よりも重視される場合もあるとしている [松本 2011：20]。しかし、子の監護のために一定水準の監護態勢は必要であるが、その水準を超えて監護態勢の優劣を大きく考慮しているとすれば、疑問である。

例えば、妻がC出産にあたって、当時3歳のA・B（双子）を夫の実家に預け、Cの出産後まもなくCを連れて夫と別居し、離婚調停を申し立て、かつA・Bの引き渡しを求めたという事案がある。裁判所は、母は母子生活支援施設に入

所し、最近飲食店のアルバイトとして働き始めたもののいまだ生活保護を受給し、1歳のCを母一人で監護教育しており、友人や行政機関職員にA・Bの引き取りへの不安を訴えていたことからすると、さらに二人の幼児を引き取る態勢ができているとはいえないこと、母は上記施設を出て定職につき親族の援助を受けながら子らを監護教育したいと述べるが、転居転職は具体性に乏しくこれを安易に期待できないし、親族による援助も多くを期待できないなどとして、母の申立てを却下した原審判を維持した（大阪高決平成20・9・1）。審判書からは、従前の父の監護への関与の内容・監護者としての適格性等が不明であるため、評価が難しいが（これらが不明であること自体が問題であろう）、裁判所が問題にしている母の物的・人的な監護環境については、母自身の意欲や努力、親族の支援だけでなく、社会的資源・社会保障制度の利用を含めた検討が十分になされているのか疑問がある。

イ．暴　力

父の母に対する暴力は、子に対して向けられていない場合であっても、子の健全な成長を阻害する。継続的な暴力がある場合には、それだけで監護者として適格性がないというべきである。

もっとも、松本は子に具体的な害が発生しておらず、今後も暴力が子に向けられるおそれがない場合には、総合的な判断により、父を監護者とする裁判例もあるとしている［松本 2011：51］。

しかし、仮に裁判所が、DVは何らかの原因に誘発される散発的な行為であると考えているとしたら、疑問である。

例えば、妻が主たる監護者であること、夫は妻だけでなく養子A（妻の連れ子で当時11歳）にも躾と称して暴力をふるい治療を要する怪我までさせたこと等を認定しつつ、夫の監護態勢が妻の監護態勢に優るとして、夫が連れ出した実子B・Cについて、妻からの監護者指定・子の引き渡し請求を却下した事案がある（広島高決平成19・1・22家月59巻8号39頁）。しかし、審判書をみる限り、妻の監護態勢が一定水準を満たしていたと評価することは可能である（社会保障制度の利用も含めて監護態勢は判断されてよい）。また、夫の監護費用（養育費）不払いを問題としていないとしたら、それも疑問である。さらに、夫の暴力がB・Cの監護者としての適格性判断に影響を与えた形跡はないが（抗告審はわざわざ「父は

B・Cに体罰を加えることはなかった」旨を事実認定に付加している）、DVは人格の発露というべきものであり（偶発的・単発的に生じるものではない）、B・CのDVへの曝露も強く危惧されるが、裁判所がこれらを理解し考慮していたかは疑わしい。

2 子の意思

　子の意思の尊重については、従来、子の意思に従うことがその福祉に適うとは限らない、子に一方の親を選ばせ他方の親を捨てることを強いることに繋がる、結論に関する責任を子に負わせることになりかねない、子への意向聴取そのものが子に大きな精神的負担を与える懸念がある等として、子の意思の尊重を重視することについて消極的立場があった。

　しかし、子は自己の意思を持ち表明することができる主体である。年齢が高い子に限らず、幼い子であっても意思はある。子が成長し親とは別個の生活空間を持つようになれば、主たる監護者による監護継続の重要性は次第に低減し、逆に、子の意思を考慮すべき重要度が増すということもある。子の意思は、可能な限り、尊重されねばならない。

　現在、実務は、子の意思が強固でありこれに従うのがその福祉となる場合、あるいは従わないとその福祉を害する場合、子の意思の形成が合理的で、これに従うのが子の福祉に適う場合などには、子の意向に従った判断をしている［松本 2011：40］。

　問題は、子の意思をいかに把握し、どのように評価するかである。

　これについては家裁調査官による多数の研究があるが（小澤ほか）、家裁は一般に、子が10歳前後以上であれば意思を表明する能力に問題はないとし、10歳前後から子の意思を重視している。もっとも個人差はあり、例えば、母が7歳と5歳の男児につき監護者指定と引き渡しを求めたところ、父が長男は母を嫌っており、長男二男とも父との生活を望んでいると主張した事案で、裁判所は子らの母に対する感情は表面的なものであり、年齢から考えて、子らの意思を重視することはかえってその福祉に反するとした（大阪高決平成21・10・2）。

3 監護開始の態様
(1) 子連れ別居

子連れ別居違法論への疑問は前述した。家裁実務においても、主たる監護者

による監護の継続性を重視し、当事者双方のいずれが監護者として適格である
かを比較衡量によって判断し、たとえ単独監護開始の態様に問題があっても、
その点は、子の福祉を判断する際の一事情にとどまるものとされてきた。

　例えば、母が当時2歳の子を連れて実家に別居し、その約9か月後、母は弟夫
婦の子が通う幼稚園の運動会に子を連れて行ったが、母が競技に気を取られて
いる隙に、父が子を連れ出したという事案がある。母は監護者指定と子の引き
渡しを求めたが、裁判所は「相手方（母）は、未成年者の出生から抗告人（父）と
の別居までの間、未成年者の監護を主として担っていたものであるから、その
ような相手方が抗告人と別居するに際して、今後も監護を継続する意思で、未
成年者とともに家を出るのは、むしろ当然のことであって、それ自体、何ら非難
されるべきことではない。相手方の上記行為は、相手方の監護の下にある未成
年者を実力で連れ去った抗告人の行為とは全く異質のものというべきである」
とし、母の請求を認めた原審を維持した（大阪高決平成17・6・22家月58巻4号93頁）。

　また、母の不貞問題などから夫婦間に紛争が生じて離婚調停が係属し、2月
の調停期日に、母は3月末に子ら（6歳と4歳）を連れて別居する旨を調停委員
に告げ、父はその中止を求めたが母は拒否し、3月初めに父は監護者の指定お
よび（母が子連れ別居した場合は）子の引き渡しを求める申立てをし、その期日が
4月初めに指定されたが、3月25日に母は保育園で4歳児を引き取って実父母
に預け、次いで小学校に赴き6歳児を引き取ろうとしたが、駆け付けた父の父
母らに阻止されたという事案がある。子らの出生以来主として母が監護にあた
り、その監護に問題はなかった。原審は、主として監護にあたっていた母が4
歳児を連れて家を出たもので、別居中の非監護親が監護親の監護下に置かれて
いた子を連れ去る場合とは状況を異にする等の理由から、母の行為に違法性は
ないとした。抗告審も「未成年者にとってはその両親の別居そのものが生育環
境の大きな変化であって、これが避けられない以上、出生以来主として未成年
者の監護にあたってきた監護者が未成年者の監護を継続するために、未成年者
を連れて自宅を出るに至り、そのため未成年者の生育環境に変化をもたらすと
しても、無理やり未成年者を奪い去るというような暴力的行為に及んでいるわ
けではないから、これを違法ということはできない。」として原審判を維持し
た（大阪高決平成22・3・15）。なお、松本元裁判官は「本件母の行為に違法性が

ないと評価されたのは、母が未成年者出生以来の主たる監護者として監護にあたってきたこと、その監護状況に問題がなかったこと等から、母の上記行為がなくても母が監護者と指定されるのが相当な事案であったことが前提になっているものといえよう」としている [松本 2011：34]。

(2) 面会交流の際における返還拒否

面会交流のために預かった子を戻さなかった事案では、原状回復が認められやすいとされる。ただこれは、「預かった子を戻さなかった」ということを重視するのではなく、主たる監護親による監護の継続性を重視するものと言うべきである。

例えば、母が5歳の女児を連れて別居し、毎週日曜日に父子の面会交流が実施されていたところ、父が面会交流のために預かった女児を返さず、母が引き渡しを求めたところ、原審は「これまでの監護養育実績、未成年者への愛情、居住環境および監護補助者の援助態勢の各点について、当事者双方に有意な差がない」などとして申立てを却下したが、抗告審は「これまでの監護養育実績についていえば、未成年者が出生してからの5年余の間、抗告人（母）が主に監護養育していたものである」として、母の請求を認容した。本件でも、母が主たる監護者であったことが寄与している。

(3) 子の奪取行為の態様が悪質であると判断される場合

違法な連れ去りによって有利な地位を獲得することを許すことは、子の奪い合い紛争を激化させ、子を身体的・精神的に過酷な状況に追い込むことになるとして、これを防止するため、奪取行為の違法性も重要な判断要素とされるべきだという考え方がある。子の奪取行為の態様が悪質であると判断された場合に、特段の事情がない限り、子の引き渡しを認めるべきであるとの審判例が既に登場している [小島 2013：25、200]。

例えば、母が3歳男児を保育園から連れ出した事件について、高裁は「父である抗告人の下で事実上監護されていた3歳になる男児である未成年者を別居中の母である相手方が連れ去ったところ、その翌々日である同月×日には抗告人から本件申立てがされている。そして、相手方による未成年者の連れ去りの経緯、態様は、要するに、離婚訴訟の提起を前提として未成年者との面接交渉についての交渉を代理人に依頼する一方で、面接交渉がなかなか実現には至ら

ないとみるや、保育園において預かり保育中の未成年者を抗告人はもとより保育園にも何の断りもなしに、保育士のすきをついて保育園内に侵入して連れ去り、現在に至るも抗告人には未成年者の居場所を明らかにしないというものである。」「このような場合、人身保護法による請求の場合における法的枠組みをも考慮して、申立ての当否を判断することが上記の最高裁判例の趣旨に沿うものと考えられる。……申立ての根拠とする法令の選択によって裁判規範が著しく異なることとなれば、結局、人身保護請求に先んじて審判前の保全処分が活用されるべきであるとする最高裁判例の趣旨が没却されてしまうことは多言を要しない。」としたうえで、「本件のように共同親権者である夫婦が別居中、その一方の下で事実上監護されていた未成年者を他方が一方的に連れ去った場合において、従前未成年者を監護していた親権者が速やかに未成年者の仮の引渡しを求める審判前の保全処分を申し立てたときは、従前監護していた親権者による監護の下に戻すと未成年者の健康が著しく損なわれたり、必要な養育監護が施されなかったりするなど、未成年者の福祉に反し、親権行使の態様として容認することができない状態となることが見込まれる特段の事情がない限り、その申立てを認め、しかる後に監護者の指定等の本案の審判において、いずれの親が未成年者を監護することがその福祉にかなうかを判断することとするのが相当である。」として、原審を変更し、相手方に対し、男児を抗告人に仮に引き渡すことを命じた（抗告人の子の監護者の仮指定の申立ては却下）（東京高決平成20・12・18家月61巻7号59頁）。

　本件は、父と母および男児は父の実家で父の両親と同居していたが、母は睡眠薬を服用するようになって、心療内科を受診したところ、環境を変えるように勧められ、男児の誕生祝いを済ませた後、一人で実家へ帰り、父宅では日中男児を監護できないので、父は男児を昼間は保育園に預け、送迎を父とその両親で分担するなどしていたという事案である。いわゆる「子連れ別居」の事案ではないし、母の別居後は、主たる監護親が父であった可能性もある事案である。その意味では、従来の主たる監護者による監護の継続性を重視する裁判例の流れに沿ったものとも考えられる。ただし、監護者指定・子の引き渡し事件の判断の際に人身保護請求における判断の枠組みを考慮することについては、慎重な検討が必要と思われる。

父の実家から家族で転居するためその引越作業をしていた母が、父に相談することなく、男児（8歳と3歳）を連れて母の実家に転居し、男児らと父はその後数回の面会交流を行っていたところ、約15か月後、父は面会交流の予定日を利用して男児らを自宅に連れ帰ることを計画して両親や親戚に協力を依頼し、車3台で母の実家に赴き、母やその父の抵抗を排除して、男児らを無理矢理車に乗せて連れ去ったという事案がある。原審は、父母の同居当時における男児らの主たる監護者は母であり、父の監護は補助的であったこと、母の実家での生活が相当期間継続し安定していること、現在の状態は父の違法な男児らの連れ去りによって作出されたものであることなどを理由に、母の申し立てた監護者指定・子の引き渡しを認容し、高裁もこの判断を維持した（東京高決平成24・6・6判時2152号44頁）。

本件では、原審が審判前の保全処分（子の仮の引き渡し）を発令したが、その執行が不能となっていた（9歳男児が父の下にいたいと述べ、5歳の男児についても兄弟を引き離すのは適当でないとして、執行官が執行不能と判断した。父の妨害があったわけではない）。それでも高裁は「当裁判所も、原審判と同様に、抗告人に対し、未成年者らを相手方に引き渡すよう命ずるものであり、抗告人において、未成年者らの福祉について配慮した上、裁判所の判断に従うことを求める」とした。

4　子の引き渡しの強制執行

1　間接強制

子の引き渡しについて、間接強制（民事執行法172条1項に基づき、一定額の金銭を債権者に支払うべき旨を命ずることにより、履行を確保する方法）が可能であることは、ほぼ争いがない。

2　直接強制

子の引き渡しの直接強制については明文規定がなく、従来は、人格を有する子を物に準じて考えるのは相当でない等の理由から、できないとされてきた。しかし現在は、審判で子の福祉に適うとされた判断を速やかに実現することが子の福祉に合致するものとされ、一定の要件の下で、直接強制が可能であるとされている。ただし、直接強制が認められる要件（例えば、年齢については子に

104　第Ⅱ部　日本の子どもと家族法

意思能力がない場合（小学校低学年6〜7歳程度未満）にのみ認める説が有力）や執行の態様（子に対する実力行使の可否等）などについては見解が分かれ、裁判例も分かれている［青木 2006：93、遠藤 2008：1］。最高裁によれば、近年の直接強制の件数は、2010年120（完了58、不能43、取下げ19）、2011年133（完了57、不能53、取下げ22、却下1）、2012年131（完了52、不能54、取下げ25）である。

　この点に関し、「国際的な子の奪取の民事上の側面に関する条約の実施に関する法律」（ハーグ条約国内実施法）の施行（2014年4月1日）に向け、最高裁は2013年初めに全国の裁判官・執行官らを集めて子の解放実施の際の注意点を協議し、その結果をまとめて、2013年8月に全国の裁判官・執行官らに通知した（ハーグ国内実施法は、子の返還の執行方法として「間接強制」のほか「代替執行」を規定した。「子の返還の代替執行」とは、裁判所が指定する返還実施者（返還申立人など）が債務者に代わって子を監護しながら返還を実施する方法であり（136条）、債務者による子の監護を解くために必要な行為をするものとして執行官が指定され（138条）、まず執行官が債務者による子の監護を解き、次にその子を返還実施者に引き渡す方法で行われる）。

　通知は、執行官による強制的な引き渡しによって子の心が傷ついたり、プライバシーが侵害されたりすることがないよう配慮すべきことを強調し、引き渡しは同居親と子が一緒にいる場合に限ること、原則として自宅で行い、公道や保育園・学校での引き渡しはしないこと、早朝や深夜は避けること、親が子を抱きかかえて抵抗したり子が拒否したりする場合は、無理やり引き離さず、説得を繰り返すこと等を求めている。

　2014年2月には、この通知を敷衍した「解放実施に当たって執行官が留意すべき事項」をまとめて、執行官に通知した（最高裁事務総局「執行官のための解放実施事務に関する執務資料」民事裁判資料第253号2014年6月）。

　これらは、ハーグ返還命令が確定した場合に執行官が解放実施を行うためのマニュアルであるが、国内事案における子の引き渡しの直接強制についても出来る限り同様に扱うべきだとされており、今後の国内事案の取り扱いが注目される。

　なお、法務省は現在、民事執行法の改正を視野にいれた検討作業をすすめており（学者や実務家をメンバーとする研究会を2015年10月に開始）、その検討課題のひとつが「子の引渡しの強制執行手続に関する規律の明確化」である。しかし、真に子の福祉に合致しない方向での検討結果となる可能性があり、慎重に見守

る必要がある。

文　献

青木晋（2006）「子の引渡しの執行実務」『新民事執行実務№4』家裁月報58巻7号

秋武憲一（2011）『離婚調停』日本加除出版

内田實（2004）『民法Ⅳ〔補訂版〕』東京大学出版会

進藤千絵ほか（2012）「アメリカにおける離婚後の子の監護と面会交流について──ニューヨーク州を中心に」家裁月報64巻4号

遠藤真澄（2008）「子の引き渡しと直接強制──主に家裁の審判、保全処分と直接強制の在り方について」家裁月報60巻11号

大阪家庭裁判所科学調査室（2010）「親子面会交流場面観察（試行的面会交流）プログラム〈要約版〉」ケース研究306号

小澤真嗣（2009）「家庭裁判所調査官による『子の福祉』に関する調査──司法心理学の視点から」家裁月報61巻11号

梶村太市（2008）『家族法学と家庭裁判所』日本加除出版

梶村太市・長谷川京子編著（2015）『子ども中心の面会交流──こころの発達臨床・裁判実務・法学研究・面会支援の領域から考える』日本加除出版

木村耕一郎ほか（2011）「離婚調停事件における子の調査の在り方の検討に向けて──子の福祉に資する子の調査を目指して」家裁月報63巻12号

小島妙子（2013）『Q&A離婚実務と家事事件手続法』民事法研究会

小島妙子・伊達聡子・水谷英夫（2015）「現代家族の法と実務　多様化する家族像──婚姻・事実婚・別居・離婚・介護・親子鑑定・LGBTI」日本加除出版

最高裁判所事務総局民事局（2014）「解放実施に当たって執行官が留意すべき事項」

榊原富士子・打越さく良（2014）「実務家の視点から」床谷文雄・本山敦編『親権法の比較研究』日本評論社

杉岡美幸ほか（2012）「離婚調停事件における予の調査の在り方について──『子の意思』の把握・考慮の規定を踏まえて」家裁月報64巻11号

田中通裕（2004）『新版注釈民法25・親族(5)〔改訂版〕』有斐閣

田中由子（2010）「子をめぐる家事事件の審理と運営について」家裁月報62巻4号

中澤智ほか（2009）「子の監護をめぐる紛争における家庭裁判所調査官の調査の在り方」家裁調査官研究紀要第10号

中山直子（2002）「子の引渡しの判断基準」判例タイムズ1100号

二宮周平（2013）『家族法〔第4版〕』新世社

松本哲泓（2011）「子の引き渡し・監護者指定に関する最近の裁判例の傾向について」家裁月報63巻9号

八木哲也（2012）「離婚調停事件における子の調査の活用及びその効果について」家裁月報64巻12号

米倉明（1992）「親権概念の転換の必要性」加藤一郎先生古稀記念『現代社会と民法学の動向（下）』有斐閣

第8章
司法における面会交流の現実

可児康則

はじめに

面会交流とは、子どもが別居する親と交流することである。直接会っての交流が中心となるが、それに限定されるわけではない。写真や手紙などの送付、プレゼントの送付、メールや電話による通信などの間接的な交流も面会交流に含まれる。従来、面会交流に関する明文の規定は存在していなかったが、2011年5月、民法766条が改正され、父母が協議上の離婚をするに際して定める監護についての必要な事項の具体例として「父又は母と子との面会及びその他の交流」が監護費用の分担とともに明示され、協議が調わないとき、又は協議ができないときには家庭裁判所が定めることとされた（民法766条1項・2項）。もっとも、裁判所は、明文がないころから、「子の監護の一内容」として面会交流に関する申立てを認めており、法改正は、実務を追認するものである。

ところで、近年、家庭裁判所に申し立てられる面会交流事件の件数が急増している。[1] これに伴い、最近では、面会交流が、子どものいる夫婦の離婚に際して最大の争点となることも少なくない。このような状況のなか、家庭裁判所は、面会交流に関する従来の姿勢を大きく変更し、子どもの福祉を害するような特段の事情が認められない限り面会交流を実施するとの姿勢を鮮明にしている。

原則的実施論［梶村 2013：3ほか］とも呼ばれる家庭裁判所の姿勢は、面会交流が「子が非監護親から愛されていることを知る機会として、子の健全な成長にとって重要な意義がある」との一般論から導かれている。

---

1) 2013年の面会交流事件数は、10年前の2倍以上である（司法統計年報）。一方、この間の離婚件数は減少している（厚生労働省人口動態統計）。

第8章　司法における面会交流の現実　107

　しかしながら、面会交流の意義につき個別事案を超えて一般化できるのか、疑問である。また、早期に会わせることばかりに意識が向けられ、最も影響を受けるはずの子どもたちの想いがどこかに置き去りにされてしまっているようにも感じる。

　本章では、原則的実施論に基づく家庭裁判所実務の現状について紹介したうえで、原則的実施論に基づく実務の運用が、離婚で傷ついた子どもをさらに傷つけるリスクを高めていることを論ずる。そして、子どもを害さない別居親との交流の在り方について検討したい。

1　面会交流を巡る司法の現状

　家庭裁判所の実務では、従来、面会交流については、子の利益の観点から別居親、同居親双方の事情を総合的・相対的に比較考量し、「面会交流を認めることが子の福祉に適合するかどうか」の観点から、その可否が決定されてきた［梶村 2013：166、小島 2014：296］。ところが、前述したとおり、現在では、子どもの福祉を害するような特段の事情が認められない限り面会交流を実施するとの姿勢を取るようになっている。このような、いわゆる原則的実施論に基づく実務の現状とはいかなるものか。面会交流事件を巡る裁判所実務の現状について紹介する。

1　調停の場面
　従来、面会交流については、別居親から面会交流を求める意思が示された後に調停手続の中での論点となり、協議の対象とされてきたが、最近では、当事者から面会交流の話題が出ていない段階で、調停委員、家庭裁判所調査官（以下、「調査官」という）から面会交流の話題が持ち出されることも増えている。性格の不一致などを理由として申し立てられた事案だけでなく、暴力や精神的虐待など、いわゆる DV を理由に調停が申し立てられた事案でも同様である。別居親からの暴力等の事情を同居親が説明した直後に調停委員らから面会交流の話題が持ち出されることもある。このとき、同居親が面会交流に消極的な反応を示すと、調停委員らから面会交流の意義の説明とともに面会交流の実施を前

108　第Ⅱ部　日本の子どもと家族法

向きに検討するよう促されたり、さらには、説得されることさえもある。

　その後、別居親からも子どもとの面会交流を望む意向が示されると、面会交流は、以後の調停の主要なテーマとなる。一方、別居親が面会交流を希望しない意向を示すと、これ以後、面会交流は調停のテーマから外れ、話題に上らなくなる。面会交流を望まない別居親に対し、調停委員らから面会交流を実施するよう説得がなされることはない。

　別居親からの面会希望を受け、調停委員らからは、同居親に対して、面会交流実現に向けた更なる説得が行われる。調停成立前の裁判所外での面会交流の実施や、裁判所内での試行的面会交流の実施などを提案されることもある。DV等の事情を考慮し、無理な説得はせず、慎重に手続を進めようとする調停委員や調査官もいる。他方で、早期に面会させることを最優先に同居親に対して強い説得を試みる調停委員や調査官もいる。①DVで保護命令が発令され、居所を秘匿して生活している同居親に対し、調査官が「子と非監護親との良好な関係を築くのも監護親の役目」などと面会の実施を強く説得した例、②調査官が当事者からの詳細な聴き取りも子どもの意向等の聴取もしないまま同居親に対して大声で執拗に面会交流の条件提示を求めた例、③調査官が「DV保護命令は安易に発令されている、居場所探索や執拗な追及のおそれを具体的に示さない限り面会交流を制限する理由にならない」と述べた例、④「自閉症とADHDが疑われるため非監護親との面会は控えるべき」との小児精神科医の意見書があるにもかかわらず調査官が「子が不安定なのは非監護親に会わせない監護親への怒りが原因」と決めつけ、繰り返し直接の面会に応じるよう説得した例、⑤子どもが強い恐怖を示しているにもかかわらず「非監護親は謝罪し涙ぐんでいた」などと調停委員、調査官が面会を強く勧めた例など、強引な説得の実例も報告されている。[2]

　同居親が母親である場合、離婚調停とともに、婚姻費用の分担を求める調停を申し立てることも少なくない。平成24年国民生活基礎調査によると、母子世帯の総所得は、児童のいる世帯全体の総所得の36％に留まっている。[3]　養育費

　2）　2013年4月の日弁連シンポジウム「子の安全・安心から面会交流を考える──DV・虐待を中心に」での報告。いずれも同居親に代理人弁護士がついていた事例である。

　3）　母子世帯の総所得の約2割は児童扶養手当などの社会保障給付金であるが、一部の例外を除

を含む婚姻費用は、子どもと母親との生活の安定のために必要不可欠であり、できるだけ速やかに婚姻費用が支払われるように調整する必要がある。

ところが、面会交流に関する調整が優先されて婚姻費用の調整が後回しにされてしまったり、「子どもと会わせてもらえなければ払わない」といった別居親からの「交換条件」により同居親が調停委員らから一層強く面会交流の実施を説得されることがある。この場合、別居親からの「交換条件」を受け入れなければ、同居親はいつまでも婚姻費用を受け取ることができず、子どもと同居親との生活は経済的に安定しない。

面会交流に関し、別居親から面会交流の調停が申し立てられた場合、当事者間で合意に至らないと面会交流の調停は不成立となり、審判手続に移行する。そして、調査官による子どもの意向調査などの結果も踏まえ、最終的には、裁判官が、面会交流の可否を判断し、実施方法などを定める。

例えば、DV事案で子どもも別居親との面会に消極的なため同居親が直接の面会交流を受け入れられないような場合、写真や動画、通知表の送付など、間接的な交流を行うことで双方が合意に至る場合もある。しかし、別居親があくまで直接の面会交流を求めた場合、同居親としては、直接の面会交流には応じず審判で裁判官の判断を求めるのか、直接の面会を受け入れ調停での合意を目指すのか、決断を迫られる。

従来、DV事案では直接の面会交流を認めない審判例も多数存在していた[4]。しかし、最近では、審判で、直接の面会交流が命じられることが多くなっている。審判での結論は、画一的なものにならざるを得ず、第三者機関の関与をはじめ、面会交流の実施に関して事案に則した柔軟な方法を定めることが難しい。そのため、DV事案で子どもが「（別居親と）会いたくない」と同居親に訴えているような場合であっても、同居親としては、審判で画一的な面会交流を命

き、離婚前の母子には児童扶養手当が支給されないため、離婚前母子世帯の総所得はさらに少ない。

4）　公表されている審判例として、東京家審平成13・6・5家月54巻1号79頁、横浜家審平成14・1・16家月54巻8号48頁、東京家審平成14・5・21家月54巻11号77頁、東京家審平成14・10・31家月55巻5号165頁があるが、いずれも10年以上前のものである。なお、筆者が監護親の代理人となったDV事案でも、平成16年と平成18年に面会交流の申立てを却下する審判が出されている。

110 第Ⅱ部 日本の子どもと家族法

じられるのを避けるため、調停で直接の面会交流を受け入れざるを得ないことがある。

2 審判の場面

審判手続に移行後、裁判官が判断するための前提として、調査官による子どもの意向等に関する調査が行われることが多い[5]（調停進行との関係で、調停段階で行われる場合もある）。

裁判官からの命令を受けた調査官は、子どもの年齢や生活状況を踏まえ、子どもが生活している自宅に赴き、あるいは、裁判所にて、子どもと実際に面談し、別居親との交流についての意向などを聴取する。子どもが幼少の場合には直接の意向聴取は適切ではないため行われないが、就学年齢に近ければ、聴き方は工夫しつつも、その意向を聴取することがある[6]。子どもが中学生、高校生といった年齢になると、子どもの意向聴取は、より直接的な方法によって行われる。意向聴取とともに、子どもの現在の生活状況などを把握するため、子どもが通う小学校、保育園などに調査官が出向き、担任教師、保育士等から聴き取りが行われることもある。

子どもの意向等の調査につき、調査官は調査結果を裁判所に報告する（家事事件手続法58条）。報告は、通常、調査報告書のかたちで裁判官に提出される。この報告には、調査官の意見を付することができるとされており（同条4項）、実際にも、意見が付されることが多い。裁判官は、調査官の意見を踏まえ、面会交流の可否や面会交流の実施方法を決定する。

調査官は、家庭裁判所において、子どもの問題に関する「専門家」として扱われている。調停に立ち会う調査官について、調停委員から「専門家」と当事者に紹介されることも少なくない。また、調査官につき、行動科学の専門的知見を有すると紹介する裁判官の論文もある［水野・中野 2014］。調査官の意見は、家庭裁判所の手続では、単なる意見に留まらず、「専門家」意見としての

---

5) 家事事件手続法は、未成年の子がその結果による影響を受ける家事審判の手続においては、子の陳述の聴取、調査官による調査その他適切な方法により、子の意思を把握するよう努め、審判をするに当たり、子の年齢および発達の程度に応じて、その意思を考慮しなければならないとする（家事事件手続法65条）

6) 筆者が関わった事案でも、保育園に通う6歳の子に対する意向調査が行われた事案がある。

重みを持っている。しかも、裁判官が対象となる子どもと直接会うことは非常にまれであり、子どもの意向等に関し、十分な判断材料を持っていない。そのため、審判での結論は、多くの場合、調査官の意見と同じものとなる。調査報告書に添付された面会要領と全く同じ内容の審判が出されることも珍しくない。

現在の家庭裁判所の姿勢から、調査官が面会交流の実施に慎重な意見を述べることは非常に少ない。DVがあり、保護命令も発令され、子どもが別居親と「会いたくない」と明確に述べていた事案で、調査官が「子どもの福祉を害するほどの嫌悪感はない」として直接の面会をすべきとの意見を付し、裁判官が、調査官意見に従い、直接の面会を命じた例もある。審判で、面会交流の申立てが却下される割合は、年々、低下してきている[7]。

しかしながら、調査官の専門性については過大に評価されすぎていると感じる。家庭裁判所の手続において子どもと直接接触するのは殆どの事案で調査官のみであり、調査官が、裁判官や調停委員と比較して子どもの心理等に詳しいことは確かであろう。ただ、小児科医、児童精神科医、臨床心理士等、裁判所の外の世界で、日常的に子どもと接する立場にある専門家と比較すると、子どもの心理等に関する専門知識の量や質、実際に接する子どもの人数ともに大きな差がある。子どもの問題に関する調査官の専門性は、裁判所内部での相対的専門性に過ぎず、外部専門家の専門性と同等に評価しうるものではない。また、筆者は、これまで、科学的知見や実証的根拠（エビデンス）に基づく分析、評価がなされたと感じられる調査報告書に出会ったことが殆どなく、全ての調査官が行動科学の専門的知見を有しているとは信じ難い。加えて、調査官が所属する組織（裁判所）の方針に縛られている現実からすると、調査官を、外部専門家と同等な意味で専門家と評するには無理がある。

審判に際し、調査官意見の重要性を否定するものではないが、これを過大に評価し、過度に依存することは適切ではない。誤った判断を避けるためにも、小児科医等の裁判所外部の専門家の意見には謙虚に耳を傾ける必要がある。

7）　司法統計年報によると、2004年は認容が196件、却下が157件、却下率は約44％であったが、年々却下される割合が低下し、2014年では、認容が883件、却下が192件、却下率は約18％となっている。

3 履行の場面

　面会交流につき調停で合意がなされた場合、同居親は、調停条項に基づき、子どもと非監護親を面会させる義務を負うことになる。審判が確定した場合も同様であり、同居親は、審判の結果に不服があったとしても、審判に従い、面会交流を実施する義務を負う。

　直接の面会交流を実施することを内容とする調停が成立していたり、確定した審判が存在する場合でも、子どもが別居親と会うことに納得していない場合はあり、子どもが面会を強く拒否することもある。この場合でも、同居親が面会交流を実施しないと、間接強制により、面会交流の実施を強制される可能性がある。

　面会交流に関する調停や審判に基づき間接強制が認められるか否かにつき、従来は争いもあったが、最高裁は「面会交流の日時又は頻度、各回の面会交流時間の長さ、子の引渡しの方法等が具体的に定められている場合など監護親がすべき給付の特定に欠けるところがない」場合には間接強制を認めるとする判断を示した（最決平成25・3・28民集67巻3号864頁）。

　間接強制の決定では、面会交流を1回履行しないごとに同居親にいくらかの金銭の支払いが命じられる。養育費の支払いがなされていない場合、面会交流が1回履行できない都度、同居親は、別居親に一定額の金銭を支払わなければならない。養育費の支払いがなされている場合、養育費と間接強制での金銭の支払いがいわば相殺のような関係となり、同居親は養育費の支払いを受けられないか、決められた養育費よりも低額の支払いしか受けられないこととなる。

　同居親があくまで子どもの意思を優先し、間接強制の決定に従わない場合、子どもと同居親との生活は、一層、経済的に追い込まれる。経済的な困窮を避けるには、同居親は、子どもが嫌がっていることを十分に理解しつつも別居親と会うよう子どもを強く説得し、ときに、強引にでも面会に連れて行かなければならない。

　なお、間接強制以外に、最近では、離婚の調停条項で定めた面会交流を子どもの意思を理由に実施しなかった母から父に親権者の変更をし、監護権と分属させた審判（福岡家審平成26・12・4判例時報2260号92頁）や、面会交流の合意内容を変更するための再調停申立て後、調停期日前に面会の協議を行わなかったこ

とを意図的な遅延行為であるなどとし、監護親である母とその代理人弁護士に対して慰謝料の支払いを命じた判決（熊本地判平成27・3・27判例時報2260号85頁）までも現れている。[8]

　面会交流に関し、調停、審判が存在する場合、同居親は子どもを面会させる法的な義務を負う。子どもも別居親との面会を事実上義務づけられる。ところが、別居親は子どもと面会する義務を負わない。調停や審判を無視し、子どもと面会しなかったとしても、別居親が面会を強制されることはない。

2　司法は、離婚で傷ついた子どもを幸せにしているか

1　個別事案を超えた面会交流の有益性があるか

　子どもの福祉を害する特段の事情が認められない限り、面会交流を実施するとの家庭裁判所の姿勢は、面会交流が子どもの健全な成長に繋がるとの考え方から導かれている。子どもと別居親との面会交流が子どもの成長にとって有益となる事案があることに異論はなかろう。しかし、個別の事案を超え、一般的に面会交流が子どもの成長に有益であるとまで言い切ることができるのか。

　わが国には、協議離婚という非常に簡便な離婚の制度が存在している。離婚の9割近くは協議離婚が占め、調停離婚、裁判離婚など、裁判所が関与する離婚は全体の1割程度に過ぎない。[9]　当事者間で話し合いができる夫婦が敢えて時間とお金、労力をかけ、調停など裁判所の手続を利用するとは考え難い。裁判所が関与する事案の多くは、夫婦で話し合いができない事案、すなわち、子どもに対する虐待やDVが存在したり、当事者が非常に高葛藤な状態にあるようないわゆる紛争性の高い事案である。[10]　原則的実施論に立つ家庭裁判所の姿勢の妥当性を根拠づけるには、紛争性の高い事案において、面会交流が個別事案を超えて有益であることが示される必要がある。

---

8)　渡辺義弘弁護士は、これらの審判等にふれ、面会交流至上主義への実務傾斜に懸念を表明している［渡辺 2015：22］。

9)　平成21年度「離婚に関する統計」の概況（厚生労働省）によれば、協議離婚の割合は平成20年で87.8%である。

10)　日本弁護士連合会が、第26回司法シンポジウムに際して行った調停利用者へのアンケート調査では、調停利用の理由として、78%が当事者間の話し合いが困難だからとの消極的理由を挙げた。

面会交流に関する家庭裁判所の方針について詳細に論ずるものとして細矢郁判事らによる論文がある。この論文は、我が国や海外の諸研究から、「非監護親との交流を継続することは子の精神的な健康を保ち、心理的・社会的な適応を改善するために重要であるとの基本的認識が認められる」などと指摘し、かかる知見の根拠として、国内外のいくつかの文献・研究を引用している。

その一つ、大正大学の青木聡教授の研究は、面会交流の意義を検証する目的の調査研究である。青木は、大学生510人（うち、親が離婚又は別居しているものは53人、面会交流ありは30人）を対象として実施した質問紙調査から、「別居親との面会交流をしていない子どもは、『自己肯定感』が低くなり、『親和不全』が高くなる」が「面会交流を続けている場合、両親の揃っている家族の子どもと比較して『自己肯定感』および『親和不全』の得点に差が出ない」とし、「離婚後ないし別居中の子育てにおける面会交流の重要性を明白に示している」との結論を導く。

面会交流の有無以外に類似した背景事情（家族構成、生活環境、両親が離婚に至った事情、離婚後の状況など）を有する対象群での比較であれば、得点の相違が面会交流の効果と結論づけることも可能かもしれない。しかし、青木の調査では背景事情は不明であり、結論を導くにあたって考慮されてはいない。自己肯定感、親和不全の得点に、面会交流以外の事情が影響している可能性を否定できないのではないか。当然、青木の調査では、両親間における紛争性の程度も問題とはされていない。

細矢ほか論文が引用する青木以外の文献・研究は、いずれも面会交流そのものに関するものではない。

渡辺義弘弁護士は、細矢ほか論文が引用する文献・研究につき内容把握の当否を個別に検討した結果、「裁判所に登場するほどの対立紛争事案のグループに、原則的実施論を適用しようとする心理学的知見は科学的根拠に乏しい」と結論づける。その上で、細矢ほか論文は「葛藤の低い事案につき常識で分かる効果を裏付ける文献を、あたかも知見の『教典』であるかのように引用し単純な『心理学的教条』を想定し、理念としたにすぎない」と指摘する［梶村ほか 2015：142］。

家庭裁判所が関与するような紛争性の高い事案において、面会交流が個別の事案を超えて子どもの成長に有益であることを実証する文献・研究を見つけることはできない。それどころか、細矢らの論文も離婚が子どもの適応状況等に

長期的な影響を及ぼすことを結論づける著名な研究と紹介するウォラースタインらの研究では、「裁判所の命令や調停による両親間の取り決めによって生活を牛耳られていた子供たちは揃って、自分のことを、仲間が当たり前に享受している自由を奪われた下級市民のように感じたと語っている」[ウォラースタイン 2001：278]、「裁判所の命令のもと、厳密なスケジュールに従って親を訪ねていた子供たちは、大人になってから一人残らず、親のことを嫌っていた。」[同：282]、「18歳になるまで、融通のきかない裁判所命令を押し付けられた子供たちは、それを強制する親を拒絶するようになるのだ。」[同：439]などと驚くべき事実が報告されている。ウォラースタインらは、裁判所が関与する画一的な面会交流が、子どもの成長に有益どころか有害でさえあることを報告しているのである。

　紛争性の高い事案における面会交流の有益性を実証する文献・研究は存在しない。紛争性の高い事案においてさえ「面会交流が子どもの成長に有益である」とするのは、科学的根拠に基づかない「思い込み」「先入観」の類である。家庭裁判所は「思い込み」「先入観」から、紛争性の高い事案においてさえ、面会交流を原則的に実施させているのである。

2　原則的実施論に基づく実務運用の問題点

　原則的実施論がエビデンスに基づかないとしても、それに基づく実務が子どもの成長に有益な結論を導くのであれば、結論としては問題ないともいえよう。しかしながら、原則的実施論に基づく実務の運用は、子どもの成長に有益どころか、かえって、子どもを害するリスクを高めてしまっている。

(1)　子どもへの虐待やDVを立証することの困難さ

　現在の家庭裁判所実務では、面会交流は原則として認められることとなるため、面会交流を禁止したり、制限するためには、同居親が、事実上、子どもへの虐待やDVなど、面会交流を禁止し、制限すべき事情の存在を主張し、立証しなければならない。

　しかしながら、子どもへの虐待にせよ、DVにせよ、家庭という密室で起こる出来事であり、客観的な証拠が残っていないことも多い。怪我の写真、診断書などは暴力の存在を示す証拠となり得るが、家族が元来愛情を基盤とする関

係であることや、家族の中の「恥ずかしい」出来事を他人に知られたくないとの意識などから、当事者が、怪我の写真を残さず、病院を受診しないことも少なくない。金銭面を加害者に押さえられ、自由に病院を受診できないこともあるし、保存していた怪我の写真のデータを加害者に見つかり、削除されてしまうこともある。また、子どもへの性的虐待が存在している場合に面会交流を避けるべきとの結論に異論はなかろうが、性的虐待について客観的証拠が残っていることはまれであり、その存在を証明することは至難の業である。

　子どもへの虐待やDVが現実に存在していたとしても、その存在を立証できなければ、家庭裁判所の手続の中で、虐待やDVの存在を前提にした解決を図ることは難しい。原則どおり、別居親との面会交流が認められることになる。

⑵　DVが子どもに与える影響の軽視

　現在の家庭裁判所実務では、客観的な証拠によりDVの存在を証明できた場合であっても、子どもと別居親との直接の面会交流を命じられることがある。

　DVを目撃することは、子どもにとってトラウマ的な体験となり、PTSDをはじめとする様々な身体症状を引き起こす。このことは、既に、多くの専門家によって指摘されているところである。加えて、近年、DVの目撃が子どもの心だけでなく、脳の発達に影響を及ぼすことを示す研究結果も報告されている[友田 2013：86]。DVが存在する家庭では、子どもに対する直接の虐待が存在することも多い。暴力による理不尽な支配が許容される空間で成長することで暴力性を身につけてしまったり、逆に、暴力を受容する意識を身につけてしまう子どももいる。DV家庭で育つ子どもがDVと無縁でいることは不可能である。DVの存在は、子どもの成長、発達にとって重大な悪影響を及ぼす。

　DVは、直接暴力を振るわれる同居親だけでなく、渦中の子どもをも大きく傷つける行為であり、子ども自身も被害者である。このような実態を踏まえ、児童虐待防止法は、2008年改正で、DVを子どもへの「虐待」と定義した（児童虐待防止法2条4項）。これを受け、児童相談所も、警察も、「DV＝子どもへの虐待」として対応している。[11]

---

11)　2014年9月25日付の朝日新聞夕刊によれば、同年1月から6月までに子どもの面前でのDVにより警察が児童相談所に虐待通告した子どもの人数が5116人で前年同期に比べて1312人増えたこと、統計を取り始めた2012年から年々増加していることが報道されている。

ところが、家庭裁判所は、未だ、DVを夫婦の問題としてのみ扱い、子どもへの虐待と捉える意識は薄い。DV事案では、子どもに対して直接の暴力を振るっていないことが、直接の面会交流を認める根拠とされることさえある。また、面会交流を実施した場合の子どもへの具体的な悪影響の立証まで同居親に要求されることもある。

　東京高裁平成25・7・3判タ1393号233頁は、別居前に父から母への身体的暴力と暴言が存在し、同居親である母が別居親である父への恐怖と不安を訴えている事案で「夫婦の不和による別居に伴う子の喪失感やこれによる不安定な心理状態を回復させ、健全な成長を図るために、未成年者の福祉を害する等面会交流を制限すべき特段の事由がない限り、面会交流を実施していくのが相当である」と判断し、直接の面会交流を認めた。また、筆者の経験でも、過去に保護命令が発令されるなど別居親による暴力が明らかな事案で、「母と離れて物事を見る能力を身につける機会を失わせ、偏った見方を身につけさせるおそれ」「父の悪いイメージが固定化され、悪人の子であるというアイデンティティが植え付けられ、自己イメージの低下を招くなど今後の子どもの成長に悪影響を及ぼす可能性」「父を拒絶したことに対する自責の念などから悩み苦しむという事態が生じる懸念」などを理由に直接の面会が認められたものがある。いずれの事案でも、子どもに対して直接の暴力を振るっていないことが、直接の面会交流を認める理由として挙げられている。

　このように家庭裁判所実務では、DVが子どもに与える影響は軽視されている。事件処理にあたって十分に考慮されているとは言い難い。児童虐待や、DV被害者支援の現場との意識の差は大きい。

(3)　適切に評価されない子どもの意思、心情

　調査官による子どもの意向調査の際、子どもが「会いたくない」などと述べ、別居親との面会に消極的な意向を示すことも珍しくない。

　子どもの年齢が高い場合、子どもの発言は「真意」とされ、多くの場合、子どもの意向は発言通りに捉えられる。しかし、子どもの年齢が低い場合、子どもの発言は、容易に「真意」とは評価されない。子どもが繰り返し消極的な意向を述べた場合にも、調査官は「（パパと）楽しいことはあったか」「（パパが）怒らないって約束したら（別居親と会うのは）どうか」「叩かないと約束させるから」

「裁判官が会ってみなさいといったらどうか」「1分だけでも会うのは無理か」などと繰り返し尋ね、別居親への拒否感がそれほど強くないとの結論に結びつけられる回答を子どもから意図的に引き出そうとする［梶村ほか 2015：188］。そして、「別居親の話をするときにもおびえた様子ではなかった」「楽しかった出来事も話した」などといった事情を取り上げ、「監護親の不安を察した可能性」などを指摘し、子どもの発言を「真意」と評価せず、面会交流を禁止すべき理由はないとの結論を導こうとする。

　他方で、子どもの発言が別居親との面会を望むものであった場合、子どもの発言は、子どもの年齢にかかわらず「真意」と評価され、同居親に対し、子どもの意思の実現に協力するよう求められる。別居親の心情を察した可能性など別居親の影響が指摘されることはない。

　内閣府の調査によれば、約4人に1人の女性が配偶者から暴力を振るわれた経験を回答し、約10人に1人の女性は何度も暴力を振るわれたと回答している[12]。そして、妻から申し立てられる離婚調停の相当割合がDVの事案である[13]。裁判所が関わる子ども達にはDVに曝された子どもも多く含まれているのである。DVを目撃した子どもは、母親に暴力を振るっていた父親に良い印象を持っておらず、別れた後も父親と会いたいとは思っていないことを示す調査もある［神原 2014：239］。調査官に示された子どもの消極的意向が、子どもの真意である可能性は相当に高い。これを「真意でない」とするのであれば、その結論は、証拠に基づかない調査官の個人的分析からではなく、子どもの心理に関する専門的知見等に基づく科学的かつ詳細な分析によって導かれなければならない。しかし、筆者は、これまで、そのような専門的知見からの科学的分析に基づき、子どもが表明した消極的意向を「真意でない」と結論づけた調査報告書に出会ったことがない。「可能性」「おそれ」「懸念」等の抽象的な理由から子どもの表明した消極的意向の価値を減殺し、直接の面会を行うべきとの結論を導くものばかりである。現在の実務において、子どもの意向につき、専

12）　内閣府男女共同参画局「男女間における暴力に関する調査（平成26年度調査）」（http://www.gender.go.jp/e-vaw/chousa/h24_boryoku_cyousa.html）。

13）　平成26年の司法統計によると、妻から離婚調停の申立て動機のうち「暴力を振るう」「精神的に虐待する」がそれぞれ4分の1程度ある。

第8章　司法における面会交流の現実　119

門的知見に基づく科学的な分析と評価が行われているとは考え難い。[14)]

　裁判所が、子どもの真意の把握を誤り、子どもに対し、本心から望んでいない別居親との面会を押しつける危険は避けられない。

3　面会交流の強制が、子どもの健全な成長につながるのか。

　最高裁は、前述の間接強制を認めた決定の中で、「子の面会交流に係る審判は、子の心情等を踏まえた上でされているといえる」と述べ、面会交流を子どもが拒絶した場合、面会交流を禁止し、又は面会交流について新たな条項を定めるための調停や審判を申し立てる理由になるとしても、間接強制決定の妨げにはならないと判断した。しかし、面会交流に消極的な子どもの意思や心情は十分に尊重されていないのが実情であり、「子の心情等を踏まえた上で」審判がなされているとの最高裁の認識は、実務の現実から大きく乖離している。

　子どもが別居親との面会を望んでいない場合でも、間接強制の決定がなされると、同居親は、経済的困窮を避けるため、子どもを強く説得し、ときに、強引にでも面会に連れていかなければならなくなる。このような事態は、子どもと同居親との関係を悪化させ、同居親による子どもの監護にマイナスの影響を及ぼす。あるいは、子どもが自らの気持ちに蓋をして別居親との面会に応じるなど、親思いの子どもに我慢を強いることになる。

　裁判所の命令により、同居親と子どもの関係を悪化させたり、子どもに我慢を強いつつ実現された面会交流が、子どもの健全な成長につながるとは考え難い。ウォラースタインらが指摘するように、子どもの成長にとって有害にさえなるのではなかろうか。

4　家庭裁判所の姿勢は、子どもを幸せにしていない。

　現在の家庭裁判所は、子どもが別居親から虐待を受けていた場合でも、DVの目撃によりダメージを受けてきた場合でも、さらに、子どもが別居親と本心

---

14)　調査官らによる研究報告［外岡ほか 2014：75］は、子どもが表明した意思につき「子の福祉に資するための子の意思の評価」が必要とするが、現在の家庭裁判所の姿勢からすれば、このような「評価」は、調査官による子の意思の恣意的解釈を正当化する方便にしかならないのではないか。

120　第Ⅱ部　日本の子どもと家族法

から会うことを望んでいなくとも、子どもの健全な成長に有益であるとの先入観、思い込みに基づき、子どもと別居親を面会させようとする。子どもが納得せず、別居親との面会を拒絶すると、間接強制の決定などにより、面会に応じさせようとする。

　家庭裁判所が関与する事案の多くは両親間の紛争が激しい事案である。子どもは、同居生活中の激しい紛争状態や、その後の離婚に至る過程の中で、他の子ども以上に深く傷ついている。司法は、本来、そのような子どもがさらに傷つくことなく幸せに成長できるようにしなければならない。ところが、現状は、子どもを幸せにするどころか、さらに苦しめ、傷つけるリスクさえも高めてしまっている。

3　子どもを害さない別居親との交流のために必要なこと

1　紛争家族の現実を直視すること

　子どもが別居親との交流を望み、父母が、離婚後も、子どもの希望を叶えるため互いに協力しあう。子どもの興味や関心を踏まえて交流の仕方を変更したり、友人との時間など子どもの都合を最優先に日程や時間を調整するなど、柔軟に対応する。子どもと別居親との間でそのような交流が実現すれば素晴らしいし、そのような交流は、きっと子どもの成長にもプラスになろう。

　ただ、家庭裁判所が関わる紛争性の高い事案の現実は、そのような離婚後親子の「あるべき姿」を容易に実現できるほど甘いものではない。そこにあるのは、暴力、暴言、虐待（性的虐待含む）などの事情により完全に壊れてしまった家庭であり、[15] 貧困や、うつなどの精神疾患に苦しむ父母や子どもの存在など、紛争家族の厳しい現実である。「家族」「家庭」という言葉から連想される「温かみ」などではなく、恐怖や不信感、怒りや憎しみを抱く父母の姿であり、渦中で苦しむ子どもの姿である。

---

15)　平成26年の司法統計によれば、婚姻関係事件の妻からの申立て動機は、多い方から「性格が合わない」「生活費を渡さない」「精神的に虐待する」「暴力を振るう」「異性関係」「浪費する」の順である。一方、夫からの申立て動機は、「性格が合わない」が最も多く、次いで、「精神的に虐待する」「異性関係」の順である。

離婚後親子の「あるべき姿」は、父母が、離婚に際して子どものことを最優先に、互いを尊重しつつ話し合うことができるような家族、決定的に対立せず、子どものことを一番に考えられる「余裕」と互いの「信頼」が残っている家族でこそ想定できる姿である。ところが、このような家族は、紛争を自律的に解決できるため、法律も、司法の関与も必要としない。法の世界に助けを求め、家庭裁判所の門をくぐるのは、当事者間での話し合いが困難な父母であり、その多くは、厳しい現実を抱えた紛争家族である。このような紛争家族では、父母の間に「あるべき姿」を実現する「余裕」も「信頼」も失われている。「余裕」と「信頼」は、離婚の成立によって直ちに再構築されるわけではない。時間が必要である。

家庭裁判所が、自らが関わることのない家族でこそ想定できる離婚後親子の「あるべき姿」を念頭に置いた解決方針を、紛争性が高い、厳しい現実を抱えた紛争家族に適用することは、同居親だけでなく、面会することを事実上強制される子どもにも無理を強いることになる。これは、大人達が抱く「あるべき姿」といった理想の実現のため、子どもを犠牲にすることに他ならない。子どもの健全な成長のための別居親との交流が、子どもを犠牲にし、子どもを苦しめる結果になることなどあってはならない。

また、子どもは、別居・離婚に至る生活の過程、虐待されたり、DVに曝されたりといった経験や、両親が角突き合わせていがみ合う雰囲気を通じて深く傷つくのである。別居・離婚のみで傷つくわけではない。両親の別居によって安心安全な生活を送れるようになり、傷つきが癒される子どももいる。「離婚が子どもを傷つける」との先入観から、別居により傷を癒されている子どもに対してまで別居親と早期に接触させることは、子どもを再びストレスに曝し、その傷に塩を塗り込むことにもなりかねない。

このような事態を避けるためには、理想や先入観、思い込みではなく、現実に基づいた解決が図られる必要がある。紛争家族の厳しい現実を直視し、個々の事案に則して、目の前の「その子」、厳しい環境で育った「その子」が幸せになれるような解決を目指さなければならない。離婚後親子の「あるべき姿」や大人の「理想」、思い込みによる「善意」を子どもに押しつけるべきではない。

122 第Ⅱ部 日本の子どもと家族法

2 子どもの意思、想いを適切に把握し、交流に反映させること

　子どもと別居親との交流は、子どもの意思や想いが反映されたものでなければならない。子どもが示した意思は、最大限尊重されるべきである。子どもが示した意思が、両親の別居・離婚に至る事情、別居・離婚後の生活の状況、従前の親子の関係など、客観的な事情からして不自然であり、真意か否か疑わしい場合もあろう。ただ、その場合にも、単なる推測や可能性に基づき、その意思を蔑ろにすることなどあってはならず、子どもの心理に関する専門的知見等に基づく分析などから、子どもの真意を慎重かつ適切に把握する必要がある。

　ところで、現在の実務で行われている調査官の意向調査は、子どもとの短時間の面談で意思を把握するものである。年齢が高く、特に問題を抱えていないような子どもであれば、このような調査でもその意思を適切に把握できるかもしれない。しかし、低年齢の子ども、虐待、DVなど別居、離婚に至る過程において心身に問題を抱えた子どもなどの場合、その意思を正確に把握するには調査官による短時間の調査だけでは不十分である。小児科医、児童精神科医、子どもの問題に関わる臨床心理士、保育園、学校、児童相談所など、裁判所の外部の専門家、専門機関との連携を図りつつ、時間をかけて子どもとの信頼関係を築き、丁寧に子どもの意思を把握する作業が必要不可欠である。

　家庭裁判所の一職員であり、制度的にも独立が保障されていない調査官による調査は、家庭裁判所の方針から完全に自由ではあり得ない。[16] 現在の調査官による調査が、家庭裁判所の方針に沿った「結論ありき」のものとなっているとの批判は強い。裁判所とは独立した外部の専門家、専門機関との連携を図ることにより、調査が「結論ありき」となること、家庭裁判所の方針に沿った裁判官の判断に「お墨付き」を与えるだけのものとなることなどを回避することにもつながる。

　裁判所外部の専門家等との連携のもとで、時間をかけ、丁寧に把握された子どもの意思、想いを最大限尊重し、別居親と交流を行うか否か、いかなる交流を行うか、どの時点で交流を開始するかなど、交流全般に反映させるべきである。

16）　オーストラリアの家庭裁判所で調査官類似の役割を担うファミリーコンサルタントは、裁判所の職員であるものの、裁判官とは独立した地位にあり、決められた場所以外で裁判官と話をしない（第26回司法シンポジウム報告）。

適切に把握された子どもの意思・心情を十分に反映し、調整された別居親との交流は、子どもを害さない、子どもの成長にとって有益なものとなるはずである。

3　子どもの生活環境、監護環境を害さないこと

両親の別居、離婚により、子どもの生活が一時的に不安定となることは避けられないが、できるだけ早く子どもが安定した生活を送れるようにする必要がある。そして、子どもは、親に監護養育される存在であることから、同居親による監護環境を安定させることが、子どもの生活の安定につながる。ゆえに、子どもと別居親との交流は、監護環境の安定に資するものであることが望ましい。少なくとも、これらを害するものであってはならない。子どもと別居親との交流の問題を、子どもの監護環境の安定と切り離し、面会の早期実現だけを目指すことは適切ではない。監護環境を安定させるべく、面会交流は「監護者の監護教育内容と調和する方法と形式において決定されるべき[17]」である。

母子世帯の所得水準が低いことは前述のとおりであり、ひとり親家庭の相対的貧困率は50%を超えている。経済的な困窮は、そこで暮らす子どもの生活を安定させない。経済的安定は、子どもの生活を安定させる最も基礎的かつ重要な要素である。婚姻費用や養育費の支払いによる別居親からの経済的援助は、子どもの生活の安定のために必要不可欠である。収入があるにもかかわらず、婚姻費用、養育費さえ支払わないことは、子どもの生活、監護環境の安定を阻害する行為であり、子どもに対する経済的な虐待であるといっても過言ではない。婚姻費用、養育費の支払いは、子どもと別居親との交流を実施するための大前提であるといえよう。

DV事案などでは、同居親が心身に深いダメージを受けており、回復に時間を要することがある。そして、回復途上における面会交流を通じた別居親の関わりが同居親を不安にさせ、回復を阻害することもある。同居親の回復の遅れは、子どもに対する監護の質にも影響する。DV事案では子どもが別居親との交流を望まない意思を示していることも多いが、仮に、子どもが交流を望む意思を示している場合にも、性急に事を進めるのは適切ではない。まずは、子ど

---

17)　『最高裁判所判例解説民事篇平成12年度（下）』21事件511頁以下。

もの生活の安定、監護環境の安定のため、同居親のダメージからの回復を優先させる必要がある。子どもと別居親との交流は、同居親の回復状況を見ながら、写真の送付などの可能な交流を続けつつ、直接交流の時期、方法などを慎重に検討すべきである。

別居親が、同居親の監護方針を尊重せず、これを無視した対応をしたり、子どもに対して同居親の監護方針を批判したり、同居親を傷つけ、貶すような言動をとることは、子どもの生活の安定を妨害することに他ならない。このような振る舞いがなされれば、監護環境は不安定となり、かえって、子どもを害する結果となる。この場合、子どもと別居親との交流は認められるべきではない。また、別居親との交流が、子どもと同居親の生活を危険に晒し、転居、転校などを余儀なくされるなど子どもの生活の安定を妨げる場合にも、当然、交流は認められるべきではない。

子どもと別居親との交流は、子どもの生活を安定させるものでなければならない。監護の質を低下させ、監護環境を悪化させるような交流は、子どもを不安定にするものであって認められるべきではない。

4　ま　と　め

子どもを害さない別居親との交流のためには、紛争家族の現実を直視した解決を図ること、適切に把握した子どもの意思や想いを交流に反映させること、さらに、別居親との交流が子どもの生活の安定や、監護養育される環境を害するものでないことが必要である。

これらの観点から調整された子どもと別居親との交流は、離婚によって傷ついた子どもをさらに傷つけることのない、子どもにとって有益なものとなるはずである。

面会交流は、あくまで子どもの健全な成長のためのものである。親の側の「会いたい」欲求を満たすためのものではない。「会いたい」欲求の実現を目指すことは、子どもの利益を後回しにする事態を招きかねない。別居親の気持ちに共感することはあっても、その気持ちや欲求の充足を目的化することは戒めなければならない。

子どもと別居親との交流を検討する際は、子どもと別居親との交流が「子どものためのもの」であることを、常に頭の片隅に置いておく必要がある。

おわりに

　子どもの問題に関わる大人達は、皆、離婚で傷ついた子どもに幸せになって欲しいと願っている。その願いは裁判所も同じはずである。しかし、現実は、その願いとは裏腹に、裁判所の関わりが、子どもを幸せにするどころか、かえって、子どもを傷つけるリスクを高めている。

　前出のウォラースタインらの研究は「法制度は、子供たちの利益を守ることを義務付けられているにもかかわらず、往々にして、かえって彼らの人生を困難にしてしまう。すべての子供に適合する方針を見つけることなどは不可能であり、子供の個性を殺すことにもなりかねない。今必要なのは、面会の取り決めを決める前に子供たちが自分の要求や願望を主張できる制度だ。そして大人は、その取り決めを一貫して見守っていき、状況に応じて調整を加えていかねばならないのだ」と指摘する［ウォラースタイン 2001：326］。

　裁判所は、抽象的な子どもを念頭に一般論からの解決ではなく、事案ごと、子どもが置かれた現実を直視し、目の前の「その子」に向き合った解決を目指さなければならない。ただ面会交流の早期実施を目指すのではなく、長期的視野に立ち、「その子」の将来を見据え、生活の安定を図りつつ、「その子」の要求や願望を丁寧に把握し、生活の質が向上するような別居親との交流の在り方を考える必要がある。

　一方の親と離れることで悲しむ子どももいれば、悲しまない子どももいる。中には、喜ぶ子どもさえもいる。別居親に愛着を示す子どももいれば、そうでない子どももいる。別居親と会いたい子どももいれば、会いたくない子どももいる。子どもは千差万別である。どちらかが原則的な子どもの姿で、どちらかが例外的な姿というわけでもない。

　子どもと別居親との交流の問題に、原則例外思考を持ち込むことは、個々の子どもの現実から目を背けさせ、子どもの個性を殺し、傷つける結果をも招きかねない。個性を持つ子ども一人ひとりの姿に目を向けるべきである。

　司法の関与が、離婚で傷ついた子どもをさらに傷つけることなど、あってはならない。

文　献

青木聡「面会交流の有無と自己肯定感／親和不全の関連について」大正大学カウンセリング研究所紀要34号 5 -17頁

赤石千衣子（2014）『ひとり親家庭』岩波書店

秋武憲一（2012）『概説家事事件手続法』青林書院

ウォラースタイン, ジュディス／ルイス, ジュリア／ブレイクスリー, サンドラ著、早野依子訳（2001）『それでも僕らは生きていく──離婚・親の愛を失った25年間の軌跡』PHP研究所

梶村太市（2013）『裁判例から見た面会交流調停・審判の実務』日本加除出版

梶村太市（2015）「面会交流の実体法上・手続法上の諸問題」判例時報2260号 4 頁

梶村太市・長谷川京子編著（2015）『子ども中心の面会交流──こころの発達臨床・裁判実務・法学研究・面会支援の領域から考える』日本加除出版

神原文子（2014）『子づれシングルと子どもたち──ひとり親家族で育つ子どもたちの生活実態』明石書店

小島妙子（2014）『DV・ストーカー対策の法と実務』民事法研究会

シャファー, H.R.著、無藤隆・佐藤恵理子訳（2001）『子どもの養育に心理学がいえること──発達と家族環境』新曜社

白川美也子（2013）『DVにさらされた子どもの影響 現状報告②心の側面から　DVの次世代への連鎖を食い止める研究会報告　暴力の連鎖をなくすために、いまできること』AWS

外岡惠美子・前田勉・本多洋子・吉田央・貝原弓子・松下美加子（2014）『家事事件における小学生の子を対象とした調査の留意点・家裁調査官研究紀要第18号 1 頁』法曹会

田中究・長谷川京子（2013）『DVによって傷つく子どものこころ』兵庫県こころのケアセンター平成25年度事業報告書

棚村政行（2013）『面会交流と養育費の実務と展望──子どもの幸せのために』日本加除出版

友田明美（2012）『新版いやされない傷──児童虐待と傷ついていく脳』診断と治療社

友田尋子編（2012）『別居親と子どもの面会交流に関する調査報告書──面会交流が子どもに及ぼす影響』日本DV防止・情報センター

日本弁護士連合会両性の平等に関する権利委員会第 3 部会（2013）『子の安心・安全から面会交流を考える──DV・虐待を中心に シンポジウム報告書』日本弁護士連合会

日本弁護士連合会（2014）『第26回司法シンポジウム基調報告書』『同CD版』日本弁護士連合会

長谷川京子（2015）「子どもの監護と離別後別居親の関わり」判例時報2260号11頁

長谷川京子・佐藤功行・可児康則（2014）『弁護士が説くDV解決マニュアル〔改訂版〕』朱鷺書房

細矢郁・進藤千絵・野田裕子・宮崎裕子（2012）「面会交流が争点となる調停事件の実情及び審理の在り方──民法766条の改正を踏まえて」家裁月報64巻 7 号 1 頁、法曹会

水野有子・中野晴行（2014）「第 6 回　面会交流の調停・審判事件の審理」法曹時報66巻 9 号、法曹会

宮地尚子（2013）『トラウマ』岩波書店

若林昌子（2012）「面会交流事件裁判例の動向と課題──父母の共同養育責任と面会交流の権利性の視座から」法律論叢85巻（2・3）397頁

渡辺義弘（2015）「高葛藤事案における代理人弁護士の任務」判例時報2260号19頁

第Ⅲ部

離別後の親子関係の理想と現実
共同養育についての議論とオーストラリアからの示唆

第Ⅲ部は２つの章による総括として、離婚後の親子関係の理想
と現実について日本とオーストラリアの対比を示す。第９章で
「離別後の共同養育」を多角的に検討し、第10章では「オースト
ラリアの家族法をめぐる近年の動向」を検証し、親責任のあり
方を単独制と共同制について論考する。

第9章
離別後の共同養育はだれの利益か

鈴木隆文

　本章は、離別後の共同養育の成功事例や、子どもにとって良いかかわりをしている父親も多く、このような場合には、ただ父であるという事実からではなく、子どもにとって良い大人であるから、子どもの養育に関与することが子どもの利益につながっていることをふまえつつも、近年の問題となる動きを分析するものである。

は じ め に

　ブラジルでは、共同監護制度や妊娠中の養育費制度に加えて、片親疎外法が2010年に導入され、また、判例によって子どもへの愛情放棄による別居親に対する損害賠償が認められ［アカウンタラ 2014：253］、2014年末には共同監護を原則とする法案が承認された。この動きは親の子どもを育成する一義的な責任を強調するものと説明されているが、本当に子どものためになっているのだろうか。この点について、「法律では子供たちが両方の親と同等に接触することを前提としており、養育費の捻出も共同作業になるとみられる。」と報じられているが、現実には、主に養育を担っている親にとっては負担の軽減とならず、また養育費の金額も減額されるのではないかと懸念され、子どもの利益と合致しないのではないかと心配される。

　これに先立ち、オーストラリアでは2006年の連邦家族法改正によって、片親疎外症候群（PAS）の考え方の影響を受けて、共同養育時間（shared parenting time）という表現が取り入れられ、フレンドリー・ペアレント（friendly-parent）条項も盛り込まれた。その結果、ドメスティック・バイオレンス（DV）や児童虐待は潜在化し、また、養育費の支払いが減額される問題が発生した。その反省から、2011年改正法ではフレンドリー・ペアレント条項を廃止し、子どもの

1）　「離婚後の共同親権 ジルマ大統領が承認」『サンパウロ新聞』2014年12月24日、インターネット版 http://www.saopauloshimbun.com/index.php/conteudo/show/id/20095/cat/1（2015年1月30日アクセス）。

最善の利益の考慮要素として養育実績、子どもや家族構成員への暴力の有無や安全を重視する方向での改正がなされた［小川 2014：55；小川 2015：95］。

このようなオーストラリアでの失敗と反省が、ブラジルでの法制定の動きには踏まえられておらず、同じ失敗が繰り返されるのではないかと危惧される。

日本でも、週末に非監護親のもとで子どもたちが過ごして、非監護親がその間の食費、被服費、「おもちゃ代」を負担したことを婚姻費用金額の控除要素として考慮した決定（広島高岡山支決平成23・2・10家月63巻10号54頁）があるが、この控除方法は子どもに必要な生活費の確保を困難にする危険も孕んでいる。

本章は、筆者が、法律実務者として離婚事件や貧困問題等に携わった経験と、臨床心理士、精神保健福祉士、社会福祉士、公認会計士としての体験や国際的な女性運動とのかかわりから、第Ⅰ部の「離別と親子関係、紛争と葛藤」での法律以外の専門領域でのアプローチと、日本の法律分野でのより実践的な場面の分析である第Ⅱ部の「日本の子どもと家族法―子どもの視点からみた法制度の問題点」を引き寄せる議論として、また離婚後の共同養育をめぐる現状の法運用の背景にある考え方への疑問を提示し、これと連動する社会運動の影響に焦点を当て、第Ⅰ部で提示された視点と第Ⅱ部の法律実務についての議論をつなぎ、その観点から現行法解釈を超えた立法・制度提言も含む視点を提起するものである（本章は、現行民法766条については改正が必要との立場であるが、現行法の解釈としては同条の射程範囲を大きく限定すべきとの立場である）。

本章では、①遺伝学的父親であることは法的権利の根拠となりえないことを前半で検討し、後半で、②共同養育をめぐる利害対立の状況、③特にDVがある場合の共同養育の問題、④共同養育という議論自体の「不可能性」について検討する。なお、共同親権、共同監護等は様々なレベル・内容で用いられているが、本章では、抽象的な権利・地位レベルの共同に関する事項を次節1において、具体的な権利の行使や内容レベルの共同養育について2以降で検討する。

1　法律上の「父」とは誰であるべきか？――「父親」概念を疑う

1　遺伝学上の父親、So what？

「共同養育」を議論する際、多くの人は、共同養育の主体は「親」であること

130 第Ⅲ部 離別後の親子関係の理想と現実

を前提として、その前提を疑わない。ところで、多くの先進諸国では、親権者・監護権者の決定のルールは、家父長制の下で父親が当然に子どもに対する権利を保持できた時代から、実際に養育をしている母親を優先するというルールに移行した。その後、母親優先の原則（tender years doctrine）が「ジェンダー平等に反する」として非難されるや、その反動として、子どもにとって何がよいかの真剣な議論を経ることなく、とくに「父」について生物学への回帰が始まり、その安易な手法に裁判所も便乗し、現状の家族法実務はその影響を大きく受けている。例えば米国では、既に面会交流や共同養育の根拠として、生物学に対する人為的解釈を裏口から忍び込ませた自然権的発想が幅を利かせている。

遺伝学の世界では、生物学的な雄の精子は卵分割のきっかけとなり（単為生殖の場合は、雄は生殖の過程には不要となる）、その遺伝子は子どもに引き継がれる。しかし、その事実に法的にどのような意味を持たせるかには、誰が父であるかという「法的な親子」という人間が作り出したフィクションと、それに人間がどのような意味を持たせたいかという、二重の価値判断が介在している。誰かが「俺の子」であると言ったとしても、その子どもに対してどのような権利と義務が発生するのかは、遺伝学や生物学が回答できるはずがない。日本の民法818条１項は、子どもに優先的に責任（親権）を持つ大人が、原則として２人であり、かつ、それが母（親）と父（親）であることを前提として権利義務を定めているが、その前提が正統であるという論理的な根拠は見出し難い。日本の民法には、遺伝学的親についての規定はなく、法律上の親であること、および親権者であることによる効果についての規定があるのみである。

ただし、近年、にも関わらず、裏口から遺伝的父親であることを法的効果に結び付けようとする動きがある。父としての「自然な」感情を根拠にした離別後の面会交流や共同養育の主張もその一環と思われる。この「自然」は、同時に、養親子、継親子、社会的親子、生殖技術を利用した親子、LGBTの親子などを排

---

2) 近時は、母の卵細胞ミトコンドリアDNAに重大な欠陥がある場合の治療として、父母の核DNAと第三者女性ミトコンドリアDNAを受け継ぐ際には、遺伝学的に親が２人ではなく、３人であるという事案が生じており、この点からも、親を２名とする法律モデルは、医学的な根拠が乏しい価値観の産物であることがうかがえる。和田（2015：1）参照。

3) 従前は、レズビアンによる養育について、少なくとも片親との遺伝的つながりがないことや、「父母」の外観がないことや、社会的差別によって、養育者や養育環境として不適切であるとの言説も

第9章　離別後の共同養育はだれの利益か　　131

除し、苦しめている。日本では裁判所での監護者指定の基準として、以前は母親優先の原則として、乳幼児については生物学的母親を優先する原則があったようであるが、現在では、これが母親的養育という機能に読み替えられ、哺乳、こまごまとした身上監護、愛着関係、心理的絆などを満たす者を優先する傾向にある［松本 2011：4］。これを敷衍すれば、生物学的父親であるということだけで生物学的父親が当然に優遇されるべきでないと言えるはずである。[4]

　また、法的親子の効果と親権の効果については、親権の帰属と効果と分類するものなど様々な分類や呼称があるようである。法的親子の効果と親権の効果の関係には概ね後者が前者の部分集合であるとの考え方が一般的であるが、私は、両者は、それぞれ効果の点（例えば誰が遺産を相続すべきか、誰が子どもの養育に責任を持つべきか）から別個に定められるべきであると考える。

　日本の民法の規定および解釈では、ある女性は分娩によって法律上の母親になり、ある男性は、婚内子の場合は嫡出推定規定によって、婚外子の場合には認知によって、「法律上」の父親になることになっている。

　私見では、子どものニーズを満たし、その成長に責任を負う意思がある大人がまずはその責任を心して果たすのが妥当とは思われるが、日本の民法規定は、そのような大人を「親」として決めるわけではなく、また、特にそのような大人が、日本での法律上の父親と一致するわけではない。実際には日本の裁判実務では、遺伝学的な親が法律上の親と一致すべきとのルールは否定されており、また現実にも遺伝学的な親が日本民法での法律上の親でない実態もしばしばあり、両者が一致しなければならない必然性もない。例えば、とくに婚内子についての[5]最判平成26・7・17民集68巻6号547頁および最判平成26・7・17集民247号79頁の事案や、生殖補助医療を利用した場合（最判平成25・12・10民集67巻9号1847頁）等が典型的である。「生殖補助医療」を利用して生まれた婚内子

　　あったが、養育者・養育環境として問題はないとの見解が主流となり、Clarke（2008）は、むしろ
　　異性愛カップルの養育よりも優れているという言説が心理学でも有力になったと指摘している。
　4）　遺伝学的親子に関して、子どもが出自を知るための環境整備を求める権利について近年重視
　　されているが、これは、法的親または親権者の権利義務と別次元の問題である。
　5）　これに対して婚外子については、認知者が血縁上の父子関係がないことを知りながら認知し
　　た場合に認知無効の主張を認めた最判平成26・1・14民集68巻1号1頁等、いまだに血縁上の
　　父子関係が重視されている。

については、性器結合（暴力的性行為を含む）による妊娠出産について法的扱いとを大きく区別する「二人エッチ至上主義」の問題はあるものの、誕生後の子どもの養育を誓うことの類似の機能として、例えば東京高決平成10・9・16家月51巻3号165頁は、夫の同意を得て人工授精が行われた場合には嫡出推定が及ぶとしている。精子・卵子・胚の提供等による生殖補助医療により出生した子の親子関係に関する民法の特例に関する要綱中間試案（2003、法制審議会生殖補助医療関連親子法制部会）も同旨である。（さらに、フランス法では、身分占有という概念を用い、また親子鑑定を禁止し、遺伝的に血縁でない者を父親として安定させている。）

　問題なのは、それでも法律上の父親を血統書シールのように子どもに貼り付けることはそれほど必要なことなのか、それを必要とする社会はすべての（つまり普遍的に）子どもにとってやさしい社会なのかということである。

2　父親とは養育費の負担者？

　日本の家族法実務では、法律上の父親の決め方については、子どもに安定した（ただし、その安定は、前述の通り、排除と差別によって成り立っている）父子関係を与えるとの婉曲的な説明もなされている。例えば最判平成12・3・14集民197号375頁等では「身分関係の法的安定」という。また、1990年代には婚外子を父親が認知した場合に児童扶養手当を打ち切る同施行令が存在していたが、このような悪しき運用も同様の趣旨によるものである（最判平成13・1・31民集56巻1号246頁は、同施行令の該当部分を違法であり無効と判示している）。

　実質的には、上記の安定とは、子どもの養育のための費用の負担者を決めることを想定していることが多い。しかし、将来の制度設計として、養育の経済的負担について、子どもの成長に必要な経済的基盤が法的・社会的に整備されれば、養育の費用負担よりも、子どもとの日々のかかわりが重視されるはずである。また、そのような制度によって充分な子どもへの経済的支援が実現すれば、後述のように養育費の負担を、実際に養育に携わらない大人に負担「させる」仕組みには弊害があり、子どもの養育にかかわる社会の経済的支援が整えば養育費負担を強制する制度は廃止したほうがよい。

　もちろん、誤解がないように補足すれば、現在の日本では、子どもの貧困を解消する施策がほとんど機能していない。成人全員が就労している世帯の子ども

の貧困率が、本来、再配分機能を有するはずの税制や社会保障制度によって、改善するのではなく悪化していたという逆機能はその典型である。また、貧困解消のために存在するはずの福祉制度はスティグマを押し付けており、児童扶養手当の申請に伴うプライバシー侵害や、支給手続の厳格化なども一例である。

このような必要な人に届かない新自由主義的社会保障の枠組みの中では、子どもの貧困の緩和や子どもの成長のため、また、離別した当事者間のより公平・公正な負担の分担のためには、養育をしない父親からできるだけ多くの養育費を支払ってもらう手段に頼るほかない。父親がいることが社会福祉削減の口実となり、貧弱な社会保障が（養育費を負担する）「父親」を手離せない圧力を補強し、父親が「ものをいう」日本では見事に新自由主義と家父長制の共犯関係が生じている［三浦 2015：53］。現実に払える父親には払ってもらえても、いずれにしても父親次第で養育環境の大きな格差が引き起こされてしまう。そもそも養育費の位置づけは社会保障でも貧困対策でもないはずである[6]。

3 あるべき法律上の父親の認定方法について

親であることによって法律がどのような効果を認めるかについても、きわめて恣意的であり、論理的根拠があるとは言い難い。現在、日本では法律上の親であるかどうかによって、法律上の親および親権者としての権利（本来は義務のはず）が all or nothing で定まってしまう。法的親子関係の存在によって、相続、国籍、在留資格等様々な法的な効果が導かれ、また、親権の効果として養育監護についても法律上の親以外の者を排斥するほどの強い権利が認められている。例えば、仙台高決平成12・6・22家月54巻5号125頁は、単独親権者がいる場合に、子を養育してきた里親を監護権者として指定した原審判を取り消し、里親の申立権さえも否定した。

財産の承継者や、国民・市民の構成員を決めることと、親権・監護権とかか

6）　上記とは別の視点として、子育てについての経済的負担にかんがみ、父母の子どもに対する義務は主として子の監護・教育など精神的・社会的育成にあるとし、父母に経済的負担を課すための法的根拠である民法上の父母の扶養義務を廃止し、または基本給付としての児童手当を補充するものと位置付けることも考えられるとするものとして、本澤（2003：198）参照。私的扶養と公的扶助についてその関連性を切断して、生活困窮に対しては一次的に公的扶助が対象とすべきことを含めた議論が始まっている（例えば、家族法改正研究会第5回シンポジウム 2013：2〜）。

わる子どもの養育は別次元のはずであり、後者にはより密接かつ日常的なかかわりが求められるはずであるが、日本では一律に定められている。しかし、法律上の父親であっても、子どものニーズを満たし、成長に責任を負う意思があるとは限らない。子どもの誕生後、子どもの身近なニーズを満たして、子どもの成長にとって不可欠な重要な存在となる、そのような存在である法律上の父親も多くいるだろうが、そうでない父親も意外と多いものである。俺の子、私の子だからとはいえ、親としてふるまえる道理はなく、日々の子どもとの人格的かかわりの中でこそ、関係性ははぐくまれていくのである。養育の実績や子どもとの関係性の構築と無関係に、特定の「地位」があるからといってその後の子どもとの関係が自動的に決まるべきものではない。

　イギリスでは、婚姻内養育を当然の前提にするのではなく、様々なレベルの親概念とそれに合わせた効果が規定されており、父母以外にも親責任を認める余地を広く定め、また、社会的親子についても一定の権限を認めており、参考になる。[8]

4　マーサ・ファインマンの近代家族法批判——ケアの視点からの家族法の再構成

　米国・コーネル大学教授のマーサ・ファインマン（Martha A. Fineman, フェミニズム法学）は、形式的な「平等」の罠を暴き、人の世界に不可避な依存や脆弱性を法の中で考慮すべきことを説き、著書『The Neutered Mother, The Sexual Family』（1995）（邦訳は上野千鶴子監訳・解説（2003）『家族 積みすぎた方舟』）はこの点に明確な視点を与えている。法律が無批判に前提としている近代家族の自然視を疑い、その中に封じ込められている「依存の私事化（privatization of dependency）」によって近代家族が成立していることを暴き、近代家族の中で成人女性にケアの管理が割り当てられることこそ、子どもの貧困や離婚、福祉改革の課題に影響を及ぼしていると指摘する［Fineman 前掲邦訳：184］。そして、極めて重要で常識的な指摘であるが、諸施策によってもケアの分担は生ぜず、誰が家事を担うかという点で変化は起きないので、であるならば男性にライフ

　7）　もっとも親権喪失や離別をすれば、法律上の親であるが親権者でなくなることもある。

　8）　「社会的親」についての詳細は、床谷他編（2014）や許末恵（2014：5）等参照。富田（2013：41）もこのような発想につながるものであろう。

スタイルを変えさせるという幻想を捨てるべきであり、家族における平等は虚構であると結論づける［前掲邦訳：186］。平等主義家族の理想は学歴の高い女性たちに担われているが、その理想を到底実現できない女性たちや負担を分担すべきパートナーがいない女性たちには抑圧にしかならないと指摘する。家父長制の外で子どもを産み育てる女性に対するペナルティとして、貧困だけでなく、「ジェンダー中立性」の建前による「父親の権利団体」の運動による攻撃を挙げている［前掲邦訳：102］。

　注目すべきは、ファインマンは、米国の「父親の権利団体」は、養育費の取り立てが厳しくなったことを機に設立され、義務（養育費）を強制されて初めて代償としての権利を求めて監護権や訪問権を母親と争い始めたと指摘する点である。その結果、父親の監護権や面会を認めさせないために、養育料を放棄する母親が現れ始めた。そのような事案の中には加害父による性虐待から子どもを守るためのものもあった。そのため、ファインマンは性的家族の法的保護の廃止と、（比喩的な）「母子」対に体現されるケアの担い手と依存者からなる養育家族単位に対する保護を提案する［前掲邦訳：249］。少なくとも差別と貧困ゆえに例えば「住む家が必要」との理由から女性たちが婚姻に誘導され、婚姻内の弱者となって、それゆえに婚姻関係からの離脱時にも不利な立場に置かれてしまうことから保護するための「婚姻（内の弱者）の保護」の必要性は、差別と貧困を解消すれば縮減するだろうし、そのためには、家父長制における「妻子を養える賃金を」ではなく、ケアする人が（夫等に）経済的な依存をせずにケアし生活できる賃金と普遍的な社会保障が必要となる。なお、ファインマンは「核家族を父親、母親、子どもからなる三者関係と定義する人々もいる。子どもは政策と政治において真の焦点となっていない。子どもは成人の地位の評価に意味を持つだけの抽象物である。家庭が現代の主戦場とさえ言われる男女間の闘争の場では、子どもに対する権力と支配力の大きさこそが競われているのである」［前掲邦訳：原注の1頁、原注第1章の注1］と指摘し、現代の家族の論じ方や子どもの扱われ方に疑問を示している。

　同書の日本語版解説で、上野千鶴子は、養育費に関する公的機関の、再生産費用は私的に負担されるべきという「自然な家族」の前提（近代家族イデオロギー）（誰であれ男に帰属しない女と子どもにペナルティを与える）と、公的費用で賄

136 第Ⅲ部 離別後の親子関係の理想と現実

う場合のシングルマザーのプライバシーへの詮索の問題を指摘し、子どもには父親が必要だというイデオロギーの存在とその問題性を指摘する［前掲邦訳：281（上野解説）］。ケアをする単位に、自己決定の環境を保障し、「父親」や国家から干渉されないプライバシーが必要である。「政府は家族のもとで子どもが生まれることをのぞんでいるが、家族のそとで子どもが生まれることは望んでいない。つまり、『ケアの私事化』を彼らが変更する気がなく（日本型福祉の含み資産としての家族！）ひとり親世帯が増えることで発生する福祉のコストを負担したくないと考えていることがわかる。そしてこのような家族政策こそが、家父長的と呼ばれるものである。家父長制とは、子どもの帰属を父親によって決定する原理でもあ」り、「シングルマザーであること自体が『逸脱的』であるとされ」、「懲罰的な法規制の対象とな」り、「『無責任な再生産者』として社会のお荷物扱いされ、福祉のアンダークラスとしてつねに攻撃のターゲットにされ」、それは「自然な家族に体現される」［以上、前掲邦訳：294（上野解説）］。家父長制的イデオロギーの基本的な諸要素を揺るがしかねない「これらの母親が独身だという事実が、しばしば反社会的な脅威」［前掲邦訳：94］とされ、「男に所属しない女と子どもにはペナルティが与えられなければならない」という考えを背後にした、「シングルマザーに与える最大の懲罰は、実は福祉以前に、シングルマザーが労働市場で圧倒的に不利な状況にあるという事実である」と問題分析してケアの脱私事化を説いている［前掲邦訳：295（上野解説）］。近代家族法は、父親を中心にした家父長制的家族を主流的存在として、それ以外の「脇役の」生活形態や人間関係に対する優位を認めてきた。「多様性」という言葉で語られても、父母がそろっている家族を理想形として、それ以外の生活形態や人間関係は「許容」する対象とする上下関係が前提であるという現状の限界があり、婚姻制度を解体しなければこの矛盾は根本的には解決しないだろう。

5　子どもに責任を持つ大人の確定方法と効果についての試論

　以上を踏まえ、現行の日本法とはやや離れるが、私は、立法提言として、子どもに責任を持つ大人の確定方法と効果について次のように考える。

　原則として望んで出産した女性が親であることを引き受けることを認め、その出産した女性を中心にして、彼女とともに子どもを育てる意思と責任があ

り、その女性が共同で養育してもよいと認めた大人（複数であっても構わない、子どもに愛情を注ぐ大人は多い方がよい）を登録することで（意思と関係性に基づいて）親としての責任を負い、（婚姻ではなく）ケアの単位を保障する。出産した女性に育てる意思や環境・状況がない場合には、国が二次的責任を果たして子どもに養育環境を保障する。また、共同養育を開始した後にその複数の大人が共同して育てられない状況が生じた場合や共同での養育関係を（離脱）解消する場合には子どものニーズをどのように満たすかを中心に解決を図り、必要に応じて裁判所が支援する（その場合、現行法のように申立人と相手方とに分かれて父母が対立構造で子どものことを決めるという仕組み自体が子どもにとってよいものか疑問である。子どもの養育に引き続き責任を持つ大人を裁判所や諸機関が後見的に支援することが原則とされるべきである）。現行の嫡出推定規定（民法772条に相当）については、女性の側「のみ」の貞操義務の上に成り立っているものであり、女性のプライバシーの抑圧と、パートナーへの信頼関係の押し売りによって成り立っているものであり、嫡出推定制度は廃止すべきである。男性が「夫」であるからといって、養育の覚悟も準備もなく当然に子どもの父親になれるということは子どもの養育をなめきった発想である。男性の貞操義務は嫡出推定とは無関係であり、これに対して法的にも社会的にも女性の貞操義務違反に対する非難は厳しい現実がある。300日問題の放置は、婚姻関係から離脱しようとする女性のみにペナルティを課すものであり、解消されるべきである。同様に、人工妊娠中絶に配偶者の同意を求める母体保護法14条も削除すべきである。人工妊娠中絶に配偶者の同意を求めることは、女性の身体について起きていることについて、夫に女性本人に優越する決定権（拒否権）を与えるからである。

　この点、現行の嫡出概念やその推定規定は、近代の家父長的家族法の差別構造の根幹をなすものであり、婚姻制度のうちでも強力な効力を持つものであり、夫は限られた例外を除き、法的には子どもの父である推定を覆せず（さらに妻や子は覆すことができない）、婚姻は、男性にとっては婚姻をしたら婚姻中に妊娠した子の養育（費）に責任を持つという宣言を含むと同時に、その見返り

9）　ケアは人間社会の形成にとって不可欠な営みであるが、ケアを負担するゆえにケアをする者が社会的脆弱性を抱え込むことに対応して、ケアする者への保障が、ケアされる者への保障とともに必要である。

として女性には貞操義務を課す（独占欲の充足）という社会での不平等と、両性間の不平等を前提にするものである（保守派が崩壊から守りたい"家族"の本質はこういうものである）。これが曲解され、夫から妻への性交要求権が導き出されたり、「夜のお勤め」といわれるように、不本意な夫との性交に応じざるを得ず、さらに夫による強姦は婚姻関係が破綻していなければほとんど処罰されない実態を招いている。女性に対する差別と女性の貧困が解消すれば、女性にとっては婚姻への実質的なニーズは縮小するだろう。

　また、婚姻と養育関係は独立しているはずなので、カップルとして離別しても共同養育関係が維持されることもあるし、その逆もあり得る。共同養育関係離脱後には、その後の養育をする大人が自律的に養育責任を遂行できるべきであり、離脱したかつての共同養育者による監督や介入を認めるべきではないし、子どもを板挟みにする状況は避けるべきである。養育親の判断を、第三者によっていともたやすく覆せる不安定で自信を失わせる仕組みは、子どもにとっても、養育する親にとっても好ましくない。関係の解消の際、共同養育について、実情にあった合意をすればよいが、合意ができないならば、離別後の監護への介入（妨害）は弊害が大きい。この点から現行の日本の監護権の紛争事件では、協議の際には離別当事者の剥き出しの力関係のなかで弱肉強食によって結論が決まってしまうこと、また、裁判手続では非監護親に申立権を付与して、かつ、父親と母親が、申立人と相手方となる対立構造によって解決する仕組みであること（家庭裁判所での別表第2事件であること）が見直されるべきである。面会交流についても、少なくとも親責任を手放した者の権利ではないことを明確にして、親責任を負う者が、子が誰と接触するとよいかを、子どもの希望や子どもにとってよいかの視点から判断したほうがよく、かつての養育者によって振り回されたり、覆されるべきではない（この点は法的議論における監護の範囲の限定の根拠となるものであるが、この点ついては第5章、第6章を参照）。

　また養育費の支払いも仮に国が二次的責任の実現という本来あるべき姿を実現した暁には、かつて親責任を負う大人であったことによって強制されるべきではない。ただし、いわゆる自然生殖の婚姻カップル、生殖補助医療利用者、

---

10)　そのため、児童相談所は（元）夫婦間権利対立の紛争に巻き込まれることを避けるため、家庭裁判所での解決への協力に消極的になる傾向にある。

養親、離別者等で分け隔てなく、子どもに対する二次的責任を負う側としての裁判所や福祉は、家族のケアについての必要な支援（場合によっては監督、介入）をすべきである。婚姻家族を特別扱いして事実上のフリーハンドを認めるべきではないし、それ以外の養育形態に対して過剰な監視や介入も避けるべきであり（ましてや決して法的または遺伝学的「父」に権利として介入や監視をさせることではない）、反対に、国は子どもの虐待対策や貧困対策にもっと積極的に本気で取り組むべきである。フランスでは育成扶助の対象未成年が20万人を超えるのに対して、日本では親権はく奪・停止は年間100件にも満たない程度、児童福祉法28条審判も300件に満たない。ただし、ただでさえ養育が困難な環境にあるので、まずもって必要なのは、非難や監督ではなく支える環境と支援である。

なお、法的親子の効果として、国籍・在留資格や、相続の問題があり、むしろ日常的な監護よりも関係者の利害に関わることもある。国籍・在留資格については、血縁よりも実質的な養育関係を保護すべきであるし、相続については、現在の法定相続中心を改め、遺族の生活保障（生活・教育資金の確保と華美でない自宅や居住権の保護）、共同形成資産の実質的清算又は資産形成への貢献の清算に焦点を当て、余剰がある相続財産については国の子どもに対する二次的責任を果たすための財源として相続税に回すべきではないか。

2 離別後の共同養育は誰に望ましいのか？

1 別居後の面会交流や共同養育は望ましいことか？

別居後の面会交流や共同養育について一律に反対すべきではなく、関係者の積極的な合意に基づいて、面会交流が子どもや関係者にとって望ましい場合に面会が実施できるような面会交流や共同養育がしやすい環境を整備すること[11]

---

11) 民法766条を2011年に改正して面会交流や養育費の分担を明示した際、立法作業に携わった飛澤（飛澤 2011：10、下線は著者による強調）は、「離婚後、経済的に不安定な状況の下で、一人の親が一人で子育てをしていることが児童虐待のリスク要因の一つとして指摘されていることもあり、<u>面会交流や監護費用の分担について取り決めが適切に行われ、これが順守されれば、児童虐待の防止にもつながり得ると考えられます。</u>」と説明しているが、たしかに経済的困窮や子育て支援の不足は児童虐待の要因になりうるが、それゆえに面会交流が必要というのは非科学的であり、かつ、論理の飛躍であるし、かかる要因への対処は、端的にひとり親家

140 第Ⅲ部　離別後の親子関係の理想と現実

が求められる。しかし、法律上の父親との面会を原則として実施すべきとか、共同養育が原則として望ましいというのは、はなはだしい飛躍であり、かつ、害悪が大きいことも多々ある。確かに、最善の環境（密接な連絡や接触が不可欠になる）が整っており双方の親が強く希望した場合には共同養育や面会交流は検討されるべきであり、チェスラー（Phyllis Chesler）は、共同監護の初期の研究を紹介し、その成功条件を示している。それによれば、共同監護が適切な場合は極めて限定的な場面であり［Chesler 2011：312-315］、いずれかが共同養育に同意していない場合、さらにはDVや高葛藤［Johnston 1994］がある場合にまで、共同養育や面会交流が良い結果をもたらすという科学的根拠は存在しない。既存の問題や紛争を先送りし、悪化させ、または拡大させかねない。[12]

　面会交流は、子どもの安全を第一にして、子どもにとって面会が望ましいから実施するものであり、別居している側から「会わせろ」と主張する理屈は理解しがたい。家庭裁判所の調停や審判では、DVの背景が精緻に検討されないまま、いわばfoot in door 技法によって、説得と、試行等を含めた段階的譲歩を迫ることによって面会に応じさせられる例がかなりあるようである。ちなみに、先方が会いたくないのに会うことを迫るのは、一般社会ではストーカーと呼ばれている。裁判所は、養育者に対して、子どもと特定の者との面会を禁じたり、子どもの社会性を奪わないように、という範囲の介入ができる余地があるとしても、特定の個人に会うように司法機関が命じることはいかがなものか。さらに、非監護親に対して子どもと会うように強制できないのに対して、子ども（実際には監護親）に面会（をさせること）を強制できる片面性の合理的な説明も見当たらない。

2　監護権者の指定や共同養育の可否の判断は適正になされているか？

ところで、監護権者の指定（や共同養育の可否）の判断は家庭裁判所実務にお

　　庭の経済的支援や子育て支援策としてなされるべきであり、その不充分さこそ問題である。

12)　母親の反対にかかわらず押し付けられた共同監護は、母娘関係の健全な醸成を脅かしかねない［Wallerstein & Blakeslee 1989］。Gilmore（2006）も同様に、英国での共同居住（shared residency）について、夫婦間の葛藤や安全性の問題がある場合の子どもへの悪影響があるとの調査結果を示している。またDV事案での母子関係への悪影響については、Bancroft, Silverman & Ritchie（2012：130）等。

いて適正になされているだろうか。多くの裁判所では、二親が監護権者の候補者であるとの前提で両親を相対的に比較する枠組みが採用されている。日本を含め多くの先進国では離別後の養育については、父母の合意ができない場合は家庭裁判所が調整・判断することになっている。養育の質と負担、愛着形成等が重視されるべきであるが、現実にはジェンダー・バイアスによって、一方で母親は完璧な養育監護をしていなければ失格とされ、また米国では心理テスト（MMPI等）が悪用されてDV被害等による影響さえも養育監護に不適格な証とされる反面、DV被害の深い影響は極力無視される傾向にある。他方で、同一事実への評価について、例えば部屋が散らかっている、家に食糧がないことなどについても、男性には甘く、女性には「女なのに」と枕詞が付いて厳しく評価され、男女異なった基準で評価されている。父母で異なった役割という（わかったようでわからない発達心理学がつくった）免罪符によって、家事・育児を「手伝う」、子どもと遊ぶ程度のことで、充分に良い父親と評価される。

　この点、従来の発達心理学での神話を検証したシャファー（Rudolf H. Schaffer）は、子どもの養育に関する心理学研究に基づく実務（実践）への示唆を与えている [Schaffer 1998]。同書は、子どもの養育における安心感、充分で適切な養育水準の必要性を唱え、「血の絆」は心理学的神話にすぎず、「血の絆」という考えの余地はなく、生物学的つながりがあるだけで子どもを育てるのに最も適しているわけではない、生物学的な関係からコントロール権が与えられるわけではなく、安心・安全・養育の適切さの検討が先決であり、生物学的なつながりよりも相互のやり取りの積み重ねによって育まれた相互愛着が重視されるべきと説く。また、父親の不在による悪影響についての研究に対して、父親不在が悪影響をもたらすという予想は研究では支持されなかったとし、Ferri（1976）を引用して、悪影響を示唆する研究の背後にあるひとり親による養育が子どもにとって有害という考え方（偏見）の有害さを説き、むしろひとり親家庭の経済面等の不利益の影響に着目すべきであり、伝統的な家族モデルに従うかどうかの問題ではなく、家族形態等に基づく差別的態度こそ問題の本質であると説いている。

　このような偏った社会的態度から形成された心理学の知見によって、母親は子どものケアの大半を担って当然、父親はかなり低いレベルでも親としての能力に問題なしとされる [Dragiewicz 2010]。父親の監護実績や能力は母親とは全

142　第Ⅲ部　離別後の親子関係の理想と現実

く別の甘い基準で判断されるだけでなく、DVの子どもへの影響も極めて軽視され、さらに、相手方を責める態度も、第三者との性交渉や交際の事実も、父親、母親とで全く異なった扱いがされる。就労についても男性であれば当然とみなされるが、女性が就労する場合には養育への悪影響（低賃金ゆえに労働時間が長くなることもある）が厳しく評価される。

　また、その主張や供述の信用性の評価にもジェンダー・バイアスが入り込んでおり、女性はうそをつくという神話［Saunders et al. 2011；Dallam & Silberg 2006］がまことしやかに裁判所に忍び込んでいる。女性に対する様々な社会的差別によってもたらされた不利な社会的地位、経済的困難も監護権者指定の判断に不利に働いている。このようなバイアスは裁判所の中に限られたものではなく、多くのDV被害女性たちは、ただでさえ、父を奪ったのではないか、離婚はわがままではなかったかという自責感にさいなまれ、世間の厳しい目のなかで、母親失格との烙印に苦しんでおり、裁判所の誤解は、それに追い打ちをかけるものとなる。

　裁判所が二親が養育者の候補者であるとの前提で両親を比較する場合、過去の監護実績も正当に評価しない傾向が見られる。平等とは、これまでの監護実績や苦労や子どもとの関係構築を度外視して、単に子どもの法的な父親であることを理由に、母親と対等に子どもと接する権利が取得できることとは全く異なる。確かに、女性だから子どもとかかわることが適切、男性だから不適切とのレッテルはおかしいが、法律上の父親だから結果も母親と平等というのはあまりにも虫がいい。不平等であり、子どもに有害なことも多い。過去の子どもとの関わり、親としての技能、子どもの安全をふまえず、単に半分半分というのは「平等」ではない。ましてや、共同養育の先にある結果が親としての責任[13]（特に現行法制度での養育費の負担）の削減や放棄であればなおさら不当である。このように、離婚後の共同養育の要請と、性別固定的役割分業の解消によるジェンダー平等とは全く別次元の課題であるが、混同して論じられる節がある。

　形式的な共同養育制度では、責任感が強い実質的な監護者が、子どものニーズを満たすための活動に翻弄され、他方の親と会わせるための準備の負担も負

---

13)　この点の問題点と提言については、次項3で説明する。

い、自身は子どもと直接触れ合う時間を大幅に削られることになる。問いたいのは、共同養育を主張する論者は、自身でどのような監護をしてきたのか、ということである。

3 養育費制度という欠陥制度と代替制度の必要性——自律した養育環境のための提言

この点、父親に子どもとの接触を認めてあげないと養育費が支払われないのではないか、父親との関係を弱めるのであれば養育費はどうなってしまうのか、という疑問もあるだろう。離婚による経済的ダメージは、男女が平等に被るのではなく、女性に偏って生ずること[14]が知られている。特にDVの被害者たちは、一方で加害者である夫の稼働能力の開発に最大限貢献し、他方で社会的孤立、同居中の能力開発の阻害、別居による資源やネットワークの喪失、安全確保のための生活範囲の自粛、監護環境の変化とその監護の負担などの困難をかかえ、離別による経済的不利益は深刻である。離婚後の女性と子どもの貧困を解消し、経済的公正を確保すべきである。Halperin-Kaddari（2009：para.7）は離婚による経済的損失についての男女差について、先進工業国等の調査によって、女性側が決定的な悪影響を受けることを示している。離婚だけでなく、DVが存在する場合には、婚姻中の経済的虐待（生活費を渡さない、必要な金員を渡す際に屈辱を強いる）に加えて、離婚手続や子どもの監護に関する紛争の負担、さらにはその後のそれらの合意等の履行の際の経済的虐待や嫌がらせにより、また、加害者との接触を回避する必要から経済的請求を差し控えることなど、離婚にまつわる経済的損失はDVの場合は特に大きい。また、間接的に、準備期間が不充分で、また、保育等が不十分なわが国の現状のまま、子どもの養育監護の負担を抱えて就職せざるを得ず、不安定・低賃金労働に押し

---

14) 国連女性差別撤廃委員会委員のMs. Ruth Halperin-Kaddariは、離婚する女性に経済的な公正をもたらすための一般勧告をまとめるよう活動し、2009年6月には、結婚と離婚における経済的影響の考え方をコンセプト・ノートとしてまとめている［Halperin-Kaddari 2009］。
　　その成果は国連女性差別撤廃委員会の一般勧告29に生かされており、とりわけ43～48段落においてこの点に関する記載がなされている。和訳は http://www.gender.go.jp/international/int_kaigi/int_teppai/pdf/kankoku29.pdf から入手可能。
　　婚姻や出産を機に女性が離職をすることが多い日本では、その偏りは顕著である。
　　離婚のみならず、関係解消の際の公平な結果を保障すべく、補償や経済的支援は、喫緊の課題となっており、仏法や英法のような補償的な離婚給付の考え方は参考になる。

寄せられ、単身女性がセクシュアル・ハラスメントの標的とされやすいこと、さらには、DVの後遺症や居場所を隠さざるを得ないこと、児童扶養手当の手続でプライバシーを詮索される等の様々な困難を被っている。

このような本質的問題が未解決の中で、養育費の金額増加と確実な回収は一つの解決策として考えられなくもない。法律上の親であることによって養育費の支払い義務が生ずるという考え方は、一見すると、離別後の経済的ダメージを補う不可欠な手段のように見える。もちろん、養育費の支払いが、離別後に子どもを養育監護する者にとって子どもの養育に役立てることができている事例も多く、このような支払いがより円滑になる底支えは必要である。

しかし、養育費の回収という解決方法が、既存の差別構造を前提とし、差別を覆い隠している。逆説的であるが、養育費の定めがむしろ養育者を追いつめることもある。日本の家事事件実務でも、あてにならない養育費のせいで家計の計画が立てられない、養育費を決めるのに時間と裁判所への出頭等の負担が重い、強制執行等をしても時間がかかったり確実に回収できないことがある、社会給付との関係では養育費が所得や収入と認定されうる、さらには事実上、養育費の合意や支払いが面会交流の取り決めや実施との交換条件にされ、面会交流の実施ができない場合に養育費相当額のペナルティによって間接強制がなされうること、ことほど左様に、無責任な加害者とあてにならない養育費に振り回される例は枚挙にいとまがない。さらに、夫がDV加害者であったり、子どもに対する性虐待の加害者であった場合には、加害者の刑事責任を問うことによって、加害者の収入が減り、養育費などが取得できなくなるリスクを被害者が抱えることになり、養育費確保か正義の実現かの選択を被害者が迫られることになってしまう。その無責任な加害者に責任を取れと抽象論を語ることは容易だが、誰がその責任を果たすことを保障できるのか、結局、その議論は、失敗のリスクは母子が負っていることを無視しているのではないだろうか。この点、「どうしても無責任な父親に責任を取らせたい」という意見がわが国では強いようであるが、本章で説明するように責任と裏腹の非監護親による介入の可能性、共同監護の形式を口実にした養育費の減額の危険などの観点からも、また普遍的社会保障の実現こそ必要であるとの観点からも、筆者はこのような意見には全面的には賛同できないが、もし仮に離別後の非監護親にも経済

的責任を果たさせるという前提に立つならば、応能負担による所得累進の課税のほかに、親として登録したことがあるにもかかわらず（事実認定が困難でありそのため制度設計は困難であるものの）その後子どもの親であって養育にも扶養にも携わっていない者に加算金（税）を課すということも妥協策としては一案ではないかと考えており、そのような案の場合には、子どもを直接扶養して直接のかかわりを持てるか、さもなくばかかる加算金によって間接的に子どもの費用を負担するかは、子どもとのこれまでの関係性で決まってくることになろう。

　さらに、監護親が養育費を請求できるという選択肢の存在は、その支払いを極力免れたい父親が監護権や面会交流を求める動機との関係を充分踏まえる必要がある。養育費制度は、同居中の経済的DVの延長戦の舞台を作るものでもある。支払わないという選択と主導権を加害者が持つことになる。また、養育費が、経済力を後ろ盾に（高額な玩具や進学費用を拠出する等して）子どもを母親から引き離す手段に利用されることもある。養育費請求が夫の怒りを招くとして、また、子どもを虐待をする父親から守るために養育費を放棄する母親は多い。養育費（や減額交渉）が、例えば、DV加害者が裁判所において母親が面会等に合意するまで婚姻費用や養育費を支払わないなど、監護権についての交渉材料に利用される以上、養育費という制度には大きな欠陥と弊害がある。養育費の支払いをわざと遅らせたり、その支払いを飛ばすことも、別居後のDVである。

　面会させられない理由がある場合、養育費を請求すると子どもにとって有害であっても面会を迫られ、面会がひとたび一定の形式で決まれば、子どもにとって有害なために実施できない場合にも間接強制（最決2013・3・28民集67巻3号864頁・家月65巻6号96頁等、最一決2013・3・28集民243号261頁等）として賠償をさせられうることもあり、事実上、養育費が取得できないことになってしまう。

　本来、養育費制度は、社会政策でもなく、貧困対策でもないのである。端的に、平等・公正な労働市場を整え、ケアの単位として監護者と子どもを支援（家族支援）し、監護者に子どもの養育に必要な経済的支援をすること（充分な金額の子ども手当等）、およびケアの負担を軽減し、監護者の社会活動を支えるためのケアの社会化を促進することが必要である。

　もちろん、養育費制度をただちに廃止すべきと主張しているのではない。新自由主義的政策によって貧困対策や子どもへの経済的支援は「選択と集中」と

いう口実によって削減の対象とされがちである。また、新自由主義は新保守主義と結びつくことは、アメリカのレーガン政権以来顕著になっており、ますます単身で子どもを養育する女性たちには困難が押し寄せている中、養育費は「虎の子」の制度であり、社会的な子どもの養育についての経済的な公正な制度と支援が実現しない限り、現実にはますます重視せざるを得ないだろう。

ただし、米国で共同監護・養育が推進され、日本でも共同監護・養育が提案される中、養育費はますます交渉材料にされ、離別した女性たちは困難に追い込まれていくという問題点を直視すべきである。

3　ドメスティック・バイオレンスと共同養育

1　ドメスティック・バイオレンス(DV)

ここまでは、家庭内に暴力があるかどうかを問わない説明であったが、家庭内で父親が母親に対して暴力を振るっている場合には、なおさらこれまでの説明が当てはまる。

まず、はじめに確認しておきたいのは、DVは人権問題であるということである。1993年のウィーン国連世界人権会議のスローガンでは「女性の権利は人権である」と謳い、日本のDV防止法前文にも「配偶者からの暴力は、犯罪となる行為をも含む重大な人権侵害」と明記されている。

本質的には加害者こそ追い出されるべきであり、被害者が逃げなければならないのは不当であるが、多くの事案で現実的に第一に必要なのは、安全に逃げやすくすることである。この点、子どもの奪取に関するハーグ条約には大きな欠陥があり（特に、家族内での暴力について効果的な司法的救済ができない日本ではその弊害は顕著となり、被害者に残された逃げる権利さえ、脅かされる危険がある）、DV被害者が暴力から逃げるという合理的で責任に基づいた行為が、子どもの奪取と誤って解釈される余地がある[16] [Lindhorst & Edleson 2012 : 81]。逃げる能

---

15)　日本での事情の詳細は、法制審議会ハーグ条約（子の返還手続関係）部会第6回会議（平成23年10月28日開催）の議事（http://www.moj.go.jp/shingi1/shingi04900094.html）を参照。

16)　もっとも条約13条bのgrave riskとの解釈の余地はあるが、ハーグ条約の枠組みでは、虐待や悪環境から子どもを保護しようとする母親の権利と行動が著しく制限されるおそれがある。

第9章　離別後の共同養育はだれの利益か　**147**

図表9-1　監護権紛争への異なるアプローチ

課題	通常の面会についての紛争	暴力についての主張がある場合の面会についての紛争
中心的課題	子どもと面会親との関係の促進	母親と子どもの安全
裁判所での 聞き取りの焦点	敵意の削減	暴力の致命的な特質の査定
将来の計画	子どものニーズを満たす面会計画の策定	面会の禁止、停止、または監督付き面会
査定の課題	子どもの発達段階、ニーズ、選好 両親の能力	暴力の母親と子どもへの影響 父親の責任性のレベル 母親の安全についての計画
必要な 社会資源	調停サービス 両親と子ども向けの離婚カウンセリング 独立の査定／評価	DVについての知識がある専門サービス 監督付き面会センター 裁判所と地域社会サービスの協力 専門的法律家

出典：Jaffe et al.（2003a）より抜粋

力は重要であり、これを法と社会はどのような支援ができるかが暴力予防、そして家庭内での殺人を防ぐ鍵である［Goldstein & Liu 2013：3章］（もっとも、逃げないことに問題があるわけでもなく、逃げなかったことを被害者の問題とすることは本末転倒も甚だしい。また、加害者治療は、対策の中心にはならない）。

　また、米国や日本ではDVが極めて狭く矮小化されて解釈されている傾向がある。特に裁判所では、個々の身体的暴力や犯罪行為の有無ばかりが強調されがちだが、DVはそれ以上のものであり、一連のものと捉える必要性が忘れ去られている。身体的暴力以外のDVについては、家庭裁判所では暴力ではないとみなされたり、軽視されたり、「本物の」DVでないとみられがちである。被害者が、加害者によるコントロールや精神的虐待を主張しても、裁判所によって身体的暴力の有無に焦点が戻されることがしばしばある。[17]　DVは強制とコントロール的言動として理解されるべきであるにもかかわらず、家裁実務は、文脈や背景を理解したがらないため、加害者による防衛行為であったとの抗弁や、被害者のDV主張が虚偽であるとの反論を招いている。実際にはDV被害者にとっては望まないことを強制されていても、裁判所では、夫婦間でセックスがあったこと、家族旅行に行く等の親しげに見える行動が、DVが存在しなかったことの反証としてまかり通っている。

　DVが存在する場合の家事事件での相違点は**図表9-1**のように分析されており、DV事案では特別の視点、専門性、方法論が求められている。

---

17)　Goldstein（2010：ch.18）は、このような捉え方を「スナップショット」として非難し、加害者の言動は「ビデオ」として把握すべきとの比喩を用いている。

148　第Ⅲ部　離別後の親子関係の理想と現実

2　家庭裁判所「的」アプローチ

　合意と心理的調整を指導原理とする家庭裁判所的アプローチは、DV事案には多くの不都合をきたす。DVが存在する子どもの監護事件について、裁判所での様々な誤解をまとめたAmerican Bar Association Commission on Domestic Violence (2006) は、①DVはまれである、②子どもへの影響が微細である、③母親が虚偽の性虐待の主張をする、④DVと児童虐待は無関係である、⑤虐待親は監護権を取得できていない、⑥ふさわしい母親は監護権を取得している、⑦PASは科学的である、⑧加害者のもとを離れれば子どもは危険でない、⑨精神障がいがある者だけがDV加害者となる、⑩子どもが親への恐怖や嫌悪を示さないならば面会や監護権を制限すべきでない、という典型的な誤解に対してデータを上げて反論し、真実を説明している。

　日本の現状では、家庭裁判所でのDVの捉え方は、保護命令の理由になっているか、犯罪として処罰の対象とならなければ考慮されにくい（第1章「三つの惑星」論参照）。DVは、別居しても終わらないし、むしろ激化することが多く、関係がある限り続くこと（これに関連して、例えば、別居や離婚後でさえも、（元）配偶者を「あいつ」や呼び捨てで呼ぶ加害者は多い）が忘れ去られている。DVの本質がコントロールと特権の濫用であり、関係がある限り続き、関係が危うくなれば激化するという初歩的な知識は、裁判所の専門者には理解できないことではないはずであるが。

　DVの核心は、相手方に対して望まないことを拒否させないことにあることが、裁判所ではほとんど念頭に置かれておらず [Goldstein &Liu 2013：1章部分]、望まない性交渉を含め、強制的行動が見落とされている。裁判所は、性交応諾義務を述べることもあるし、裁判手続では、加害者が、性交があったことやその結果として子どもが誕生したことを、DVが存在しなかったことの裏付けとして主張することがまかり通っている。日本では調停前置主義が適用され、調停ではいまだに、女性や子ども（および関係者）の「安全」第一という原則が軽んじられている。その結果、裁判手続は、加害親を有利にし、子どもを保護している母親とその子どもを危険に曝している。DVが存在する事案では、安全と経済的公正が脅かされ、裁判手続を通じた法律による虐待（加害者が優遇され、保護的な母親と子どもが危機に曝されること、監護権紛争は、子どもの利益のため

にではなく、子どもを「道具」にしたDV継続や復縁強制のための手段となっていることもしばしばある）がなされている。

DVについては、日本でも米国でも他の「犯罪」とは異なり、あらゆる方法で、加害者からだけでなく裁判所等関係者からも、加害行為を正当化し被害を最小に評価する言葉が語られる。文脈や背景を無視した、微視的な「子どもの最善の利益」の解釈がまかり通っている。この基準は、あいまいで、主観的で、おまけにジェンダー・バイアスを招き入れる余地に満ちている［Sussman 2010］。サスマン（Erika A. Sussman）は、主たる愛着対象や安全性のような子どもの福利が軽視されている問題点を指摘し、（婚姻生活によって生じたことが多い）経済的優位性、安定した雇用、再婚等が重視され、特に、子どもを保護しようとする母親よりも虐待加害親に有利なジェンダー・バイアスが働いているという問題点を指摘している。バンクロフト（Lundy Bancroft）らは、「子どもの最善の利益」という基準は、子どもの最善の利益の促進に役に立たず、より主観的でなく、子どもの安全を重視した基準を用いることを提案している［Bancroft et al. 2011：260］。さらに、子どもにとっての最善の利益はDV被害女性の最大の利益と不可分であり［Pamela & Lonna 1999］、母親の心身の安全と幸福を考慮に入れることが重要であるとする。

DVの件数は多い。裁判所での大半の監護権が絡む事件では、非身体的なものも含めれば何らかのDVが存在している［Jaffe, Crooks & Poisson 2003］。日本では、司法統計年報によると、女性による離婚調停の申立動機について、近年の傾向として、性格の不一致に次ぎ、第2位には夫の暴力、それに次いで、精神的虐待、生活費を渡さない、となっており、DVに絡む離婚調停が多いことがうかがえる。ただし、女性が申立人となる場合、性格の不一致の統計値のなかには、DVの本質である権力の濫用やコントロールがかなり多く含まれていると推察される。この点、わが国でも、DVが存在する離婚はまれな特殊事例であるという誤解や、DVが不適切にも「高葛藤事案」としてまとめられて対処されている実態がある。DVが高葛藤に紛れてしまうことで、DVの危険性や本質も紛れてしまう。[18] まずもってDV被害者が自身を守ることは当然であ

18）　日本国内でのDVの実態については、内閣府男女共同参画局による「男女間における暴力に関する調査」の結果等を参照（http://www.gender.go.jp/e-vaw/chousa/h11_top.html）。

る。子どもの利益の名のもとに、DV被害者がさらに犠牲にならなければならないという主張がまかり通るようであれば、その被害者だけでなく子どもも救われない。日本の家庭裁判所では、夫婦の関係と、親子の関係は別物であり、子どものためには、DV被害を監護権紛争に持ち込まぬよう示唆されることもあるが、実際のところ、DV事案では子どもが暴力に巻き込まれており[Schwaeber 2010]、欧米の調査でもDV家庭の3～6割で、子どもに対する虐待も発生しており、暴力を目撃するという直接的影響だけでなく、[19]DVが母親の精神的健康に中長期的悪影響を及ぼし、その結果育児にも支障をきたしていることもあり[加茂ほか 2011]、母親がDVの影響から逃れて安心・安全な環境を取り戻すことは子どもの安心感にもつながり、有益であり、上記のような裁判所の解釈・運用の傾向は本末転倒である。また、かかる状況で監護親に面会交流を無理強いすることは、子どもにとって不可欠な監護親との信頼関係をも破壊しうるものであり、子どもや監護親への影響判断を誤った判断でありうるが、日本の裁判所ではそのような運用がされることもある。

　多くの国での家庭裁判所は、決してDVの専門機関ではなく、「専門家」を含め、DVの短期的、中・長期的影響を理解した対処をしているわけでもなく、しばしば、とどまるDV被害者が逃げなかったことの理由も理解できず、加害行為の責任と危険性を過小評価し、ときに被害女性を過剰に疑い[Bala et al. 2001]、喧嘩両成敗的にひたすら「双方」に譲歩と合意を迫り、または、痛み分けを強いている。加害者は、被害女性が虚偽の主張をしていると過度に言い立てる傾向にあり、結果として、被害者が過酷な証明を要求されることがあり、それに成功しないと虚偽主張をしたとみなされて制裁を受ける傾向がみられる。DV被害は影響が深刻であるにもかかわらず、証拠が収集しづらく、被害者が子どもや自らを守るために加害者のいる自宅を出て別居をしている場合にはなおさら立証が困難になる。オーストラリアでは、その反省から、2011年の家族法改正において虚偽の主張や証言に対する制裁規定を削除した[小川 2014：67]。なお、実際に、虚偽のDV主張はまれである。

---

19)　友田 (2013：260-268)、Tomoda et al. (2012)、Tsavoussis (2014) は、DV等の脳の発達への影響を指摘する。また、発達段階ごとのDVの子どもへの影響については、Jaffe et al. (2003a)等を参照。

DV事案の多くが、全く別のコミュニケーションの問題である「高葛藤事案」、つまり、互いに怒りを抱き、両親が子どもを傷つける行動をしていると誤って解釈されている。DVに「高葛藤」という枠組みが適用されてしまうと、DV加害者は被害者に接近することに苦がなく、自身と子どもを守るため被害者が加害者を避ければ、加害者は接近をエスカレートさせることになるが、このような事実経過が、仲直りに努力する夫と、わがままから夫を避けて夫を子どもからも遠ざける悪い妻という組合わせとして家庭裁判所からは評価されがちである。つまり、高葛藤事案は家庭裁判所的アプローチが困難であっても功を奏することがあるかもしれないが、少なくとも、全く構造が異なるDVの場合には、かかるコミュニケーションを促し双方の関係を調整するアプローチは有害である。このような加害者を避ける母親の行動は正常であるが、裁判所はジェンダー・バイアスとDVへの無理解によって「父親との協力を拒否する母親」との評価を下しがちである [Frank & Golden 2005]。このようなDV事案で、家族には父親が必要であるとの前提(ドグマ)を疑わず、「高葛藤事案」として仲直りさせ、協力させようとすることは子どもにとって有害である。

　PASの亜種と評される「フレンドリー・ペアレント」について、米国では家庭裁判所にある程度浸透しているようであるが、子どもにとって「二親」と交流を保てることが常に子どもの最善の利益に沿うという前提(ドグマ)に立つものであり、その枠組みに嵌ればDV被害に遭った子どもを加害親からの虐待から保護しようとする母親が、加害親との交流を妨害する「加害者」とみなされる逆転現象が起き、巧妙な加害者は母親を挑発して母親がfriendlyでないことを裁判所に示そうと企て、母親が監護権を取得することが危ぶまれる流れを作る。なお、米国ミネソタ州では、少なくともDVの事案では、Friendly parent基準を採用しないことを明記している。日本でFriendly parentルールを論ずるものとして、山口亮子「監護者基準としてのフレンドリー・ペアレント・ルール」(民商123・4-5、652頁) 等があり、面会交流の原則的実施の観点から相手方当事者に対して面会

---

20) 英国の高裁家族部門長のSir Wall (2010) は、この課題に関して、他の親を中傷するのを子に聞かせることほど悪いものはないという観点から、家庭裁判所の指導原理を説いている。Goldstein & Liu (2013) の1章および5章にもこの点の問題点についての指摘がある。山口(2008) も単なる父母間の感情対立と、虐待やDVの場合との峻別の必要性を説いている。

交流を認めるか否かが親権者の適格性の判断基準に影響が及ぶことを挙げており、またこれを用いたものとして、東京高決平成15・1・20家月56巻4号127頁や大高決平成17・6・22家月58巻4号93頁がある。（通常、監護実績が乏しく、時に虐待者である）男性はひとたび子どもについての権限を取得すると、母親との接触を制限することがあるが（例えば、DV加害者（夫）は、別居後に監護者となると、母親と連絡をとらせなかったり、母親の写真を持つことを子どもに禁止することもある）、他方で母親がこれらをすればたちまち監護権の制約を受けてしまう。

3　子どもに対する虐待、特に性虐待の主張をするリスク

　多くの裁判所や法律家は、子どもに対する虐待、特に性虐待の主張を歓迎せず、正面から扱おうとしない。性虐待は子どもの人生を破壊しかねない長期的かつ重大な影響を及ぼすが、逆説的に日本でも米国でも未だに裁判所をはじめ関連機関はこの性虐待の判定を避けたがり、かつ、家族問題の枠内に閉じ込めがちである。そのような状況では勇気をもって子どもの被害を打ち明けた母親は信用されにくい。虐待からの子どもの保護が別居の最大の動機であったとしても。そして、子どもは性虐待の被害を受けている場合でも、加害者に愛情や愛着を示すことがある。近年になりやっと、一部の児童福祉機関において、性虐待について実態に即した対応ができるようになりつつある。残念ながら、多くの子どもがかかわる機関では、被害児童がときに加害者に愛情を示す等の性虐待症候群 [Summit 1983] 等被虐待児童の言動の特徴（だからこそ性虐待は子どもへの危険性と悪影響が強いのである）や、被虐待児童の置かれた背景についての理解が乏しく、虐待の否認に加担してしまっている（加害者との不健全だが強固な絆／拘束が形成される外傷性絆（traumatic bonding）については、Bancroft et al. (2011：49) 参照）。また、子どもが加害者に対して両価的な感情を持つこともある。このような場合だけでなく、例えば男児が、自身の欲求を満たす方法として加害親の暴力による欲求の充足を自身に同一化している場合や、性虐待の場合に女児が父親に必要とされていると思い込まされている場合も、子ども自身から加害父による監護を希望することもある。

　しかし、このような性虐待症候群の徴表等は、むしろ信頼を破り混乱をもたらしている重篤な事案と評価すべきものである。このような場合に加害者から

主張されるPASは、裁判所に加害行為から目を逸らさせ、性虐待を覆い隠す点でも有害であるが、実際には性虐待を主張する母親は、根拠がないPASの主張によって子どもを父親から遠ざけているとして手痛いしっぺ返しを食らうことになる。それゆえ、PASには警戒が必要であるが、裁判所では暴力が存在する事案でも、「疎外」が重視されている［宮崎ほか 2014：68］。性虐待の主張が立証できなかったために虚偽と決めつけられて、虚偽申告へのペナルティとして監護権を失った事例が米国では多数報告されている［Myers 1997; Gender Bias Study Committee 1990］。

このようにして幾重にも仕組まれたDV被害者に不利なルールによって、DV被害者は、DVの被害を受けただけでなく、子どもを守ろうとしてもそれを実現できず、加害者に子どもを「奪われて」しまう。実際に、米国では、夫側が監護権を争った事案に限定して分析すれば、DV被害者が監護権を失う割合が高くなっている［Chesler 2011：はしがき部分］。

4　DV被害者を苦しめる男性至上主義者の団体（Fathers' Rights Groups/Father supremacy movement）の動き

上記のとおり（刑事的アプローチとは異なる）家庭裁判所の事件処理の理念が、DVの存在を前提に築かれておらず、様々な矛盾をきたしているが、その背景

---

21)　PAS（片親疎外症候群）は、Richard Gardnerが提唱した概念で、科学的根拠に乏しいものである（本章では詳説の余裕がないが、Joan Meierのいくつかの著作（例えば、Meier 2013）で、PASの非科学性と、PASがもたらす悪影響を説明している）。アメリカ合衆国での精神疾患の分類と診断の手引きであるDSM 5の改訂作業においても、PASの概念は採用されなかった。なお、PASの亜種として、PA、AC、friendly parent等も提唱されている。これらは、PASよりは洗練されているが、やはり非科学的であり、暴力被害の本質を見失わせる説明である。

22)　そのほかにも、Are "Good Enough" Parents Losing Custody to Abusive Ex-Partners? というウェブサイトには詳細な文献やデータが掲載されている（http://www.leadershipcouncil.org/1/pas/dv.html、2015年9月8日アクセス）。

23)　各国（米国、英国、オーストラリア、スウェーデン、カナダ）でのFathers' right運動の動きを分析した書籍として、Collier & Sheldon（2006）は、オーストラリアやスウェーデンでは、共同養育は多くの子どもに悪影響を及ぼしていることを示している。Fathers' right運動は様々な主義や背景があり、Promise Keepersのような宗教的背景を持つ団体から個人的な背景によるものまで、また保守派から自由主義者まで、様々である。

24)　アメリカ合衆国でも1990年代前半まではDVは私的な家族問題であり介入に消極的であったが、1990年代中盤から加害者の逮捕を義務的なものとするように方針変更されている。

154　第Ⅲ部　離別後の親子関係の理想と現実

として、また追い打ちをかけるように、1980年代から男性至上主義者の団体（Fathers' Rights Groups）のロビーイングや発言によって、共同監護等に向けた法律制定が進められ、家庭裁判所の運用に変化がもたらされた結果、DV被害者がますます窮地に追い込まれている[Flood 2005]。Fathers' rights movementは、DVという概念を縮小し、また、DV被害者の支援者を攻撃対象とする傾向がある。保護命令制度やDV被害者支援策を非難したり、DVを矮小化したり、DV冤罪を強調することもその一例である。

　少なくとも米国では、男性至上主義者の団体は、母親が子どもの基本的な愛着対象であり、かつ、夫による暴力・虐待から加害者と別居した場合、その女性に対して戻るよう圧力をかけ、別居したことを懲らしめ、養育費の支払いを回避する戦略として監護権の裁判を勧めている[Goldstein & Liu 2013：1章]。ファインマンも、Deadbeat dad（養育費を踏み倒す父親）の汚名返上のためのイメージ戦略として、また、養育費の不払いを正当化するために、監護権の主張をする運動が展開されたことを記載している[Fineman 1991]。しかし、裁判所は何を勘違いしているのか、「突如」子どもにこだわりだした父親について、「自然な」愛情からこのような行動に出ているとして、父親の支配とコントロールを維持するための特権の濫用という背景を洞察できず、このような父親の権利主張に大幅に追従している傾向がある。

　裁判所の判断によって家庭内の虐待から子どもを守ってきた女性が監護権を失い、子どもたちが基本的な愛着の対象としていた母親との実質的なかかわりを持てなくなる事案が多数生じている。そうした子どもにとって最善なことは、母親を守ることである[Bancroft et al. 2011]。しかし、子どもを守ってきた母親が、加害親に監護権の紛争で負け、子どもたちは、主たる監護者で愛着の対象であった母親との有意義なかかわりを奪われてしまうことが起きている[Goldstein & Liu 2013：はしがき部分]。面会について、ゴールドスタイン（Barry Goldstein）は "Scared to Leave, Afraid to Stay" で、「毎週、毎週、少女が強かん者と会わなければならない状況にほかありません。父親が養育費を払わなくても済むようになるからと養子縁組を行うことに同意するまで、父親との望まない監督下の面会を行わなければなりませんでした。」「暴力的な親はしばしば、被害者を攻撃したり嫌がらせをしたりするために面会交流を用います。」

第9章　離別後の共同養育はだれの利益か　155

図表9-2　男性至上主義者対DV被害者権利擁護者

課　題	男性至上主義者	DV被害者権利擁護者
別居後の子育て（親権）について取り決め	共同での養育（監護）が最良である。	共同での養育（監護）は虐待されている女性を危険な状態に陥れている。
DVの蔓延度についての認識	DVは大げさに誇張されて主張されている。	報告されるDVは氷山の一角に過ぎない。
暴力の性格	女性も男性と同程度に暴力的である。	男性の行使する暴力は、より深刻、より有害であり、生命・生活により大きな危険をもたらす。
DVの主張について	DVの主張は虚偽であり、監護権の主張を有利に展開するために利用されている。	被害女性たちはDVの主張をしたことで不利益を受け、子どもから父親を引き離していると逆に攻撃される。
家庭裁判所の偏見	裁判所は男性に偏見を持っている。	裁判所は女性とDVに対して偏見を持っている。

出典：Jaffe et al.（2003a）

「子どもたちはしばしば交流により感情的に傷つき、その結果面会に行きたくないと思っていました。虐待の被害者が子どもを会わせないようにしているとして非難されました。」「平日には監護親は働いていることが多く、子どもは学校に行っています。平日の夜か週末は子どもを育てる責任を果たすために使わなければなりません。これらの責任を果たした後にやっと、子どもとの楽しい時間を過ごすことができます。非監護親に面会の機会を増やすことで、時間配分のバランスが崩れます。」「離婚前にはほとんど子どもと過ごす時間がなく、その努力もしてこなかった父親が、にもかかわらず監護権や面会の延長を求めたりします。」と指摘している［Goldstein 2002］。また、面会は、別居・離婚したパートナーと接触し、ときに精神的にいたぶる手段として利用されている、と記している。

　詳細は様々な主張の相違があるが男性至上主義者の主張をまとめると図表9-2のようになると分析される。

5　DV被害と共同養育

　1970年代に欧米諸国では、女性たちが、これまで隠されていたDV、性暴力、性虐待、夫からの強姦を暴き、婚姻制度自体の抑圧性をあぶりだした。これに対する反動として、1980年代、父権制の巻き戻しとして注目されたのが、離別後の共同養育・監護権と面会交流権を法的に獲得することであった。

　確かに当事者双方が自発的に共同での養育を強く望んでいた場合には、子どもにとっても良い影響があるとの研究もあるが［Chesler 2011：312-315；Goldstein

156　第Ⅲ部　離別後の親子関係の理想と現実

& Liu 2013：16章]、よい成果があったとする研究さえも母集団が制限されている等の問題がある。裁判所において少なくともいずれかの当事者が共同養育について反対をしていた場合や、DVや高葛藤の背景がある事案でよい成果が得られたという研究は皆無であり[Bancroft et. al. 2011]、子どもが両親のもとを行きかう方法（長谷川（2015c：16）はこれを「ホームレス」と呼んで批判している）の場合にはむしろ子どもに負担が大きく有害である。

　離別後の共同養育を推進する背景には裁判所の省力化のためという指摘もあるし[Goldstein & Liu 2013：16章]、紛争の早期鎮静化のためという指摘もある[渡辺 2012：124]。²⁵⁾しかし、実際には裁判所での取り決めの不履行と新規の紛争が増加している[長谷川 2015b：364]。DV加害者たちの運動がもたらした安易な（偽）解決法に裁判所が相乗りしていることになる。

　離別後の共同養育は、非監護親にとっては養育費の支払いを抑えることができ[Zorza 2010；長谷川 2015a：19]、²⁶⁾おまけに被害者に対しては、コントロールを維持し強めることができる。日本での調停でも（非監護親の意図はさておき）監護や面会についての非監護親からの非現実的な欲望を食い止めるために、監護親が離婚給付や養育費を妥協する例は枚挙に暇がない。少なくとも監護権紛争において、DV加害者自身は敗者になることがない仕組みが用意されている。

6　子どもの権利条約との関係

　共同養育や面会交流の根拠として、国連・子どもの権利条約が持ち出されることがしばしばある。子どもの権利条約について、本章で詳細な分析を記載する余裕がないが、子どもの権利条約は、新自由主義、Fathers' Rights Groupsの運動や女性の人権を制限するための「胎児の生命権」の主張が台頭するなかで1989年に採択されたものであり、子どもの主体性・権利と保護の必要性を確認した点は評価できるが、女性差別、DV等の父母の間の暴力や親の社会的格差、子どもに対する責任の分担のあり方には残念ながら充分な視点がなく、

---

25)　少ない子どもを巡って親権・監護権あるいは子どもそのものをめぐる紛争の激化において、決定的な敗者を作らないための裁判所の安易な逃げ道とも位置付けられる。

26)　長谷川（2015c: 16）はオーストラリアで父親のもとで過ごす時間が増えると養育費の減額が進み、推定的共同養育制度を置いた米国州法の下で養育費の減額の傾向があることを指摘している。

DVの場合には条約を表面的に単純に適用すると不都合をきたすことや、男女間の差別や固定的役割分担を度外視することで女性が自身を犠牲にしなければならない不平等を強いられ、その結果養育されている子どもに不利益が及びかねない。この分野では女性の人権はどこに行くのか、子どものために犠牲になるべきものか、その影響についてさらに真剣に議論される必要がある。子どもを保護している女性の人権が、子どもの利益と対立するものと捉えられ、子どもの利益によって制限されるものという解釈ではなく、子どものためにも子どもを養育する女性の権利保障が重要である。ちなみに、条約の18条1項の共同責任とは、共同養育を強いるものではなかろうし、また、同9条3項の国の尊重義務は面会を強いるものではなかろう。むしろ子どもの最善の利益に反する場合には国にはこのような関係や接触を防止する義務があり［許 2009］、さらにその場合の「親」が誰かについては解釈に委ねられている。条約解釈として、生物学的親であることよりも子どもとの実質的な親子関係を重視する立場も登場しており、子どもとの関係的権利という観点から親以外の第三者を認める立場もあり（日本でも例外的ではあるが第三者との面会交流を認める決定はある。例えば、東京高決昭和52・12・9）、また海外では生物学的つながりはない同性カップルの養育者とのかかわりの重要性を説く見解もある。

　この点、子どもの権利という論理は、子どもを客体ではなく、独立した一当事者として認めることから飛躍して、現状を変えたくない側（主に父親）からは、離婚を求める側こそが、子どもに親の離婚という傷を負わせ、さらに面会を実現させていないと主張がなされ、離婚を求め、面会交流や共同養育を拒否する親を加害者、子どもを被害者と捉える論理にすり替えられて主張されることが多いが、むしろ2013年に採択された子どもの権利条約一般的意見15には、子どもの最善の利益の評価において、子どもの安全や家庭内での暴力を受けないことを含むべきであり、家庭環境の維持という要請も、子どもの安全確保等によって制約を受けるものであることが記載されており[27]、さらに、真に子ど

---

27)　73段落：子どもの最善の利益の評価には、子どもの安全、すなわち、あらゆる形態の身体的または精神的暴力、侵害または虐待（19条）、セクシュアル・ハラスメント、仲間からの圧力、いじめ、品位を傷つける取扱い等からの保護、ならびに、性的搾取、経済的搾取その他の搾取、薬物、労働、武力紛争等からの保護（32〜39条）に対する子どもの権利も含まれなければならない。81段落：最善の利益評価における諸要素は、特定の事案およびその事情について検討す

もの利益となるような、現実に即した解釈の発展を期待したいところである。

4　共同養育の議論において無視される養育の質

　法的議論や法的紛争ではほとんど評価されていないが、養育監護の質、さらに言えば養育監護とは何かが大問題である。この点、学界でも政界でもかみ合わない議論がされている。かわいい盛りの子どもに会いたい欲望のための権利（上澄みのみをかすめ取る搾取ともいえる）と、日々の負担の責任感と義務が、天秤にかけられているのに、対等な綱引きのように語られてしまうからである。現在では、日本や米国の家事実務ではDVや児童虐待が軽視される傾向が強まっているが、従来からそうであったが養育の質はほとんど問われなかった。むしろ監護の内容について、性別役割分担を前提にした父母の異なった役割という名目で、比較や検討の対象から外され、共同養育や面会交流が重視されるにしたがって、生活時間の共有ということが重視されるようになっている（この点のオーストラリアの2006年法改正およびその改正に対する反省からの2011年法改正については、小川 2014：55、小川 2015：95）。

　子どもと接することには多くの愉しみがあることは、子どもにかかわった人の多くが体験していると思われる。しかし、子どもが成長するために必要なのは、楽しい時間ばかりではない。「気の向いたときや片てまのプレジャーの域」（『家族　積みすぎた方舟』上野解説：284）と勘違いしている男性は多いようである。驚くべきことであるが、子どもの養育にかかわっていない人ほど、このような誤解をし、子どもの世話など大したことがないと本気に思っているようである。結局このように家事や育児の苦労を理解しない親が共同養育に関わる場合には、子どもと楽しむ時間を増やすのみで日々の子どもの生活にとって不可欠な行為はしないため、やむなく実際の監護親が、子どもと共にいる時間に手間のかかる監護の実際についてはそれに集中して対応し、面会時にはお膳立て

る際に相反する場合がある。例えば、家庭環境を保全することは、親による暴力または虐待のおそれから子どもを保護する必要性と相反するかもしれない。このような状況においては、子ども（たち）の最善の利益にのっとった解決策を見出すため、諸要素の比較衡量を行なわなければならない。

をして（もっとも、多くのまっとうな父親との面会では、母親が子どもから離れて自分の時間を作ることができ、子どもも別の大人と会うことのメリットを享受できているが）、面会中に不便がないように準備せざるを得ず、子どもはいつもの監護親と愉しむ時間を奪われてしまうことになる。

　共同養育における形式的な時間の配分では、監護の負担の分担は図れないものであり、実際の監護親に、通常の監護責任や、養育の経済的負担だけでなく、面会についての負担、さらには養育能力の低い（または低いことを濫用する）相手方との面会によってやり残した尻ぬぐい分の養育負担も負うことになる。養育の質も負担も責任感も正当に評価できない現状であるにもかかわらず、時間の共有の点ばかりが先走ることが懸念される。関係者全員が合意している場合に国が支援するということならまだしも、そうでなれければ共同養育の押し付けは子どもにとっても有害であり、裁判にもなじまないし、現状の裁判所での調整には期待しがたい。

お　わ　り　に

　法律上の父だから、離別後に当然に子どもに会える、交流できる根拠はない。法律上の父を含めて、共同での養育の枠組みの約束が終了した後に子どもとどのようにつながりを持つかは、監護者と子どもの安全、自律性を基礎として、原則として監護者と子どもの判断にゆだねるのが妥当である。

文　献

マルセロ・デ・アウカンタラ「ブラジル」床谷文雄・本山敦編（2014）『親権法の比較研究』日本評論社

小川富之（2014）「オーストラリア」前掲・床谷・本山編（2014）

小川富之（2015）「離婚後の親子の交流と親権・監護・親責任」梶村太市・長谷川京子編『子ども中心の面会交流——こころの発達臨床・裁判実務・法学研究・面会支援の領域から考える』日本加除出版

家族法改正研究会第5回シンポジウム（2013）「扶養法改正に向けた論点整理」（第2部 扶養法改正に向けた論点整理）、戸籍時報705号

加茂登志子ほか（2011）「DV被害母子家庭における母親の育児ストレスと認知特性に関する調査」

許末恵（2014）「社会的親子に関する覚書」法律時報86巻6号

許斐有 (2009) 喜多明人・森田明美・広沢明・荒牧重人編『逐条解説　子どもの権利条約』日本評論社

床谷文雄・本山敦編 (2014)『親権法の比較研究』日本評論社

飛澤知行編著 (2011)『一問一答平成23年民法等改正　児童虐待防止に向けた親権制度の見直し』商事法務

富田哲 (2013)「親子関係における要件と効力——扶養義務と血縁をめぐって」行政社会論集25巻4号 (福島大学行政社会学会)

友田明美 (2013)「教育講演 児童虐待と脳科学」児童青年精神医学とその近接領域54巻3号 (日本児童青年精神医学会)

長谷川京子 (2015a)「面会交流原則的実施政策の問題点」前掲・梶村・長谷川編 (2015)

長谷川京子 (2015b)「あとがき」前掲・梶村・長谷川編 (2015)

長谷川京子 (2015c)「子どもの監護と離別後別居親の関わり」判例時報2260号

松本哲泓 (2011)「子の引渡し・監護権者指定に関する最近の裁判例の傾向について」4頁部分、家裁月報63巻9号

三浦まり (2015)「新自由主義的母性——『女性の活躍』政策の矛盾」ジェンダー研究第18号 (お茶の水女子大学ジェンダー研究センター)

宮﨑紀子ほか (2014)「配偶者間暴力や児童虐待が問題となる調停事件における子の調査方法の研究」家裁調査官研究紀要19号、1-89頁

本澤巳代子 (2003)「社会保障法と家族」『21世紀における社会保障とその周辺領域 (古橋エツ子先生還暦記念論文集)』法律文化社

和田幹彦 (2015)「3人のDNAを継ぐ子を認める法改正——英国の新「ヒト受精及び胚研究法」」法学セミナー 2015年7月号

山口亮子 (2008)「面接交渉の権利性と家族性」野田愛子・梶村太市総編集『新家族法実務大系第2巻』新日本法規出版

渡辺義弘 (2012)『子の監護権紛争解決の法的課題——弁護士実務の視角から問う』弘前大学出版会

American Bar Association Commission on Domestic Violence (2006) 10 Myths About Custody and Domestic Violence and How to Counter Them, http://leadershipcouncil.org/docs/ABA_custody_myths.pdf (2015年9月7日アクセス)

Bala, N.et al. (2001) *Allegation of Child Abuse in the Context of Parental Separation*, Department of Justice, Canada, http://www.justice.gc.ca/eng/rp-pr/fl-lf/divorce/2001_4/pdf/2001_4.pdf (2015年9月7日アクセス)

Bancroft, L., Silverman, J.G.& Ritchie, D. (2011) *The Batterer as Parent: Addressing the Impact of Domestic Violence on Family Dynamics* (Second edition), Thousand Oaks: Sage Publications

Chesler, P. (2011) *Mothers on Trial: The Battle for Children and Custody* (Revised and Updated Second edition), Chicago Review Press

Clarke, V. (2008) "From outsiders to motherhood to reinventing the family: Constructions of lesbian parenting in the psychological literature – 1886-2006", *Women's Studies*

International Forum, Volume 31, Issue 2, March–April 2008

Collier, R.& Sheldon, S. (eds.)(2006) *Fathers' Rights Activism and Law Reform in Comparative Perspective,* Oxford: Hart Publishing.

Dallam, S.J., & Silberg, J.L. (2006) "Myths that place children at risk during custody disputes", *Sexual Assault Report,* 9 (3), 33-47 http://www.leadershipcouncil.org/docs/Dallam&Silberg.pdf（2015年 9 月 8 日アクセス）

Dragiewicz, M. (2010) "Gender Bias in the Courts: Implications for Battered Mothers and Their Children", Hannah, Mo Therese & Goldstein, Barry, (eds.) *Domestic Violence, Abuse, and Child Custody,* Civic Research Institute, Inc., Ch.5

Ferri, E.(1976) *Growing Up in a One-parent Family,* London: NFER Nelson Publishing Co Ltd.

Fineman, M. (1995) *The Neutered Mother, the Sexual Family and Other Twentieth Century Tragedies,* New York: Routledge（邦訳は上野千鶴子監訳・解説（2003）『家族 積みすぎた方舟』学陽書房）

Fineman, M.A.(1991) *The Illusion of Equality: The Rhetoric and Reality of Divorce Reform,* University of Chicago Press

Flood, M."Fact Sheet #3: How the fathers' rights movement undermines the protections available to victims of violence and protects the perpetrators of violence" http://www.xyonline.net/content/fact-sheet-3-how-fathers%E2%80%99-rights-movement-undermines-protections-available-victims-violence-（2015年10月 8 日アクセス）

Frank, P.B.& Golden, G.K. (2005) "When 50-50 Is Not Fair: The Case Against Couple Counseling in Domestic Abuse", http://nymbp.org/documents/When5050Isnt Fair2005finalpbf.pdf（2015年 9 月 8 日アクセス）

Gender Bias Study Committee, (1990) "Gender Bias Study of the Court System in Massachusetts", *New England Law Review,* 24 (3), 745-856

Gilmore, S. (2006) "Court Decision-Making in Shared Residence Order Cases: A Critical Examination", *Child and Family Law Quarterly,* 18 (4), 478-498

Goldstein, B. (2002) *Scared to Leave, Afraid to Stay,* Robert D.Publishers, Ch.12

Goldstein, B. (2010) "Legal Strategies and Policy Issues", Hannah & Goldstein (eds.) *op.cit.,* Ch.18

Goldstein, B. & Liu, E. (2013) *Representing the Domestic Violence Survivor: Critical Legal Issues Effective Safety Strategies,* Civic Research Institute

Halperin-Kaddari, R. (2009) "General Recommendation on Economic Consequencesof Marriage and Its Dissolution: Concept Note" http://www2.ohchr.org/english/bodies/cedaw/docs/AdvanceVersions/CEDAW_%20C_2009_II_WP2.pdf（2015年 9 月 8 日ア クセス）

Jaffe, P.G., Lemon, N.K.D.& Poisson, S. (2003a) *Child Custody and Domestic Violence: A Call for Safety and Accountability,* Thousand Oaks: SAGE Publications

Jaffe, P.G., Crooks, C.V.& Poisson, S.E. (2003b) "Common Misconceptions in Addressing Domestic Violence in Child Custody Disputes", *Juvenile and Family Court Journal*

Volume 54, Issue 4, 57-67.

Johnston, R. J. (1994) "High-Conflict Divorce", *Children and Divorce*, Vol.4, No.1

Lindhorst, T. & Edleson, J. L. (2012) *Battered Women, Their Children, and International Law: The Unintended Consequences of the Hague Child Abduction Convention*, NewEngland: Northeastern Univ Press.

Meier, J. (2013) "Parental Alienation Syndrome and Parental Alienation: A Research Review", National Resource Center on Domestic Violence, http://www.vawnet.org/assoc_files_vawnet/ar_pasupdate.pdf (2015年9月8日アクセス), (邦訳は、髙橋睦子訳 (2015)「片親引離し症候群PASと片親引離しPA」前掲・梶村・長谷川編 (2015) 58頁)

Myers J. (1997) *Evidence in Child Abuse and Neglect Cases*, Aspen Publishers

Pamela, W. & Lonna, D. (1999) "Child Abuse and Domestic Violence in Massachusetts: Can Practice Be Integrated in a Public Child Welfare Setting?", *Child Maltreatment* Volume 4, No.2, 158-166

Saunders, D. G., et al (2011) "Child Custody Evaluators' Beliefs About Domestic Abuse Allegations: Their Relationship to Evaluator Demographics, Background, Domestic Violence Knowledge and Custody Visitation Recommendations", https://www.ncjrs.gov/pdffiles1/nij/grants/238891.pdf (2015年9月8日アクセス)

Schaffer, R. H. (1998) *Making Decisions about Children: Psychological Questions and Answers* (Second edition), Oxford & Massachusetts: Wiley-Blackwell (邦訳は、無藤隆・佐藤恵理子訳 (2008)『子どもの養育に心理学がいえること』新曜社)

Schwaeber, L. (2010) "Recognizing Domestic Violence: How to Know It When You See It and How to Provide Appropriate Representation", Hannah & Goldstein (eds.) *op.cit.*, Ch.2

Sir Wall, N. (2010) "Is the Family Justice System in Need of Review?" Families Need Fathers, Coventry, http://www.judiciary.gov.uk/Resources/JCO/Documents/Speeches/pfd-speech-families-need-fathers-19092010.pdf (アクセス2015年9月7日)

Summit, R. C. (1983) "The Child Sexual Abuse Accommodation Syndrome", *Child Abuse and Neglect*, 7, 177-193

Sussman, E. A. (2010) "American Law Institute Principles: A Tool for Accessing Justice for Battered Mothers and Children", Hannah & Goldstein (eds.) *op.cit.*, Ch.24

Tomoda, A. et al. (2012) "Reduced Visual Cortex Gray Matter Volume and Thickness in Young Adults Who Witnessed Domestic Violence during Childhood", *PLOS ONE* 7 (12): e52528

Tsavoussis, A. et al. (2014) "Child-Witnessed Domestic Violence and its Adverse Effects on Brain Development: A Call for Societal Self-Examination and Awareness", *Front Public Health* 2: 178

Wallerstein, J. & Blakeslee, S. (1989) *Second Chances: Men, Women and Children – a Decade After Divorce*, New York: Ticknor & Fields

Zorza J. (2010) "Child Custody Practices of the Family Courts in Cases Involving Domestic Violence", Hannah & Goldstein (eds.) *op.cit.*, Ch.1

第10章
オーストラリアの家族法をめぐる近年の動向
日本は何を学べるか

リサ・ヤング

監訳：髙橋睦子、立石直子

は じ め に

オーストラリアは、離別後の共同養育を推進する連邦家族法の改正で、他国にも先例を示してきた。例えば、イギリスは、離婚後の子どもの養育に関する法律の新たなモデルについて公式の報告書を作成するにあたり、意見書をオーストラリアに求めた。[1] ただし、共同養育には賛否両論があり、共同養育によって深刻な問題も生じている。他国がオーストラリアの経験から示唆を得ようとする際には、問題点も看過すべきでない。また、近年、オーストラリアのメディアは、日本の家族法制がオーストラリアとはかなり異なることに注目してきた。日本でも離婚後の共同養育を重視する動きが強まっている。しかし、どの国でも、離別後の共同養育を重視する方向に進む前に、次の課題を熟考しなければならない。

- 離婚・離別後の共同養育を推進する方向に進んだ国からどのような教訓が学べるか。
- 共同養育によって母親と子どもがドメスティック・バイオレンス（DV）に曝され続けることがないよう、適切な保護・支援ができるのか。
- 養育費に関する法律は、共同養育の結果、シングルマザーとその子どもが貧困に陥らないように予防・対応できるのか。
- 居所指定の問題にどう対処するのか。
- 子の養育をめぐる現在の日本の社会構造や慣行からして、離別後の共同養育は実現

---

1) Rhaodes, H.(2011) 'Annex G: evidence in relation to shared parenting', *Family Justice Review – Final Report* (foreword by D. Norgrove, November 2011), 215-224. https://www.gov.uk/government/uploads/system/uploads/attachment_data/file/217343/family-justice-review-final-report.pdf（2015年5月4日アクセス）.

164 第Ⅲ部 離別後の親子関係の理想と現実

可能かつ現実的であるのか。
- 現行制度にはどのような問題があり、共同養育の採用でそうした問題が解決されるのか。

　本章はオーストラリアにおける共同親責任法[2]の運用について考察し、親子関係に関する法制度のありかたについての日本での議論に有用と思われる諸点を重点的に論じる。また、オーストラリアではDVや虐待の被害者保護の強化に向けて2012年に連邦家族法の改正が行われたため[3]、本章では特に暴力の問題に焦点を当てる。

1　オーストラリアの家族法の歴史的経緯および憲法との関係

　オーストラリア連邦家族法の動向を理解するには、オーストラリア連邦家族法制度に関する憲法の規定と歴史的な経緯に関する基本的な理解が必要である。オーストラリア憲法によれば、連邦家族法に関する立法権限は連邦議会にある[4]。連邦議会が次のような改革を行ったのは1975年であった[5]。

- 家族法を連邦で統一
- 連邦家庭裁判所を創設
- 離婚における有責主義を放棄

　したがって、オーストラリアの家族法制度はどの州も基本的には同じである。一連の裁判所では個別のケースに応じた一定の手続がとられ、連邦家族法上の実務に基づいて判断が下される。裁判所は問題解決を「手助けする」ものとみなされる。裁判所には社会科学の専門家（家族コンサルタント＝Family Consultants）がいて、裁判所による連邦家族法の運用を支える中心的な役割を果たしている。さらに、オーストラリアの連邦家族法はこの40年の間に、「有責主義」に基づく判断を下すことを明確に拒否する方向で進んできた。この点

2）　2006年改正法（Family Law Amendment（Shared Parental Responsibility）Act 2006）を指す。
3）　2011年の改正（Family Law Legislation Amendment（Family Violence and Other Measures）Act 2011）を指す。
4）　オーストラリア憲法51条による。
5）　1975年連邦家族法（Family Law Act 1975（Cth））の制定を指す。

でオーストラリアの方向性は日本とはかなり異なっている。

　オーストラリアの法制度のもう一つの特徴は、当初から法律の運用状況について調査が行われ、調査結果が政府に報告されていることである。家族問題についての調査のために、オーストラリア家族問題研究所（The Australian Institute of Family Studies、以下 AIFS）が1980年に設置され、さらに、連邦司法長官の諮問機関としてオーストラリア家族法審議会（The Family Law Council、以下 FLC）も設置された。[6][7]

　制定当初、1975年連邦家族法（Family Law Act 1975）は複雑なものではなく、子どもに関して次のような原則を示している。

- 離別後の養育について取り決める際には、子の最善の利益を最優先の考慮事項としなければならないという考え方（「子の利益最優先の原則」）を明記した。
- 裁判所が子の最善の利益を判断する際に考慮しなければならない事項を列挙した（「最善の利益チェックリスト[8]」）。これには包括的な規定も含まれ、裁判所は、子の最善の利益に影響すると裁判所が考える「その他の事項」も考慮することができる。
- 子の最善の利益を判断する際になんらかの推定が適用されるという考え方を退けた（裁判所は特定の取り決めが子どもにとって「最善である」と推定する必要はない）。

　したがって、絶対的な裁量権のもとで、関係するあらゆる事項を考慮するという前提で、どのような養育の取り決めが子どもにとって最善であるかを決定するのは裁判官だった。主に、「後見[9]」（名前、教育、宗教、主な医療事項など）、監護（子どもが主にどこで生活するか）、面会（子どもが他方の親といつどのように会うか）に関する命令が出されてきた。

　一方子どもの最善の利益を最優先するモデルを採用すれば、養育命令について裁判官に絶対的な裁量権が付与され、その内容を決定するに至った真の要因は不明瞭になる可能性がある。例えば、子どもが幼ければ母親と暮らすべきだと裁判官は一般に判断するかもしれないが、その場合、その判断が事実上の推

6）　https://aifs.gov.au/ を参照。
7）　http://www.ag.gov.au/FamiliesAndMarriage/FamilyLawCouncil/Pages/default.aspx（2014年8月2日アクセス）参照。このFLCは連邦家族法の専門家や研究者で構成され、連邦家族法にかかわる案件について司法長官に具申する審議会である。
8）　1975年連邦家族法60条CC参照。
9）　2006年の法改正まで、1975年連邦家族法第65条DACにおいて、「長期的な性質をもった問題」について「guardianship」とされていた。

定によるものであることは覆い隠されてしまう。この判断モデルは従来の離別後の養育を固定化させた。子どもには安定が極めて重要であり、一般に子どもは離別前の主たる監護者（大抵は母親）と暮らした方が幸せだという判断から、裁判所の命令は、離別前の主たる監護者であった者に監護権の大半を与え、他方の親との面会を制限する傾向にあった（一般的には、隔週末と学校の休暇期間の半分）。

　こうした判断モデルは、全く相反する二つの観点から批判された。まず、父親の権利擁護団体からは、監護紛争において裁判所は「母親びいき」だと批判された。これは子どもにとっても父親にとっても公平ではないという主張である。この批判にも一理ある。母親が育児を担い、父親が稼ぎ手という「伝統的な」役割分担においては、親の離別後もこれを踏襲して子どもを母親の監護下に置き、父親との面会を時々認めるという命令が一般的であったからだ。父親の権利擁護団体は、これでは子どもと父親の関係が損なわれ、子どもにも悪影響を及ぼすと主張した。親の離別後、子どもの多くは父親と会えず、母子世帯の子どもは貧困に苦しんでいるという実情は確かにあった。

　連邦家族法の運用に対するもう一方の批判は、女性団体から出された。母親たちの懸念は、暴力的な父親から子どもと母親を保護する措置をとるよう裁判所を説得することがほとんど不可能だという点にあった。面会は父親の権利とみなされ、深刻な暴力が存在しても、裁判所は面会を中止するように動こうとしないという指摘である。この批判にも一理ある。面会中止の命令は最も極端な状況に限られていた。そのような状況でも、子どもが直接危険に曝されている場合に限定され、それでも、面会の中止ではなく、監督付きの面会（supervised access）が命じられることが多かった。以下に詳述するように、子どもが直接に虐待を受けていなければ、母親にとっての危険度や家庭での暴力の子どもへの影響は認識されなかった。

　したがって、1975年連邦家族法は、離婚後の監護紛争については、従前からの問題を温存させた。共同養育の価値を認識したり、共同養育を促したりする法制度にはなっておらず、家庭での暴力に曝される母親と子どもへの悪影響について十分な関心が向けられていなかった。1975年連邦家族法は20年近くほとんど改正されず、暴力や虐待に関する規定の追加は1991年であり、共同養育を促す法改正に至ったのは1996年であった。

第10章　オーストラリアの家族法をめぐる近年の動向　**167**

　離別後に子どもと父親が会えないことについて、最も声高に懸念を表明した
のは父親の権利擁護団体であり、これが1996年の家族法改正につながった。改
正のねらいは共同養育を促し、暴力の問題を適切に考慮することにあるとされ
たが、いずれも大して成功しなかった。共同養育に関する大きな改正として、
子どもが両親について知る権利、両親によって養育される権利、両親と定期的
に会う権利が明記された。これらは新たに設けられた立法目的に関する条項
(60条B) に盛り込まれた。オーストラリアの法律では立法目的に関する条項が
重要である。制定法解釈のルールによれば、その法律の立法目的に合致した解
釈をすべきとされるからだ。したがって、養育命令に関する他の条項も、子ど
ものこれらの権利を促進するという立法目的を踏まえて解釈すべき、というこ
とになる。ただし、この条項で、裁判所の判断が実際にどう変わるのかは具体
的に示されず、他の条項は依然として裁判官に全面的な裁量権を付与していた。

　こうした条項は、裁判官が以前より共同養育の命令を出すようになったわけ
でもなく、DV被害者の保護に関する問題も悪化したと批判された。共同養育
に関する条項は、母親が面会中止の命令や母親と子どもを暴力から適切に保護
するための命令を得ることをいっそう困難にしただけだという指摘もある。面
会と暴力からの保護が相容れない場合、こうした条項は暴力からの保護よりは
むしろ面会に有利に働くであろうし、実際にそうであった。この懸念は1996年
改正後の調査研究で確認されている。[10]

　結局、以前と同様の不満が繰り返され、むしろ、不満は一層強まった。父親
の権利擁護団体は、子どもの監護に関する法律がいかに子どもの利益を損な
い、父親を差別しているかをさらに主張するようになった。父親の団体から地
元議員に寄せられる陳情は、「偏った」家族法制度に関するものが最も多かっ
た。女性団体も、裁判所は家庭での暴力から母親と子どもを保護しようとしな
い、と強く批判した。

　こうした状況下で、連邦政府は調査に乗り出し、その調査結果は『*Every
Picture Tells a Story*』[11]と題する報告書にまとめられた。連邦政府は関係する

---

10)　Kaspiew, R. (2005) 'Violence in contested children's cases: An empirical exploration',
　　Australian Journal of Family Law, 19 (2), 112-143.

11)　The Family and Community Affairs Committee of the House of Representatives (2003),

168　第Ⅲ部　離別後の親子関係の理想と現実

委員会に、連邦家族法を改正して父母による平等な身上監護を義務づけるべきかどうか検討を求めたのである。委員会はそのような法改正を支持しなかったが、上記報告書の提言を踏まえて、2006年に連邦家族法は大幅に改正された。[12]

2　2006年連邦家族法改正と現在の法制度

　連邦家族法の制定以来最も重要な改正が2006年に行われ、その後はほとんど変わっていないので、2006年改正の内容を理解することが重要である。この改正は裁判所の判断にも大きな影響を与え、暴力の問題を取り上げた2011年改正とも密接に関連する。

　2006年改正は一般に「共同養育」改革だと言われている。改正の主な目的が、標準的なモデル（一方の親が主たる監護者となり、他方の親が子どもに会うのは隔週末と学校休暇期間の半分とする、「80：20命令」（80/20 orderと呼ばれることが多い）によらない司法判断を目指したからだ。しかし、連邦家族法の重要な条項、つまり、子どもの養育について決定する際の最終的な要因は子どもの最善の利益であるとする規定は2006年改正でも変わらず（これは今でも「最優先の」考慮事項である）、その他の事項はそれに準ずるとされる。子どもの最善の利益のために必要なら、裁判所が子どもにとって最善の命令を出すことを、連邦家族法のいかなる条項も阻止できない。

　変更点は、子どもの最善の利益を決定する際に、特別な思考プロセスを採用しなければならなくなったことである。プロセスが変わっても根本的な決定要因が同じであれば、結果は同じでないかと考えられるかもしれない。しかし、そうではない。オーストラリアの経験は、プロセスこそが訴訟の結果に影響するものであり、現に影響を及ぼすことを示している。共同養育に限定すれば、2006年改正法の主な変更点や特徴は次の諸点である。

　　Every Picture Tells a Story: Report of the Inquiry into Child Custody Arrangements in the Event of Family Separation (Parliament of Australia, December 2003). http://www.aph.gov.au/Parliamentary_Business/Committees/House_of_representatives_Committees?url=fca/childcustody/report/fullreport.pdf（2014年8月1日アクセス）.

12)　Family Law Amendment (Shared Parental Responsibility) Act 2006を指す。

1 立法目的

60条Bは、子どもについて規定する連邦家族法第7章（60条A〜70条Q）の立法目的に関する条文で、「骨格」を成す。そこでは、第7章の目的が、「子どもの最善の利益に適う限りにおいて、最大限、両親双方が子どもの生活に有意義な関わりをもつ利益を、子どもが享受することを確保」して、子どもの最善の利益を実現することにあると規定する。したがって、ある程度の共同養育は、子どもにとっておおむね最善であるというのがこの法律の理念である。

2 均等な共同親責任 (Equal shared parental responsibility; ESPR)

2003年の報告書は、均等な共同親責任の推定を司法判断の「最上位」におくべきだとも提言した。[13] 均等な共同親責任が何を意味するのかは詳しく説明されていないが、61条DAが、子どもの日常の身上監護を指していないことは明らかである。この条項は、以前の「後見」、つまり、長期的な影響のある子どもの監護に関する意思決定（名前、宗教、学校教育、医療などに関する重要な決定）を行う権利について規定している。これらは連邦家族法で「重要な長期的事項（a major long-term issue）」とされている。オーストラリアでは、裁判所は何らかの命令を出すに際に、子どもの両親は（婚姻関係にかかわりなく）あらゆる親責任をともに有すると考える（61条C）。したがって、離別する両親が、共同責任を望まず親責任の配分の変更を求める場合には裁判所に出向く。裁判所は親責任の配分を変更すべきかどうか、またどのように変更すべきかを決定する際に、まず均等な共同親責任を考慮し、それが子どもの最善の利益になると推定しなければならないと61条DAは規定している。ただし、次の場合を除く。①一方の親によるDVや子どもへの虐待があると信じる合理的な理由がある場合、[14] ②子どもの最善の利益から見て、均等な共同親責任が適切でないことが

---

13) The Family and Community Affairs Committee of the House of Representatives, *Every Picture Tells a Story: Report of the Inquiry into Child Custody Arrangements in the Event of Family Separation* (Parliament of Australia, December 2003), p.21, and p.72. http://www.aph. gov.au/Parliamentary_Business/Committees/House_of_representatives_ Committees?url=fca/childcustody/report/fullreport.pdf（2014年8月2日アクセス）.

14) 1975年連邦家族法61条DA(2)による。

170 第Ⅲ部 離別後の親子関係の理想と現実

明白な場合（両親の葛藤が深刻で協力できない場合など[15]）。

　この条項がオーストラリア社会に誤解と混乱をもたらし、オーストラリアには両親による共同養育を義務づけた法律があると考えられているが、それは違う。共同養育が子どもの最善の利益に適うという推定は反証によって覆せる（したがって、この条項が適用される事案は限定される）。2006年の法改正以前にも共同養育命令は珍しくなく、この条項で法的状況が大きく変わったわけではない。共同養育が望ましいというほぼ事実上の推定がもともとあった。この改正は司法の慣行を明文化した（もっとも、この推定は、DVがある場合には適用されないという例外規定（61条DA(2)）をおいたことが重要な改正点であるが）。裁判所は監護紛争について判断を下す際に、均等な共同親責任の推定を適用するのか退けるのかを、まず判断する[16]。

3　養育時間の配分

　裁判所は、重要な長期的事項に対する責任を両親がどう分担するかを決定したなら、次に子どもの居所を決める。2006年改正法によれば、両親が平等な共同親責任を有するという命令を出した場合、裁判所は、子どもが両親と同じ長さの時間を過ごすべきかどうかを積極的に検討しなければならない（65条DAA）。共同養育を命じる義務はなく、あるのは共同養育について積極的に検討する義務だけである（両親のいずれかが共同養育を求めているかどうかは関係ない）。子どもが双方の親と同じ長さの時間を過ごすことが子どもの最善の利益にはならないと裁判所が考える場合、あるいは現状ではそれが合理的に実施可能でない場合[17]、裁判所は、子どもが双方の親と「十分かつ重要な時間[18]」を過ごすことが子どもの最善の利益に適うか否かを検討しなければならない。「十分かつ重要な時間」は連邦家族法が規定した文言であり[19]、標準的な面会交流

---

15)　1975年連邦家族法61条DA(4)による。

16)　*Goode & Goode* (2006) FLC 93-286.

17)　裁判所は、*MRR v GR* (2010) CLR 461事案において、65条DAA(1)および(5)について、裁判所に子どもが双方の親と同じ長さの時間を過ごすことが実現可能かどうか検討することを求めるものと解釈した。

18)　これは原文では"substantial and significant time"とされ、1975年連邦家族法65条DAA(2)(C)による。

19)　1975年連邦家族法65条DAA(2)による。

にとどまらず、さらに有意義な時間を指す。さらに、それが子どもの最善の利益に適わない場合、あるいは合理的に実施可能でない場合、裁判所は他の取り決めを検討する必要がある（例えば、一方の親が子どもの監護の大半を担うとする養育取り決め）。したがって、これらの規定は、養育責任を両親がどう分担するかを検討する際のプロセスを定めたものであり、特定の養育形態を課すものではない。ただし、裁判官は（60条Bの目的を踏まえ）共同養育をできる限り推進することを出発点とし、それが不可能な場合は次の段階を考えるという形で条文が構成されている。共同養育は重視されているが、最終的な決定要因が子どもの最善の利益であることに変わりはない。

4　子どもの最善の利益を検討する際の考慮事項（二層構造）

　子どもが両親それぞれと同じ長さの時間を過ごすことやその他の取り決めが子どもの最善の利益に適うか否かを、裁判所はどのようにして判断するのだろうか。裁判所は子どもの最善の利益チェックリスト[20]に挙げられた必須の考慮事項について得られた証拠を考慮し、比較検討して判断を下す。2006年の改正以前は、このチェックリストは一つで、各項目による軽重はなかった。つまり、どの要素を優先させるかは事件によって違った。2006年の法改正で大きく変わったのは、「主要な」考慮事項（primary considerations, 60条CC(2)(a)(b)）と「付加的な」考慮事項（additional considerations, 60条CC(3)(a)〜(m)）の二層構造になったことである。主要な考慮事項は次の二つである。

- 子どもが両親双方と有意義な関係を持つことによる利益（60条Bの目的を反映）
- 家庭における暴力、虐待、あるいはネグレクト、または暴力に曝されることによる心身の危害から子どもを保護する必要性

　これらの主要な考慮事項のうち、一方は共同養育を推進し、他方は子どもを危害から保護しようとする。この二つが競合する場合はどちらを重視するのかについては、2006年改正法は定めていない。例えば、家庭で一方の親に暴力を振るわれているという申立てがあった場合、子どもの保護を重視するのか、そ

---

20)　1975年連邦家族法60条CCによる。

172 第Ⅲ部 離別後の親子関係の理想と現実

れとも加害が疑われる他方の親と子どもの関係維持を重視するのか。性的虐待が典型例だが、総じてDV・虐待は遡及的な立証が難しく判断は容易でない。この「主要な」考慮事項のほかに「付加的な」考慮事項（子どもの意思、子どもと両親、きょうだい、祖父母等との関係の実態、状況の変化が子どもに及ぼす影響など）がある。こうした考慮事項の多くは2006年の改正以前からリストにあった。2006年改正法は「主要な」考慮事項を二つとし、その他は「付加的な」考慮事項としたが、その区別の根拠は説明されていない。

　例えば、子どもが会いたくない親との面会で得られると裁判所が考える子どもの利益より、子ども自身の意思が優先されるのだろうか。2006年の改正以後、付加的な考慮事項が主要な考慮事項より優先される場合があるという判断を裁判所は示している。場合によっては、付加的な考慮事項のほうが重要であり、主要な考慮事項よりも重視される場合がある。主要な考慮事項と付加的な考慮事項の境界は、いまだに定かではない。[21)]

5　その他、手続上の改正

　共同養育をめぐる法改正では、手続上の重要な改正点が二つあった。一つは、訴訟によらない紛争解決が重視されるようになったことで、これが2006年法改正の真のねらいでもあった。オーストラリアの法律は、両親の合意による取り決めを推奨する方向につねに重点がおかれてきた。2006年法改正のねらいは、訴訟を起こそうとする親に対し、訴訟によらない紛争解決を奨励することにあった。離別後の子の養育や財産分与について、連邦家族法には当初から両親の合意による取り決めに関する規定があり、それを裁判所に届け出ることができた。しかし、子どもに関しては、この規定はほとんど効果がないとされていた。届け出なしの合意による取り決めは今日でも可能だが、件数は少ない。

　この点に関する2006年の重要な改正は、「家族紛争解決手続」（Family Dispute

---

21)　パーキンソンは、主要な考慮は決定者にとって望ましい方向付けを、また、付加的な考慮は実現の可能性を熟考を要する事項をそれぞれ反映していると指摘し、このようにして事項が主要か付加的かを区別している。Patrick Parkinson, 'Decision-Making about the Best Interests of the Child: The Impact of the Two Tiers', (2006) 20 *AJFL*179. しかし、法律にはこうした解釈を支持する根拠は皆無であり、現実からすれば、法律の条項の適切な読み方ではないと筆者は考える。

第10章　オーストラリアの家族法をめぐる近年の動向　**173**

Resolution、以下FDR）という強制的な審理前調停の導入である。[22] これが意図するところは、訴訟を起こすには、親は交渉によって紛争を解決しようとした、あるいはそうできない正当な理由があると裁判所を納得させる必要があるということだ。裁判所が納得しない限り事案としない。この要件を徹底するため、全国に家族関係センター（Family Relationship Centre、以下FRC）が設置された。FRCは家族問題の解決に向けたサービスを極めて低コストで提供する。 親が養育訴訟を起こすには、FDRを試みた、あるいはFDRを通じて交渉ができなかった十分な理由があるという旨の証書を受け取る必要がある（家庭での暴力や虐待に起因する合理的な理由があると裁判所が納得した場合は、FDRは免除される）。[24]

　FDRの仕組みでは、認定を受けた家族紛争解決の専門家（family dispute resolution practitioners）がケースを担当する。 決まったFDRモデルはないが、「子ども中心」モデルあるいは「子ども包摂」モデルと呼ばれるものがある。 後者の場合、FDR専門家が子どもと面談し、子どもの意見を調停の場で伝える。FRCは1時間の無料FDRを提供し、その後の費用は収入に応じて決まるが、全般に低料金である。 FDRには両親の合意形成を手助けする大きな可能性があるが、いくつか重大な欠陥がある。資金不足（採用できるスタッフの質と専門知識、各事案に割ける時間に影響する）と、適切な調停モデルの欠如である。

　2006年の法改正でのもう一つの大きな変更点は、「対審的ではない審理」（Less Adversarial Trial、以下LAT）が導入されたことである。それまでは対審構造が原則であったが、子どもにさらに焦点を当て、より柔軟で、より低コストの法的審理を目指す手続に変わった。 マキントッシュ（Jenniffer E. McIntosh）はこの手続について次のように述べている。

　離別した親を援助する法的手続であり、そのねらいは、全面的な対審構造をとらず、紛争をできるだけ迅速かつ効果的に解決することにある。 この手続では、これまでの当事者間の関係よりも、子どもの利益や子どもの将来についての親の提案が重視される。 一件の紛争をひとりの裁判官が担当し、判決が必要な案件と証拠提出の方法を決定する。 本質的に形式的でなく、当事者を支え利用しやすいLATの方が、正規の訴訟

---

22)　1975年連邦家族法60条(I)および60条(J)。

23)　1975年連邦家族法60条I。

24)　1975年連邦家族法60条I(9)(b)。

174 第Ⅲ部 離別後の親子関係の理想と現実

手続よりも、親にも子どもにも好ましい効果が得られていることは極めて重要な点だろう。[25)]

LATは目的を果たしつつあり、「裁判所の判決によらない紛争解決が大幅に増え、司法へのアクセス拡大、審理期間の短縮、訴訟費用の軽減」などもこの新制度の利点だとする報告もある。[26)] LATに適した法的措置がほかにも考案されてきた。LAT開始前に実施される「子ども応答プログラム（Child Responsive Program）」などがその一例である。[27)]

3 2006年連邦家族法改正の影響

2006年家族法改正の影響を検討するには考慮すべき問題がいくつかある。

1 2006年の法改正の効果（共同養育は増えたのか）

まず、法改正によって共同養育が増えたのかどうかという点である。これは二つの観点から考えられる。第一に、裁判所の養育命令に変化がみられるのか、第二に、離別した両親による共同養育が全般的に増えているのか。実際には、ほとんどの親は裁判所の命令を受けず、「法の陰で交渉している」ようだ。裁判所は共同養育命令を出す可能性が高いと親は考え、裁判外で取り決める傾向にあると考えられる。

2006年の法改正によって、父親が母親（元妻）と共同で子の身上監護を求めるようになったという調査結果が出ている。[28)] 一方、政府が主な資金源である

---

25) McIntosh, J. E. (2006) *Children's Cases Pilot Project: An exploratory study of impacts on parenting capacity and child well-being.* Final Report to the Family Court of Australia. http://www.familycourt.gov.au/wps/wcm/connect/FCOA/home/about/publications/Papers/Papers+and+Reports/FCOA_pr_Childrens_Cases_Pilot_Prject（2015年4月2日アクセス）LATの実際については次を参照：*Truman and Truman*（2008）FLC 93-360 at [9].

26) Rose, P. (2007) 'The road to less adversarial trials and beyond', *Australian Journal of Family Law 21*, 232.

27) http://www.federalcircuitcourt.gov.au/wps/wcm/connect/4a94038d-de0f-4314-a12b-dbaae6734518/FS_ChildResponsiveProgram_1113V2_web.pdf?MOD=AJPERES&CONVERT_TO=url&CACHEID=4a94038d-de0f-4314-a12b-dbaae6734518（2015年4月1日アクセス）参照。

28) Fehlberg, B., Milward C. & Campo, M. 'Shared post-separation parenting in 2009: An empirical snapshot' (2009) 23 (3) *Australian Journal of Family Law*, 247 at 261.

AIFSの調査では、共同養育は全般に増えているが、この傾向は1990年代に始まり、2006年の法改正以前から見られたとの報告がある。しかし、全体として共同養育が行われる割合はまだ低く、小学生が最も高いが、それでも26%程度である（それぞれの親が1年の少なくとも35%の割合で子どもと寝食をともにしている）。子どもが4歳未満の場合、共同養育の割合はもっと低く、ほぼ75%の子どもはほとんどの日々を母親と寝食をともにしている。子どもが12歳以上になると養育形態は多様化し、共同養育の割合は5〜11歳の子どもたちよりも低い。

それでも、改正以前は、裁判所に提起されたケースのうち共同養育命令が出たのは4%であったが、AIFSによれば、改正後は34%に増えている。これには合意命令（改正前の10%から改正後は15%に増加）と判決によるものが含まれる。裁判所が判断を下した事案では共同養育に至るケースが増えた。裁判所に訴えたが最終判決を待たずに親同士の合意で問題を解決するケースもある。裁判所からどのような共同養育命令が出るかわからないという懸念があるため、親同士で合意するのかもしれないと指摘する専門家もいる。裁判所で審理されるケースの半数以上には家庭における暴力の訴えが絡んでいる。

共同養育は裁判所命令の後どの程度続くのだろうか。共同養育を命じることと、それがその家族のためになるかどうかは別問題である。調停による共同養育はそれ以外のケースに比べ長続きせず、主として母親による監護に戻ることが多いという報告がある。[29]

2 共同養育の取り決めは子どもにとって望ましいのか

2006年の法改正は、両親による平等な共同養育が一般にすべての子どもにとって望ましいという理念に基づく。しかし、これまでの調査研究では、子どもの幸福の観点からみて、均等な共同養育の方が子どもに望ましい結果をもたらすという裏付けは得られていない。同じ問題は2006年の法改正以前の調査研究でも既に指摘されていた。

両親による均等な共同養育が子どもにとって特に有益であることを証明した調

---

29) McIntosh, J., Smyth, B., Kelaher, M., Wells Y. & Long, C. 'Post-separation arrangements: Patterns and developmental outcomes. Studies of two risk groups' (2011) 86 *Family Matters* 33 at 42.

査データはない。[30] むしろ、子どもの利益につながるのは、「子どもが受ける養育の質、両親の関係性、適切な住居や収入などの実質的な資源」である。[31] さらに、共同養育の取り決めがメリットよりリスクが大きくなりかねない状況が三つあると指摘されている。①子どもが幼少である場合、[32] ②親同士の葛藤が高く解決の兆しが見えない場合、③子どもの母親が安全面で不安を感じている場合である。[33]

　一方、共同養育が子どもにとって有益であることを指摘する研究もあり、両親の居住地間の距離、子どもが両方の親を大事に思うこと、子どもの側に立った養育、養育への柔軟なアプローチ、共同養育の開始時に養育者（親）たちの対立が深刻でないこと、親が養育能力に自信をもっていることなどが重要である。[34] この研究は、共同養育に成功した親について類型化も試みている。それによれば、親が十分な教育を受け、安定した収入があり、離婚前から二人とも仕事をしてきた場合に共同養育がうまくいく。このような条件がそろう前提として、離別前から両親が多かれ少なかれ協力して子どもを養育していたと考えられる。

3　2006年法改正後の虐待からの子ども保護

　DVと家族法に関する現状を理解するには、二つのことを考える必要がある。第一に、DVの性質を思い起こすこと、第二に、1975年の連邦家族法制定以後、オー

---

30)　Fehlberg, B., Smyth, B., McLean M. & Roberts, C. (2011) 'Legislating for Shared Time Parenting after Separation: A Research Review' (2011) 25 (3) *Int J Law Policy Family* 318 at 321.

31)　*Ibid.* at 320.

32)　McIntosh, J., Smyth, B., Kelaher, M., Wells Y. & Long, C. 'Post-separation parenting arrangements and developmental outcomes for infants and children, Collected reports' (2010), available at www.familytransitions.com.au.

33)　Kaspiew, R., Gray, M., Weston, R., Moloney, L., Hand, K., Qu L. & the Family Law Evaluation Team, *Evaluation of the 2006 Family Law Reforms* (Melbourne: AIFS, 2009) 273. See also Cashmore, J., Parkinson, P., Weston, R., Patuluny, R., Redmond, G., Qu, L., Baxter, J., Rajkovic, M., Sitek T. & Katz, I. (2010) *Shared care parenting arrangements since the 2006 Family Law Reforms: Report to the Australian Attorney-General's Department* (Sydney: Social Policy Research Centre, University of New South Wales) xi. See generally on this topic Young, L. (2012) 'Reflections on the Shared Parenting Experience', in Atkin (ed), *The International Survey of Family Law*, 2012 Edition, ISFL.

34)　Smyth, B., Caruana C. & Ferro, A. (2004) 'Fifty-fify care' in B Smyth (ed), *Parent-child contact and post separation parenting arrangements* (Melbourne: Research Report No 9, AIFS) 18-29.

ストラリアの法律と裁判所はDVをどう扱ってきたのかを理解することである。

　他国と同様、DVはオーストラリアでも大きな社会問題であり、女性と子ども
もに重大な悪影響を及ぼしている。[35] オーストラリア統計局（Australian Bureau
of Statistics、以下ABS）によると、現在またはかつてのパートナーからDVを受
けたことがある女性の割合は、1999年には23％であったが、2005年には34％に
増加した。 2006年には110万人の女性が、15歳以降に元のパートナーからDV
を受けたことがあると回答している。このうち57％の女性には養育中の子ども
がおり、34％は子どもがDVを目撃したと回答している。 2008年の調査結果で
は、全国の殺人事件の20％は親密なパートナーによるものであった。 国のDV
対策費は年間130億ドル超と推定される。

　DVと児童虐待の関連も立証されている。ブラウン（Thea Brown）とアレクサ
ンダー（Renata Alexander）の2007年の研究[36]によると、オーストラリアの離婚夫
婦の3分の2はDVを離婚原因に挙げ、そのうちの3分の1は家庭で深刻な暴
力があった。また、虐待を受ける子どもは母親と一緒に虐待を受けることが多
い。 ビクトリア州では、2008年に確認された児童保護ケースの52％はDVが原
因であった。 インデマウア（David Indermaur）は2001年に、子どもは4人に1
人が母親か継母に対する暴力を目撃したことがあると報告している。[37]子ども
がDVを目撃すれば心理的虐待を受けたことになる。 子どもの時に受けた虐待
が大きな悪影響をもたらすことも立証されている。長期にわたるトラウマ、あ
らゆる分野での発達障害が起きる可能性があり、取り返しのつかない被害に至
ることもある。 間接的であっても、子どもをDVに曝すことは児童虐待にほか
ならない。

　こうしたことは以前から知られていたが、家庭裁判所では速やかに認識され

35）　I would like to acknowledge the useful reference point for this information provided by R.
　　　Alexander's conference presentation, Family Violence under the Family Law Act 1975 in
　　　Australia, 2nd International Family Law and Practice Conference, 2013, 'Parentage, Equality
　　　and Gender, London, 5 July, 2013.

36）　Brown, T. & Alexander, R. (2007) *Child Abuse and Family Law. Understanding the issues
　　　facing human service and legal professionals*, Crows Nest, Allen and Unwin.

37）　Indermaur, D. (2001) 'Young Australians and domestic violence', *Trends and Issues in
　　　Crime and Criminal Justice*, No. 195, Australian Institute of Criminology, Canberra.

ず、対処もされてこなかった。監護に関する判断は子どもの最善の利益の向上を前提とするからこそ、DVや児童虐待の影響が考慮されなければならない。子ども自身への身体的虐待はこれまでも家庭裁判所で重視されてきたが（性的虐待については後述）、子どもが暴力の直接的な被害者でなく暴力を目撃した場合、そのDVは子どもに関係するものとはみなされてこなかった。ブラウンらが1998年に200件の事案を調査したところ、そのうち半数にDVや児童虐待の申立てがあった。[38]AIFSが2003年に300件の事案を調査した時も同様であった。連邦家庭裁判所は2003年に議会に提出した意見書によれば、裁判所が判決を下したケースの75％にDVの申立てがあった。[39]2006年の「共同養育改革」以降も、同様の数字が複数の調査研究で報告されている。

　1975年に制定された連邦家族法は、養育に関連するテーマとして暴力の問題を看過していた。当時、裁判所は子どもへの直接的な身体的暴力の危険性については認識していたが、DVの問題性や、DVに間接的に曝されることの影響を十分理解していなかった。そのため、暴力的な夫も良き父親とみなされるケースが多かった。[40]一般に判決では、父親が子どもに直接の暴力をふるっていなければ、母親に対する暴力は父親による監護の問題に特に関係しないとされた。DVはカップル間の問題であり、子どもの福祉とは関係がないという見方が大勢を占めていた。

　既述のように、オーストラリアは1975年連邦家族法で離婚における有責主義を放棄した。そのため裁判所は家族法以外の領域でも有責主義を退け、子どもの養育をめぐる紛争で親が「婚姻上の違法行為」（DVもその一つとみなされた）について有責行為として訴えることを認めなかった。DVへのこうした態度は、子どもが直接的な暴力の被害者でなくとも暴力が子どもにいかに影響するのかをまったく理解していないという証左である。

---

38)　Brown, T. & Alexander, R. (2007) *Ibid*.

39)　Submission of the Family Court of Australia to the Standing Committee on Family and Community Affairs Inquiry into Joint Custody Arrangements in the Event of Family Separation, September 2003.

40)　*Heidt* 1976, *Dean* 1977, *Cartwright* 1977, *Chandler* 1981: See Alexander, R. (2010) 'Moving forward or back to the future? An analysis of case law on family violence under the Family Law Act 1975 (Cth)', *UNSW Law Journal, vol. 16, no.2*, 913-914.

オーストラリア家族法審議会（FLC）は、子どもに対する性的虐待に関する報告書を1988年に作成し、オーストラリアは1990年に「子どもの権利条約」を批准した。家族法審議会の報告書と提言を受けて、監護紛争における暴力に関する様々な問題への対処を目的とした法律が1991年に制定された。当時、現在と同様、養育命令を出す際に最も優先される考慮事項は子どもの最善の利益であるが、暴力は最善の利益のチェックリストに挙がっていなかった（現在の考慮事項は当時とは多少変わっている）。ただし、このリストの最後に包括的規定があり、裁判所が適切と考える「その他の事項」を考慮することができた。そのため、暴力の問題を「その他の事項」として取り上げることは可能だったが、考慮を必須とする事項には含まれていなかったために、実際に考慮の対象とするかどうかは裁判官の裁量にゆだねられた。

1991年の連邦家族法改正で、裁判所が子どもの最善の利益を判断する際の考慮事項が修正され、裁判所は次の事項を考慮しなければならないと規定された。

虐待、不当な扱い、または子どもが心理的に傷つく行為に曝されたり、そのような行為を受けたりすることから子どもを保護する必要性

それでも、この規定によれば、子どもが心理的に傷つくことは子どもの最善に関する考慮事項ではあっても児童虐待には当たらない。この1991年改正では児童虐待の定義が追加された。

子どもに対する「虐待」とは次のことを意味する。
(a) 子どもに対する暴力（性的暴力を含む）であって、法律に違反する行為
(b) ある者が子どもを本人または第三者との性的行為にかかわらせ、子どもを直接・間接的に性的対象として扱うことであって、子どもとその者の間に不均衡な力関係がある場合

この定義は、子どもに対する直接的な身体的暴力または性的暴力に大きな比重を置いているようだ。虐待の申告や裁判手続についても様々な規定が追加され、監護紛争の審理で児童虐待の申立てがあれば、そうした手続をとらねばならなくなった。こうした法改正をめぐる議会審議の記録を読むと、監護紛争においてDVへの社会の認識や懸念が高まっていたことがわかる。

180 第Ⅲ部 離別後の親子関係の理想と現実

1991年の改正後、裁判官たちはDVへの認識を次第に深めていった。DVは監護紛争の判決に関係するものであり、暴力的な親は子どもにとって不適切なロール・モデルであるという見方が裁判官の間に広がっていった。その結果、子どもに直接向けられた暴力でなくとも監護の問題に関係すると認定された。こうした判決は、間接的な暴力が子どもにもたらしうる危害も認定した。これらは極めて重要な判決であり、暴力の問題に対する裁判官の認識が大きく変わっていくターニングポイントとなった。

しかし、1991年に盛り込まれた規定はごく一般的なものであった。「児童虐待」と有害な「行為」にしか言及していない。DVには直接言及せず、DVに曝されることを児童虐待と認める直接的な規定もなかった。そのため、暴力に関する判決において全面的にこの種の問題への感度が高まったわけではない。DVの扱い方は裁判官によって異なり、暴力の意味合いが十分に認識されないこともあった。

養育をめぐる紛争に関する連邦家族法第7章は1996年に大幅に改正された。[41] ただし、この改正は暴力の問題への対応を意図したものではなく、前述のように、共同養育の推進を初めて明文化した改正であった。1991年の時と同じく、今回も家族法審議会の報告を受けて1996年改正に至ったが、同報告書では主に離別後の養育形態の問題が取り上げられ、離別後に子どもと父親とのつながりが失われるという問題が注目されていた。それでも、この1996年改正でDVの定義が初めて盛り込まれた。[42]

「DV」とは、ある者が家族の構成員に対し、またはその財産に対して実際に行ったか威嚇にとどまったかに拘わらず、家族の構成員のいずれかに個人の福祉や安全について恐怖や不安を抱かせる行為をいう。

さらに、子どもの最善の利益のチェックリストに次の項目が追加された。

・以下によって生じた、または生じうる身体的・心理的危害から子どもを守る必要性
　（ⅰ）虐待、不当な扱い、暴力、その他の行為を受けるか、それらに曝されること
　（ⅱ）第三者に向けられた、もしくは第三者に影響しうる虐待、不当な扱い、暴力、

41）　1995年連邦家族法改正法（Family Law Reform Act 1995 (Cth)）。
42）　「ファミリー・バイオレンス」という用語は、現在、オーストラリアの家族法において「ドメスティック・バイオレンス（DV）」として知られている暴力を含むものとされている。

その他の行為に直接的・間接的に曝されること
- 子どもまたは子どもの家族の構成員の属する家庭における暴力
- 子どもまたは子どもの家族の構成員に発令された暴力に関する命令

これらの規定は明らかに1991年改正よりも踏み込んだものであり、子どもがDVに曝されることによって受ける危害に、連邦家族法が直接言及したのは初めてであった。しかし、1996年改正の主眼は暴力からの保護ではなく共同養育の推進にあり、暴力や虐待からの子ども（および女性）の保護は弱まるだろうという批判が相次いだ。その後の判例法を見ると、暴力の扱い方が大きく変わったことがわかる。[43] 改正が共同養育に主眼を置いたために暴力の問題は「周縁化」され、裁判所が出す命令への実質的な影響力が限られたものになったと論じる研究者もいる。[44] 深刻な暴力の疑いがあっても監督なしの面会交流が認められ、暴力問題を抱える家族を家庭裁判所で支援するための資金や要員は不足していた。[45]

暴力からの子どもの保護という観点から、1996年改正はこうした批判を受けたが、2006年の法改正は共同養育をさらに推進する方向に向かった。2006年改正では暴力に関する規定も修正され、暴力からの子どもの保護が後退することはないだろうと予想する専門家もいた。[46] 例えば、60条Cの目的条項が修正され、暴力に関する文言が追加された（それまでは共同養育への言及しかなかった）。

(1) 本章の目的は、次の事由により子どもの最善の利益の充足を確保することにある。
  (b) 虐待、ネグレクト、家庭における暴力を受けるか、目撃することによる身体的または心理的危害から子どもを保護する。

---

43) *Blanch v Blanch & Crawford* 1998, *A and A* 1998; *M and M* 2000; *T and S* 2001; *T and N* 2003; *D and D* 2005 といったケースを参照。これらのケースでは、*Bartholomew and Kelly* 2001 および *Grant* 2002: Alexander, R. 2013のケースのように、暴力に関心が向けられた。

44) Kaspiew, R. (2005) 'Violence in contested children's cases: an empirical exploration', *Australian Journal of Family Law 0817-623*X v. *19 no 2*, Aug. 2005, 112-143; Dewar, J. & Parker, S. (1999) 'Parenting, planning and partnership: A study of the impact of the Family Law Reform Act 1995', *Family Law Research Unit Working Paper No.3*, March 1999.

45) Alexander, R. (2013) conference presentation, Family Violence under the Family Law Act 1975 in Australia, 2nd International Family Law and Practice Conference, 2013, 'Parentage, Equality and Gender, London, 5 July, 2013.

46) Patrick Parkinson の著作を参照。

また、裁判所が養育命令を出す際にDVに関する命令（接近禁止命令）との整合性を図り、誰かがDVの「受容できない」危険に曝されるような命令を出してはならないという条項が新たに盛り込まれた。[47]

一方、2006年の法改正は共同養育を過大に重視し、女性と子どもの保護がさらに弱まると懸念する専門家もいた。[48] それだけでなく、子どもへの暴力と危害に関する上記の規定が2006年連邦家族法に盛り込まれても、そのねらいは、暴力の虚偽の主張が戦略的に利用されていると疑われる事態に対処することにあったのは明らかだという主張もあった。女性は監護紛争において戦略的目的のために決まって、あるいは過度に、暴力について虚偽の主張をするという見解を裏づける経験的証拠はない。[49] それでも、これこそ家庭裁判所における重要な問題だという見方は今日でも強い。[50]

暴力からの子どもの保護を弱めるとみなされた2006年の改正点を以下に挙げる。

- 「家庭における暴力」の定義の変更。被害者の恐怖は「合理的」なものでなければならず（４条(1)）、そうでなければ家庭における暴力とは認定されなくなる。
- 監護紛争において、「故意に」虚偽の主張をした親に対する費用負担命令（117条AB）。この規定はすべての主張に適用される（虐待の否認にも適用される）が、議会資料を見ると、戦略的目的のために、家庭裁判所で暴力の虚偽の主張をしたとみなされる行為に対処する意図があったことは明白である。
- 子どもの最善の利益チェックリストに、「フレンドリー・ペアレント（friendly-parent）」条項が追加された。[51] これにより裁判所は、一方の親が他方の親と関わろうとしない度合いを考慮しなければならない。この規定は、暴力を理由に関わりを回避したい親を否定的に評価するとオーストラリア国外でも批判されている。[52]

---

47) 1975年連邦家族法60条CG。
48) Banks, C. et al. (2005) 'Review of Exposure Draft of the Family Law Amendment Bill 2005', *Australian Journal of Family Law 19*, 2005: 79.
49) Moloney, L. et al. (2007) 'Allegations of family violence and child abuse in family law children's proceedings', *Australian Institute of Family Studies: Research Report No.15* (May 2007).
50) 例えば、*Family Law Review*誌に収録されている、性的虐待の訴えに関する近年の論文を参照。根拠が全く無いにもかかわらず、女性は養育裁判で暴力について虚偽の主張をすると考える弁護士も少なくないことが、調査研究で示されている。
51) 1975年連邦家族法60条CC(3)(c)。
52) De Simone, T. (2008) 'The friendly parent provisions in Australian family law – How friendly will you need to be?', *Australian Journal of Family Law 22 (1)*, 56-71.

第10章　オーストラリアの家族法をめぐる近年の動向　**183**

- 一方の親に対する保護命令は養育命令に関係しないとされた。その背景には、母親は暴力について不確かな主張をして、父親に対する接近禁止命令を獲得しやすく、一旦その接近禁止命令が出ると、子どもと父親の面会を家庭裁判所が禁止するのではないかと懸念された。

　二つの主要な考慮事項の一つである「暴力からの保護」をもう一つの考慮事項である「共同養育」よりも重視することを確保するための措置が、新たな条項に盛り込まれていないという指摘もある。家族法にそうした規定がない以上、裁判所は暴力からの保護より共同養育を重視していくと考えられる[53]。2006年改正法にはプラスの側面もあったが、改正後、裁判所は基本的に共同養育を重視するので、暴力の被害者は裁判をためらうようになる、提訴しても適切に保護される養育命令を受けるのは難しくなるという懸念が強まった[54]。

　2009年のダーシー・フリーマン（Darcy Freeman）のケースは、こうした懸念[55]を浮き彫りにした重要な事例である。ダーシーの母親は、事件が起きる前から、父親の言動への不安を口にしていた。父親はダーシーとの面会で、母親に子どもたちにさよならを言わせた後、4歳のダーシーを橋から放り投げて死亡させた。後に父親は、母親を傷つけるためにやったと認めている。この事件は、家庭裁判所にとって、暴力の問題を真剣に受け止めていないという批判に向き合う契機となった。何度か集会が開かれ、家庭裁判所長官でさえ、2006年改正法についての疑念を示した[56]。政府は、DVと家族法の関係については既に調査を行っていたが、世論の抗議を受けて、暴力の問題と2006年改正法の影響に関する調査が新たに実施された。

---

53)　2006年の一連の法改正に加え、2009年にはオーストラリア家庭裁判所（Family Court of Australia）は、『*Best Practice Principles for Use in Parenting Disputes when Family Violence or Abuse is Alleged*』（2011年改訂）を公刊していることにも注目すべきである。

54)　Chisholm, R. (2006) *The Family Law Amendment (Shared Parental Responsibility) Bill 2006: Putting children at centre stage?* Paper presented at the Contact and Relocation: Focusing on the Children conference. Convened by the Centre for Children and Young People, Southern Cross University, Byron Bay, New South Wales.

55)　この事件を報じる記事は、以下をはじめ多数ある http://www.smh.com.au/news/national/last-moments-of-darcey-freeman/2009/01/29/1232818637176.html（2015年4月2日アクセス）。

56)　The Hon. Diana Bryant QC, *Family violence, mental health and risk assessment in the family law system*, Speech to the Queensland University of Technology Public Lecture Series, April 2009.

184 第Ⅲ部 離別後の親子関係の理想と現実

　その結果、2006年以降の家庭裁判所におけるDVの扱われ方、それと共同養育規定との相関関係について何件もの具体的な調査報告が発表された。[57] 調査報告から浮上した問題点を理解することは重要なので、次に列記する。[58]

- 離別の前後にかかわりなく家事事件には暴力が絡んでいることが多い。家庭裁判所の記録によると、家事事件の半数以上に暴力の申立てがあり、20％近い事件では当事者間の関係において、一方が相手についてひどく怯えたり不安が募ったり、激しい対立があったという状況であった。
- 離別前に身体的暴力があった場合、子どもはそれを目撃していることが多い。
- 離別しても暴力は終わらない。親の20％は継続的な面会の取決めをした結果、自分と子どもの安全に不安を感じ、10％は離別後から数年間、元パートナーとの不安や深刻な対立が続いたと述べている。
- 離別後の危害の訴えは男性より女性のほうが多く、深刻な危害については女性が圧倒的に多い。危害を訴える女性の大半は自分自身が危害を受けたと主張している。命にかかわるような暴力を訴えたのは女性だけである。女性のほうが離別前、別居中、離別後も不安が続いていると訴えている。
- DVと子どもの虐待は関係している。
- 共同監護下におかれている相当数の子どもはDVのあった家庭で育ち、両親の関係が崩壊した状況に曝されている。
- 子どもは母親といる時より父親といる時に危険を感じることが多い。
- 弁護士や調停担当者がDVの有無を調査しその結果に自信をもっていても、そうした面接を受けた覚えがないという親や、調査は有効でないと考える親が多い。家族関係センター（FRC）での安全についての重大な懸念が親から提起されている。
- 暴力の被害者は、弁護士から、暴力を訴えると裁判で不利になるので、それについては持ち出さないほうがいいと言われることがある。被害者たちは、加害者との関わりを回避しようとすると、逆に接触が増えることになりかねないと感じている。この点でフレンドリー・ペアレント条項と費用負担命令の義務化は、被害者側の親にとって脅威とみなされている。
- 被害者は、自分たちの体験が信用されず、まともに受け止めてもらえない雰囲気が

---

57)　For a list of the various papers see the Australian Domestic and Family Violence Clearinghouse at http://www.adfvc.unsw.edu.au/PDF%20files/Thematic%20Review_2_Reissue.pdf（2015年4月1日アクセス）.

58)　Wilcox, K.（2012）'Intersection of Family Law and Family and Domestic Violence', Thematic *Review 2-Reissue*, Australian Domestic & Family Violence Clearinghouse, http://www.adfvc.unsw.edu.au/PDF%20files/Thematic%20Review_2_Reissue.pdf（2015年4月1日アクセス）.

あると感じている。

- 判決をについて調査した研究によると、裁判所は暴力を軽視するか、その重要性を最小限しか認めない。次のような誤った通念がまかり通っている。
  - ○女性は決まって暴力をでっち上げ、子どもを父親から引き離そうとする。
  - ○暴力的な父親であっても、子どもと会わせるべきである。
  - ○男性の暴力的行為にはもっともな理由がある（例えば、子どもに会えなくて苛立っていただけだ。だから子どもには会わせてほしい）。
- 多くの家族法専門家はDVを十分理解していない。
- 法律で共同養育が重視されると、親の権利が重視される結果になる。
- 裁判所による紛争解決は子どもの幸福度を低下させ、親はほとんど満足していない。
- 調停で取り決めた共同養育は数年後に深刻な対立を生んでいる。
- 離別後の子どもの幸福の実現は、養育費に関する取決めが公正でニーズに基づいたものであるかどうかによる。
- 父親が監護権を申請するかどうかを考えるとき、養育費など金銭的側面を考慮して決める。
- 紛争の解決方法にかかわりなく、暴力の存在や安全面の不安があっても共同養育の取決めがなされることが多い。
- 子どもは暴力に曝されても大抵は父親との面会が続く。面会禁止になることはまれにしかなく、通常は時間がたてば標準的な面会の取決めとなる。
- 思春期の子どもが一方の親と会っていない場合、過去に暴力が頻発していたことが多い。
- 父親と過ごす時間が長ければ子どもの幸福が向上するという結論には、裏付けとなる証拠がない。子どもの幸福が向上するかどうかは養育の質による。暴力が存在したり、安全面に不安があったりすれば、子どもの幸福は低下する。
- 外部から課された柔軟性に欠ける共同養育は、子どもと母親に様々な悪影響をもたらしているが、父親は共同養育の取決めが自分にとって好ましいと感じている。
- 養育の水準より、安全面の不安と暴力のほうが子どもの幸福に影響する。
- 共同養育がうまくいく場合もあるが、子どもがまだとても幼少である場合や、安全面の不安や暴力がある場合（裁判所に持ち込まれる事件の大半がそうである）、共同養育は子どもに悪影響をもたらす。
- 共同養育をうまくやっていけそうな親は、養育の取決めのためにそもそも裁判所の手助けを必要としない。

ウィルコックス（Karen Wilcox）はこれらの調査結果から次のように結論付けている。

186 第Ⅲ部 離別後の親子関係の理想と現実

　「2006年連邦家族法に規定された保護措置は、DVの被害者を保護したり、安全や回復への道筋を提供したりするのに有効だとは考えられない。それは面会交流を尊重した養育取決めを最大の「成果」としているためでもある。裁判所の判決は、一連の調査研究で示された懸念が杞憂でないことを実証している。また、家族法上の制度がいっそう複雑になり、DVの被害者に困難な問題をもたらしていることも指摘されている。暴力の被害者は家族法制度の専門家に実情を話すように働きかけられることもないし、たとえ話したとしても信じてもらえないことが多い。制度間の情報共有があれば被害者の体験を裏付け、その正当性を確認することができただろうが、実際には情報の共有は不十分で断片的であった。家族法は被害者の保護や回復を支援するどころか、家族法に従うと被害者の生活はいっそう困難になる。他の問題に加え、家族法も一緒になって、暴力的な関係を断ち切ろうと真剣に考えている女性たちの足を引っ張っていると言える。

　さらに、離別は暴力的な関係から抜け出す糸口にならないことも調査研究から明らかである。面会の取決めは被害者と加害者の関わりを存続させる枠組みを提供するものであって、それにより暴力が続くことを可能とするからだ。係争中の訴訟は多くの加害者にとって心理的・経済的暴力の手段となることも指摘されている。家族法上の手続ゆえに暴力が続くかもしれないという状況が、地域社会の暴力防止の教育活動や刑事司法制度、保護命令への対応の有効性、DV被害者支援活動に及ぼす影響についてはまだ十分に考察されていない。[59]」

4 2012年連邦家族法改正

　上記の調査研究をふまえ、特に、家庭裁判所での監護紛争において暴力の問題にどう対応するかという観点から家族法が改正され、2012年6月に施行された。[60]この改正点は以下の通りである。

- 虐待の定義の拡大（4条(1)）。
  - (a) 暴行（性的暴行を含む）
  - (b) 性的行為に子どもを関与させた者。その際、子どもを直接的あるいは間接的に性的対象として扱い、両者の間に不均衡な力関係がある場合
  - (c) 子どもに深刻な心理的危害を及ぼすこと（子どもが家庭における暴力を受け

---

59) Wilcox, *Ibid.*

60) Family Law Legislation Amendment (Family Violence and Other Measures) Act 2011.

たり、目撃したりすることを含む）

   (d)　重度のネグレクト

- 家庭における暴力の定義の拡大（4条AB）。

  (1)　ある者による暴力的、脅迫的、その他の行為であって、その者の家族構成員を抑圧もしくは支配する行為、または家族構成員に恐怖心を抱かせる行為

  (2)　家庭における暴力となりうる行為には次のものを含む。

   (a)　暴行

   (b)　性的暴行

   (c)　ストーカー行為

   (d)　軽蔑的な嘲りを繰り返すこと

   (e)　故意に財産を損壊させること

   (f)　故意に動物を死傷させること

- 家庭における暴力になりうることの追加（4条AB(2)）。

   (a)　家族構成員の経済的自立を不当に認めないこと

   (b)　家族構成員または子どもの妥当な生活費を賄うために、必要な経済的な援助を不当に留保すること

   (c)　家族構成員が家族、友人、または文化と関わり、その関わりを維持したりすることを妨げること

   (d)　家族構成員またはその者の家族の構成員の自由を不法に奪うこと[61]

- 裁判所は二つの主要な考慮事項（共同養育の推進と暴力からの子どもの保護）を適用する際、子どもを保護する必要性の方に重点をおかねばならないという規定が追加された（60条CC（2 A））。

- フレンドリー・ペアレント条項と強制的費用負担命令に関する規定の削除。

オーストラリア家庭裁判所長官は、ある裁判官がこのような法改正の効果について予備調査を行い、次のような結論に至ったと述べている。

- この法改正によって暴力の問題に対する意識が高まり、裁判官は新たな規定が地域社会の標準に近づいたと見ている[62]。

- DVに関する裁判所文書への記載の仕方が、結果的に改善されたようである。

- 両親の間の合意命令が、訴訟で提起された暴力の問題に適切に対応しているのかどうかという点に、以前よりも注意が払われている。

---

61)　4条AB(3)(4)は、子どもがファミリー・バイオレンスに曝されることに関する詳細な規定である。

62)　オーストラリアでは、ファミリー・バイオレンスの問題については、州に立法権限がある。

188 第Ⅲ部 離別後の親子関係の理想と現実

- DVに対するより高度な分析が判決に表れている（例えば、暴力が生じた状況や行動パターンが検討されている）。これは定義の拡大と関係しているようだ。特に、DVの定義に「強制」（coercion）と「支配」（control）という言葉が盛り込まれたことが、裁判官の判断を助けているようである。
- 裁判所に虐待を訴える訴状が増えている。これにより裁判所は暴力の訴えに早期に対応でき、家族法の他の重要な手続規定を適用できる。
- 大きな問題は、こうした法改正に伴って必要となる専門職人材の不足である。暴力に注意を払い精密な調査をしようとすれば裁判官の仕事量が増え、適切な保護措置を含め判決が遅れかねない。
- 驚くべきことに、60条CC（2A）の意義についての関心が欠如している。

改正で改善された点がある一方、2012年の法改正では何をなしえなかったのかを理解しておくことは極めて重要である。共同養育を推進する規定は、暴力に関係する場合を除けば変わっていない。したがって、暴力が問題でなければ、改正後もまったく同じ規定である。共同養育（つまりESPR共同親責任）の推定がいまだにあり、この履行が命じられれば、両親による「均等な」身上監護モデルが検討されなければならない。子どもによっては共同養育が適切な選択肢にならないという証拠が増えており、特定の養育モデルを最初から他のモデルより優先すべき理由はないと調査研究で指摘されているにもかかわらず、この規定は少しも変わっていない。

子どもが暴力や虐待に曝される状況を前面に押し出せば、法改正の議論はずいぶんしやすくなる。確かに、そうした法改正には反対しにくい。それに対し、共同養育モデルから距離をおいたように見える、より一般的なモデルは、オーストラリアでは政治的な支持を得にくい。強力な政治勢力である父親の権利擁護団体を激怒させることになるからだ。法改正の狙いが共同養育の理想から遠ざかることでなくとも、やはり反感を買うだろう。それでも、調査研究から明言できるのは、特定の共同養育、すなわち両親による均等な養育モデル（半々の養育分担）はすべての子どもにとって必ずしも有益ではなく、これを優先させる理由は論理的ではないということである。

5 リロケーション[63]と共同養育に関する法改正

リロケーション紛争には通常、子どもの世話をしている親が子どもと一緒に転居することを望んだ場合、他方の「残される」親と子どもの接触が制限されるという問題が絡む。リロケーション紛争が大きな議論を呼ぶのは、双方の親に会う子どもの権利と親の転居の自由との衝突を象徴するからだ。転居に関して適用される推定があってしかるべきなのか、あるいは裁判官の裁量にゆだねるべき問題であるのかが国際的な議論の中心テーマになっている。[64]

オーストラリアの家族法には、リロケーション紛争に関する特別な規定はない。リロケーション紛争は他の監護紛争と同様に扱われるが、この分野には連邦最高裁判所で審理された三つのケースを含め、判例がかなりある。現在の判例法は、リロケーション紛争の解決について次のようになっている。

- 子どもの最善の利益を最優先に考慮すべきだが、それが唯一の考慮事項ではない。
- 親が居住地を選ぶ「権利」は考慮されなければならないが、子どもの利益からして必要な場合、親の利益は最終的に譲歩しなければならない。
- 親は転居について説得力のある理由を示す必要はないが、転居の理由が審理に関係する場合がある。
- 裁判所は当事者の請求に拘束されず、もっと好ましい養育取決めが別にあることが確かな場合、裁判所はその旨の命令を出すべきである。
- よくあることではないが、裁判所は転居する親とともに移転することを、もう一方の親に命じることができる。
- 一方の親が子どもを連れて行くことができないなら監護を放棄するつもりであっても、裁判所は転居を差し止めることができる。
- 国外への移転は特殊な事例ではないが、国外移転を考えると、裁判所の許可は得にくいと考えられる（距離や旅費のために、親と子どものつながりを保つことがいっそう難しくなるため）。

---

63) リロケーション（relocation）」とは「転居」「居所移動」を指す単語であるが、ここでは、離別後の親が子どもを連れて転居する際の問題を指しており、「リロケーション」あるいは「リロケーション紛争」と表記する。

64) 日本は単独監護制度を採用しているため、原則的として、子どもの監護親は自由に転居できるが、その親の就労状況によっては経済的に生活困難になることもある。

190 第Ⅲ部 離別後の親子関係の理想と現実

・通常、裁判所は60条CC規定の考慮事項に基づいて証拠を検討したうえで、65条DAA（均等な身上共同監護）の適用を検討すべきである（ただし、このプロセスは義務づけられていない）。60条CCに規定の考慮事項を検討する際、リロケーション紛争で提起された問題を踏まえて、いくつかの事項を特に重視してもよい。

共同養育の推進に向かった1996年の法改正以前は、子どもの監護親は、子どもとの転居を認める命令が容易に得られると考えられていた。筆者は当時、この問題は、親の転居理由が決定要因になると論じた。[65] つまり、親の側に十分な理由、または説得力ある理由があれば、転居は認められたが、そのような理由がなければ転居は難しかった。そうしたアプローチに法的根拠はなく、連邦最高裁判所は1999年に、親の転居理由は判決を出す過程で検討可能な様々な要因の一つであって、決定要因ではないことを確認した。[66] その後の研究によれば、1996年と2006年の法改正の結果、リロケーションの命令を得ることは近年ますます難しくなっている。外国に転居する場合は特に困難である。

しかし、連邦家庭裁判所はこうした事件に対して、むしろ従来とは異なるアプローチをとってきた。[67] 裁判所には、子どもにとって最善と思えるものであれば、どんな命令でも出せる広範な裁量権があるため、[68] 裁判官は可能な養育取決めを種々検討することができるという考え方がとられてきた。そうした取決めには、双方の親が要求していないものも含まれる。例えば、裁判所としては、両親ともに従来の居住地にとどまるほうが良いのではないかとつねに考え、状況によっては双方とも新しい場所に移転したほうが良いのではと判断する。とはいえ、これまでのところ裁判所は、一方の親に対して、転居するもう一方の親とともに移転することを強制はしてはいない。ただし、母親が子どもと一緒に転居することが認められないのなら自分だけ転居すると主張した場合、裁判所の判断によって、母親と子どもを引き離さない措置がとられてきた。[69]

---

65) Young, L. (1996) 'Will Primary Residence Parents be as Free to Move as Custodial Parents Were?', *Australian Family Lawyer* (1996) 11/3, 31.

66) AMS v AIF [1999].

67) Young, L. (2011) 'Resolving Relocation Disputes: the 'interventionist' approach in Australia', *Child and Family Law Quarterly (2011)* No 2.

68) 1975年連邦家族法65条D(1)。

69) Sampson v Hartnett (No 10).

このようにオーストラリアは、転居しようとする親に対してはかなり厳しい国だと見られている。これに対し、イギリスは居所移動にもっと寛大だと理解されている。しかし、居所移動への対応がまったく異なると思われる3カ国（イギリス、オーストラリア、ニュージーランド）を対象にした最近の研究によれば、居所移動申請案件のうち許可件数の割合ではそれほど大きな相違はなかった。[70]

共同養育の規定はリロケーション紛争にどう影響しているのか。オーストラリアの研究によれば、法制度が共同養育を推進するようになってからは、居所移動の許可を得ることは難しくなった。共同養育推進の動きについては慎重でなければならない。この点では、オーストラリアの事例が重要な意味を持つ。裁判所はリロケーション紛争において次の問いかけをしているのかどうか、われわれは自問しなければならない。

(a) 子どもは親AとXという場所で暮らすべきか、それとも親BとYという場所で暮らすべきか。

(b) この3人（またはそれ以上）はどこに住むべきか。

何らかの形態の共同監護（完全に均等な監護でなくともよい）を維持することに過度に重点をおいた法律がある場合、オーストラリアがそうであるように、裁判所は最終的には(b)の問いかけをするであろう。その場合に、親子そろって同じ場所に住むことが子どもにとって最善だと判断されることが多い。しかし、監護紛争における裁判所の適切な役割とは一体どのようなものかを熟考する必要がある。裁判所が、家族にとって最適な養育取決めを見出す責任を実際に課されているとすれば、それは質問(a)に代表されるような（どちらがよいかといった）判断を導く役割ではなく、何か別の役割を担っている。共同養育に「過度にこだわる」ために裁判所が必要とされる場合がまさにそうであろう。なぜなら、両親がそれぞれ別の場所に住むことを望んでいても、裁判所は共同養育を実現させようとするからである。

そのような方向に進めば、とりわけ女性にとって切実な問題が生じることも明記しておかねばならない。現実には、子どもの利益のために親の移動を制限す

---

70) George, R. (2013) presentation at the 2nd International Conference held by the Centre for Family Law and Practice at London Metropolitan University, July 2013.

れば、十中八九、主たる監護者（大抵は女性）の移動が制限される。父親は子ども
から自由に離れられるだろうが、父親が執拗に主張すれば、母親は別れた時と
同じ居住地に縛られることになるかもしれない。そうなれば女性の就業機会が
制限され、家族（子ども）を養う力を回復できず、そもそも自立した生活をする力
が削がれることにもなる。筆者は、親の移動の自由が尊重されなければ、差別
となりうる可能性が高いと考える。したがって、もし日本が共同養育に前向きな
方向性を検討するのならば、リロケーション紛争をどう扱うかに関する規定を盛
り込むべきか否か、熟考しなければならない。それが必ず「争点」になるからだ。

6 共同監護が養育費に及ぼす影響

　共同監護が及ぼしうる経済的影響に注目する研究も出てきている。[71] 第一に、
オーストラリアでは別居時に夫婦の財産問題について合意する際、親の将来に
わたる必要性[72]、つまり、子どもの監護にとって一方の親が他方の親よりも大
きな役割を担う可能性があること（これは自分と子どもを養う経済力に影響する）
が考慮される。共同監護では、女性に配慮した財産処理の合意は少ないことが
指摘されている。[73] 実際には、共同監護は変更が不可能な取決めではなく、母
親を主とする監護に戻る例が多い。したがって、共同監護が後に母親を主とす
る監護に変更されるのであれば、共同監護に基づく夫婦財産の処理の合意は公
正とはいえないだろう。しかし、連邦家族法では夫婦財産の処理の合意は確定
的であり、子どもの監護に変更があっても再考されない。婚姻が破綻すると、
女性の経済状況は厳しくなることが多いのがはっきりしている以上、このこと
は非常に懸念される問題である。
　第二に、オーストラリアの養育制度では、共同監護が行われる場合には養育
費の額は少なくなる。親は監護の度合いに応じて養育費を分担することが前提

---

71)　Millward, C. & Fehlberg, B. (2013) 'Recognising the costs of contact: Infrastructure costs,
　　 'regular care' and Australia's new child support formula', *Australian Journal of Family Law*
　　 (2013) 27, 1-25; Fehlberg, B. & Millward, C. (2013) 'Post-separation parenting and financial
　　 arrangements over time: Recent qualitative findings', *Family Matters* (2013) 92, 29-40.
72)　1975年連邦家族法79条(4)(e)により、夫婦間の離婚後扶養について定める75条(2)。
73)　Fehlberg & Millward (2013).

とされているからである。[74) 75)　したがって、監護の50％を引き受けているわけではないが、たまにということではなく時々監護しているといった父親は、母親と同等のインフラコスト（住宅、車など）がかかるため、養育費全体の相当部分を負担していると考えられる。しかし、この仮定についても正しいとは言えないという指摘がある。[76)　したがって、共同監護を増やして養育費の額を減らすと、取決めがどうであれ、実際に子どもの養育の大半を担っている女性の貧困増大につながるであろう。

おわりに──オーストラリアからの示唆

　オーストラリアでは家族法分野の事例や情報がかなり蓄積されている。母親であれ父親であれ、不満を抱いている親の根拠なき主張によって法改正を進めてはならない。オーストラリアでもそういったことが幾分かはあったが、誤った法改正をすれば、その影響を受ける子どもがその代償を負うことになる。[77)

　この分野の最近の研究は、基本的に子どもの利益最優先の原則の受容を前提としていることを忘れてはならない。この原則の基礎になっているのは国連「子どもの権利条約」だと一般に言われているが、条約はオーストラリア連邦家族法に掲げられたような子どもの利益最優先の原則を謳ってはいないし、支持してもいない。

　法律は、子どもの養育について両親が合意できない場合、子どもにとって最善と考えられる結果を保障しようとするものではない。裁判は紛争解決に主眼を置いている。子どもの権利条約9条は、裁判所は紛争の解決に際して、子ど

---

74)　この養育費計算方式がどのように働くのかについては、以下のテキスト参照。Young, L., Monahan G., Sifris A., & Carrol, R. (2013) *Family law in Australia* (8th ed.), Sydney: LexisNexis Butterworths.

75)　監訳者註：オーストラリアの養育費計算の方式については、以下の政府機関（Department of Human Services）のホームページを参照 http://www.humanservices.gov.au/customer/enablers/child-support/child-support-assessment/working-out-child-support-using-the-basic-formula（2015年5月3日アクセス）。

76)　Fehlberg, B., et al. (2014) *Australian Family Law, The Contemporary Context*, Oxford: Oxford University Press..

77)　Regina Graycarの研究参照のこと。

もが望んでいなくとも、子どもを一方の親から引き離さなければならない場合もあると言っている。

さて、日本は間違いなく岐路に立っており、多くの欧米諸国と同じ道をたどることも危惧される。日本が長らく採用してきた単独親権制度は、親の権利や利益を主張する側からは批判されそうである。その行き着く先は「ジェンダー戦争」に他ならないが、そうした事態は何としても避けなければならない。オーストラリアの経験が示すように、そういう方向で議論を組み立てると、最も声高なロビーイング団体を鎮めることを優先し思慮を欠いた法改正をすることになる。これは子どもにとっても、親にとっても好ましいことではない。家族構成員の権利や利益を尊重した法律をつくると、ジェンダーに基づいた議論が難しくなるリスクがある。

オーストラリアの経験から学べるもう一つの重要な点は、立法に関与する議員は最終的に採用する用語を慎重に検討する必要があるということだ。共同養育あるいは共同監護とはどういうことなのか。養育（parenting）には子どもに関する様々な権利と義務が伴う。これまでの研究で、子育てへの親の関与は一般的に有益だとする結論が支持されている。しかしまた同時に、子どもも親も一人ひとり異なり、時がたてば人は変わる。すべての親子にいつでも適用できる普遍的なモデルなどないことも明らかである。研究結果が示しているように、両親が子どもの身上監護をどのように担えば最も良いかという問題には、子どもの年齢、親の居住地、両親の関係、養育スタイルなど、あらゆる要因が関係する。

広範な裁量権があったほうが良いのか、それとも法律でよりはっきりと規定したほうが良いのか。筆者の考えでは、無制限の裁量は望ましくない。判断が不透明になり、結果が予測しにくくなり、訴訟が増える。一方、規範性が強い法制度が最善とも言えない。万能の方策はない。オーストラリアの法制度は、目標を設定し、考慮必須事項を定めつつ、あるケースの特定の事実に基づいて最終的に判断するのは裁判官である。ただし、法律は調査研究を踏まえて制定されなければならず、オーストラリアのように最も声高なロビー団体におもね

---

78) Rhoades, H. et al. (2013) 'Developing a consistent message about children's care needs across the family law system', *Australian Journal of Family Law* 27(3).

て法律をつくってはならない。

　監護法制の検討において、日本にはもう一つ問題がある。オーストラリアの場合、両親が揃っている家庭では子育てを父母が実際に共同で行うようになっている。 1990年代からオーストラリア社会では女性と男性の役割に変化が生じ、女性が労働市場に、父親が子育てにより多く参加するようになった。オーストラリアには従来の家庭生活モデルもまだ残っているが、日本ほどではない。ここで問題になるのは根強い文化的要素である。オーストラリアの場合、1990年代には父親が離別前から子どもの養育に積極的にかかわるようになっていたので、離別後の共同養育は現実的でその考え方に大きな違和感はなかった。

　日本が養育に関する国内法のあり方に関してどこへ向かうにしても、暴力と虐待から女性と子どもを保護することに特に留意すべきである。オーストラリアの経験から次のようなメッセージが引き出せる。

- 家庭における暴力の広範囲な悪影響を認識する必要があり、そのためには家族法や家族関係に関わる様々な専門家の幅広い養成が必要である。
- 暴力に関する事件の審理は実効的なものでなければならない。
- 暴力の被害者が「言いたいことが言える」と思える環境を法制度はつくる必要があり、証拠の適切な収集を確保するプロセスが必要である（裁判官は手元に証拠がなければ判断を下せない）。
- 子どもの保護は多くの場合、母親の保護でもあることを認識すべきである。 児童虐待とDVはつながっており、直接的な身体的暴力から子どもを保護するだけでは十分でない。主たる監護者が安全を感じられる養育環境を整えなければならない。
- 一方の親に単独での監護責任を与えるべき場合もあることを裁判官は認めなければならない。 一方の親が子どもに安全かつ適切な環境を提供できないことが明らかになった場合、他方の親に単独での監護責任を与えることが適切な場合もある。 父親が子どもと接触できる環境を用意することは、母親の責任ではない。

　子どもと女性を暴力から保護することより、裁判所によって監護の配分方法を変えることのほうが実際にははるかに容易である。離別後の養育パターンは時とともに、また国によって大きく異なる。日本はこの50年間で全般的に離婚時の単独親権者が父親から母親に変わってきた。しかし、世界のほとんどの国は家庭における暴力を減らすことも、家庭における暴力から女性と子どもを保護することもできないままでいる。 オーストラリアの経験から明らかなよう

に、裁判所による共同養育命令を強引に促す方向に進めば、女性と子どもは暴力からさらに保護されなくなる。子どもが不利益を被るリスクが高まる可能性があっても共同養育にそれほどこだわるべきなのか。共同養育は価値ある目標ではないかもしれないと言っているのではない。価値ある目標である場合もある。問題はその目標をいかにして実現するのか、それにともなう代償はどれほどかということである。

　＊本章については、(株)リングァ・ギルドによる英文原稿の下訳を経て、監訳を行った。

執筆者紹介（執筆順、＊印編者、●専門分野）

＊**髙橋睦子**　吉備国際大学保健医療福祉学部教授　　　　　　第1章、第10章（監訳）
　●福祉政策論、福祉社会学

平井正三　NPO法人子どもの心理療法支援会／御池心理療法センター代表　　第2章
　●子どもの精神分析的心理療法、精神分析、臨床心理学

友田明美　福井大学子どものこころの発達研究センター教授、　　第3章
　　　　　　福井大学病院子どものこころ診療部長
　●小児発達学、小児精神医学

渡辺久子　LIFE DEVELOPMENT CENTER 渡邊醫院副院長　　第4章
　●児童精神医学、乳幼児精神保健学、家族精神医学

＊**小川富之**　福岡大学法科大学院教授　　　　　　　　　　　　第5章
　●民法（家族法）、子どもの人権

＊**立石直子**　岐阜大学地域科学部准教授　　　　　　第6章、第10章（監訳）
　●民法（家族法）、ジェンダー法

吉田容子　弁護士、市民共同法律事務所　　　　　　　　　　第7章
　●外国籍住民を含む女性の権利擁護

可児康則　弁護士、名古屋第一法律事務所　　　　　　　　　第8章
　●DV被害者支援を中心に、離婚、面会交流などの家事領域

鈴木隆文　弁護士、アライズ総合法律事務所　　　　　　　　第9章
　●国際人権法、事業再生・事業承継、相続法・家族法

リサ・ヤング　マードック大学准教授、弁護士、Australian Journal of　　第10章
Lisa Young　　Family Law 編集長
　●Family Law

Horitsu Bunka Sha

離別後の親子関係を問い直す
―― 子どもの福祉と家事実務の架け橋をめざして

2016年2月15日 初版第1刷発行

編 者　小川富之・髙橋睦子
　　　　立石直子

発行者　田靡純子

発行所　株式会社 法律文化社

〒603-8053
京都市北区上賀茂岩ヶ垣内町71
電話 075(791)7131　FAX 075(721)8400
http://www.hou-bun.com/

＊乱丁など不良本がありましたら、ご連絡ください。
　お取り替えいたします。

印刷：西濃印刷㈱／製本：㈱藤沢製本
ISBN 978-4-589-03730-5
Ⓒ2016 T. Ogawa, M. Takahashi, N. Tateishi
Printed in Japan

JCOPY　〈㈳出版者著作権管理機構 委託出版物〉

本書の無断複写は著作権法上での例外を除き禁じられています。複写される
場合は、そのつど事前に、㈳出版者著作権管理機構（電話 03-3513-6969、
FAX 03-3513-6979、e-mail: info@jcopy.or.jp）の許諾を得てください。

中川　淳・小川富之編

家　　族　　法

A 5 判・308頁・2600円

具体的事例をもとにわかりやすく制度の意義と役割を概説したうえで、同性婚や子の虐待、高齢化、国際化、家事紛争手続などの家族法をめぐる最新動向を読み解く。各章本文とは別に導入やコラム、設例、問題等も盛り込む。

千藤洋三・床谷文雄・田中通裕・辻　朗著
〔α ブックス〕

プリメール民法5 家族法〔第3版〕

A 5 判・272頁・2500円

2011年の家族法改正「親権停止制度新設、親権喪失原因の見直し、未成年後見制度の改正、面会交流・監護費用の分担の明文化等」、さらに家事手続法の改正統合等に対応して改訂。

三成美保・笹沼朋子・立石直子・谷田川知恵著
〔HBB⁺〕

ジェンダー法学入門〔第2版〕

四六判・314頁・2500円

ジェンダーにまつわる社会的規範は、個人の意見や能力を超えて、わたしたちの行動や決定を「マナー、常識」として縛っている。ジェンダー・バイアスに基づく差別のあり方や法制度への影響を明らかにし、社会の常識を問い直す一冊。

栗林佳代著

子の利益のための面会交流
―フランス訪問権論の視点から―

A 5 判・312頁・5600円

子の利益、福祉の視点から日本における面接交渉権論を批判的に検証し、フランス法との比較、考察を通して新たな解釈論、立法論を提示する。訪問権の権利主体や法改正についての具体的で丁寧な考察は示唆に富む。

半田吉信著

ハーグ条約と子の連れ去り
―ドイツの経験と日本への示唆―

A 5 判・284頁・6800円

国境を越えた子の連れ去りはいまや深刻な国際問題となっている。かつて日本と同様に「連れ去り天国」と言われたドイツのハーグ条約加盟から現在までの連れ去り事例の経過を取り上げ、加盟に向け準備を進める日本に示唆を与える。

―法律文化社―

表示価格は本体（税別）価格です